基础会计学

（非会计专业）

吕伟艳　张满林　主编

经济科学出版社
Economic Science Press

图书在版编目（CIP）数据

基础会计学／吕伟艳，张满林主编. —北京：经济科学出版社，2014.8
ISBN 978－7－5141－4872－5

Ⅰ.①基… Ⅱ.①吕…②张… Ⅲ.①会计学－高等学校－教材 Ⅳ.①F230

中国版本图书馆 CIP 数据核字（2014）第 171346 号

责任编辑：宋艳波
责任校对：曹　力
责任印制：潘泽新

基础会计学
（非会计专业）
吕伟艳　张满林　主编
经济科学出版社出版、发行　新华书店经销
社址：北京市海淀区阜成路甲 28 号　邮编：100142
总编部电话：010－88191217　发行部电话：010－88191522
网址：www.esp.com.cn
电子邮件：esp@esp.com.cn
天猫网店：经济科学出版社旗舰店
网址：http://jjkxcbs.tmall.com
北京汉德鼎印刷有限公司印刷
华玉装订厂装订
787×1092　16 开　16 印张　367000 字
2014 年 8 月第 1 版　2014 年 8 月第 1 次印刷
ISBN 978－7－5141－4872－5　定价：29.00 元
（图书出现印装问题，本社负责调换。电话：010－88191502）
（版权所有　翻印必究）

前 言

《基础会计学》是经管类专业的一门专业基础课。本书是为非会计专业的学生编写的，全书从满足非会计专业学生对会计知识需求的角度出发，以培养学生掌握会计知识和操作技能为出发点，让学生了解现实工作中会计岗位所需的基本专业知识与基本工作方法，增强对会计的认知与操作能力，完善和拓展学生经济管理方面的综合知识结构。

本教材与以往的同类教材相比，其特点如下：（1）理论知识阐述经典、简明、通俗。教材在概念和基本原理的阐述上，力求经典、简明、通俗。书中把复杂问题简单化，尽量贴近实际，使学生易学易懂。（2）图表与文字相结合。大量运用示意图、结构图、数据表格、对比表格等元素，与文字表述相得益彰，带给学生最大的理解空间，激发学习兴趣。（3）真账实操融于教材。教材中采用了大量真实的原始凭证和记账凭证，通过模拟制造业一个月的经济业务，包括企业的筹集资金、准备生产、生产过程、销售过程、往来核算、财务成果的计算与分配业务，按照实际会计工作流程教学生如何识别原始凭证、如何审核原始凭证、如何填制记账凭证、如何根据凭证登记账簿、最后到完成报表的填制与报表分析，将其贯穿始终，最大限度贴近岗位实际业务，使学生既学习了会计的账务处理，又了解到真实的工作内容，缩短教材知识与实际工作的磨合期。（4）知识与技能培养并重。每一章按各章知识点、技能点、正文、思考题与技能训练顺序编写。知识点、技能点能够帮助学生在阅读教材同时，能很快专注学习的重点，每章最后附有思考题与技能训练，有利于提高学生对知识的运用能力与实际工作能力。

本教材由吕伟艳、张满林担任主编，王国强、倪晓丹担任副主编。参加编写的人员有：辽宁医学院的王国强（第一章、第四章、第九章）、北方工业大学的闫岩（第二章）、北京吉利学院的吕伟艳（第五章、第六章）、鞍山师范学院的倪晓丹（第三章、第七章、第八章）。吕伟艳构建了全书整体框架，拟定写作大纲，渤海大学的张满林教授对全书进行了总纂。

本教材是集体智慧的结晶，尽管在教材特色建设方面，我们做出了许多努力，但不足之处仍在所难免，恳请广大教师和读者在教材使用过程中给予关注，并将意见和建议及时反馈给我们，以便修订时完善。

目　录

第一章　总论 …………………………………………………………………（1）
　　第一节　会计概述 …………………………………………………………（1）
　　第二节　会计核算的前提与原则 …………………………………………（5）
　　第三节　会计记账基础 ……………………………………………………（8）
　　第四节　会计信息的质量要求 ……………………………………………（10）
　　第五节　会计的方法 ………………………………………………………（13）

第二章　会计对象、会计要素、会计科目与账户 …………………………（18）
　　第一节　会计对象 …………………………………………………………（18）
　　第二节　会计要素 …………………………………………………………（21）
　　第三节　会计科目与账户 …………………………………………………（32）

第三章　复式记账法 …………………………………………………………（39）
　　第一节　会计等式 …………………………………………………………（39）
　　第二节　复式记账法 ………………………………………………………（44）
　　第三节　会计分录 …………………………………………………………（50）

第四章　主要经济业务的核算 ………………………………………………（56）
　　第一节　制造业企业基本经营活动概述 …………………………………（56）
　　第二节　资金筹集业务的核算 ……………………………………………（57）
　　第三节　生产准备业务的核算 ……………………………………………（62）
　　第四节　产品生产业务的核算 ……………………………………………（68）
　　第五节　销售业务的核算 …………………………………………………（76）
　　第六节　财务成果业务的核算 ……………………………………………（83）

第五章　会计凭证 ……………………………………………………………（92）
　　第一节　会计凭证概述 ……………………………………………………（93）
　　第二节　原始凭证 …………………………………………………………（95）
　　第三节　记账凭证 …………………………………………………………（103）

第四节　会计凭证的传递与保管 ………………………………………（112）
　　第五节　制造业经济业务应用实例 ……………………………………（113）

第六章　会计账簿 …………………………………………………………（176）
　　第一节　会计账簿作用及种类 …………………………………………（176）
　　第二节　账簿的设置与登记 ……………………………………………（178）
　　第三节　账簿启用与错账更正 …………………………………………（188）
　　第四节　对账与结账 ……………………………………………………（192）
　　第五节　账簿的更换与保管 ……………………………………………（196）

第七章　会计账务处理程序 ………………………………………………（200）
　　第一节　会计账务处理程序的意义及种类 ……………………………（200）
　　第二节　记账凭证账务处理程序 ………………………………………（203）
　　第三节　科目汇总表账务处理程序 ……………………………………（204）
　　第四节　汇总记账凭证账务处理程序 …………………………………（207）

第八章　财产清查 …………………………………………………………（213）
　　第一节　财产清查概述 …………………………………………………（213）
　　第二节　财产清查内容及其方法 ………………………………………（215）
　　第三节　财产清查结果的处理 …………………………………………（220）

第九章　会计报表 …………………………………………………………（225）
　　第一节　财务报告与会计报表 …………………………………………（225）
　　第二节　资产负债表 ……………………………………………………（229）
　　第三节　利润表 …………………………………………………………（237）
　　第四节　会计报表的分析与利用 ………………………………………（241）

参考文献 ……………………………………………………………………（248）

第一章

总　　论

【知识点】
1. 理解会计的概念；
2. 理解会计的职能、目标；
3. 理解会计核算的基本前提；
4. 重点掌握权责发生制与收付实现制；
5. 了解会计信息的质量要求；
6. 熟记会计的核算方法。

【技能点】
1. 明确会计是如何进行核算的；
2. 在权责发生制与收付实现制下，能够确认收入和费用的能力；
3. 能够说出会计核算方法、会计分析方法、会计检查方法之间的关系。

第一节　会计概述

一、会计的概念

会计是为适应社会生产实践和经济管理的客观需要而产生的，并随着生产的发展而发展。生产活动是人类赖以生存和发展的最基本的实践活动。生产活动的过程，同时也是消费的过程。在生产活动过程中，一定是先有投入，而后有产出。记录生产过程的投入与产出，并加以比较，才能判断是否有经济效益，继续生产是否有意义，这样社会才会进步，经济才会发展。记录、计算和比较投入与产出的活动即为会计，因此，会计是出于对管理生产和分配的需要而产生的。

会计是经济发展到一定阶段的产物，经济越发展，对生产过程和分配过程的管理要求就越高，经济的发展推动了会计的发展。随着社会经济的不断发展，会计经历了一个由简单到复杂、由低级到高级，不断发展和完善的过程。它从简单地计算和记录财务收支，逐渐发展到利用货币计量综合地核算和监督经济过程。会计的方法和技术通过长期实践，也逐渐完善起来。会计将会计信息反馈给有关方面，更好地为经济服务，推动社会的发展。

会计的概念是对会计本质的认识，可以定义为：会计是以货币计量单位，核算和监督一个单位经济活动的一种经济管理工作。具体来说，会计是以会计凭证为依据，以货币为主要计量单位，运用一系列专门的技术方法，全面、连续、系统、综合地反映和监督企、事业单位的经济活动，并向相关会计信息使用者提供符合会计法律、法规和规章制度要求的会计信息的一项管理工作。

对这个定义我们可以从几个方面来理解：（1）会计是一项经济管理活动或经济信息系统，这属于管理的范畴；（2）其对象是特定单位的经济活动；（3）会计的基本职能是核算和监督，即对发生的经济业务以会计语言进行描述，并在此过程中对经济业务的合法性和合理性进行审查；（4）会计以货币为主要计量单位，各项经济业务以货币为统一的计量单位才能够汇总和记录，但货币并不是唯一的计量单位。

客观实践证明，经济越发展，会计越重要；生产越现代化，规模越扩大，越是需要利用会计信息。同时，会计发展了，就能更好地服务于经济，推动经济的进一步发展。

二、会计的基本职能

会计的职能是指会计所具有的功能，对再生产过程的核算和监督是会计的两项基本职能。

（一）会计的核算

会计核算指会计以货币为主要计量单位，通过确认、计量、记录和报告等环节，反映特定会计主体的经济活动，向有关各方提供会计信息。会计核算是会计的首要职能。任何经济实体要进行经济活动，都需要会计提供相关而可靠的信息，从而要求会计对过去发生的经济活动进行确认、计量、记录和报告等工作，形成综合反映各单位经济活动情况的会计资料。

1. 会计核算的基本特点。

（1）以货币为主要计量单位反映特定会计主体（政府机构、企业或社会团体等组织）的经济活动。由于经济活动的复杂性，只有以货币为主要计量单位，才能将经济活动用货币量化表达，并能在一定程度反映经济活动的结果。因此，会计核算以货币量度为主、以实物量度及劳动量度为辅，从数量上综合核算各单位的经济活动状况。

（2）会计核算具有完整性、连续性和系统性。完整性是指对所有的会计对象都要进行确认、计量、记录和报告，不能有遗漏；连续性是指对会计对象的确认、计量、记录、报告要连续进行，不能有中断；系统性是指应采用科学的核算方法对会计信息进行加工，保证所提供的会计数据能够成为一个有机整体，从而可以揭示客观经济活动的规律性。

通过会计核算，会计人员对已发生的经济活动进行事后的确认、计量、记录、计算和报告，提供会计信息，反映会计主体（政府机构、企业或社会团体等组织）经济活动的全貌。对于会计信息的使用者来说，阅读财务报告的目的，不仅是为了了解已经发生的经济活动对这些机构或组织财务状况等的影响，更为重要的是，通过阅读财务报告可以对这些机构（组织）未来的财务状况、经营成果和现金流量进行合理的预测。因此，会计信息使用者会要求会计核算提供的信息可靠，才能帮助信息使用者了解过去、把握现在并更好地预测将来。

2. 会计核算环节。会计核算包括四个环节：

（1）确认，是指通过一定的标准或方式来确定所发生的经济活动是否应该或能够进行会计处理。

（2）计量，是指以货币为单位对已确定可以进行会计处理的经济活动确定其应记录的金额。

（3）记录，是指通过一定的会计专门方法按照上述确定的金额将发生的经济活动在会计特有的载体上进行登记的工作。

（4）报告，是指通过编制财务报告的形式向有关方面的人员提供会计信息。

（二）会计监督

会计监督职能是指会计人员在进行会计核算的同时，对特定主体经济活动的合法性、合理性进行审查。任何经济活动都要有既定的目标，都应按照一定的规则进行。会计监督是通过预测、决策、控制、分析和考评等具体方法，促使经济活动按照既定的要求运行，以达到预期的目的。会计监督具有两个方面的特点。

1. 主要通过价值指标进行。会计监督的主要依据是会计核算经济活动的过程及其结果提供的价值指标。由于单位的经济活动一般都同时伴随着价值运动，表现为价值量的增减和价值形态的转化，因此，会计监督与其他监督相比，是一种更为有效的监督。

2. 对会计主体的经济活动进行全过程监督。对会计主体的经济活动全过程进行监督包括事后监督、事中监督及事前监督。事后监督是对已发生的经济活动及其相应核算资料进行的审查和分析；事中监督是对现在发生的经济活动过程及其核算资料进行审查，并据此纠正经济活动过程中的偏差与失误，保证有关部门合理组织经济活动，使其按照预定的目标与要求进行，发挥控制经济活动进程的作用；事前监督是在经济活动开始前进行的监督，即审查未来的经济活动是否符合有关法令、政策的规定，在经济上是否可行。监督依据包括合法性与合理性两方面。合法性依据是国家颁布的法令、法规，合理性依据是客观经济规律及经营管理方面的要求。

对经济业务活动进行监督的前提是正确地进行会计核算，相关而可靠的会计资料是会计监督的依据；同时，也只有搞好会计监督，保证经济业务按规定进行、达到预期的目的，才能真正发挥会计参与管理的作用。

三、会计目标

会计目标又称财务报告目标，是指在一定的社会经济环境下，要求会计工作完成的任务或达到的标准。会计目标是关于会计系统所应达到境地的抽象范畴，是沟通会计系统与会计环境的桥梁，是连接会计理论与会计实践的纽带。会计主体（政府机构、企业、社会团体等单位）的会计活动要符合财务报告目标。

财务报告目标可以分为总目标、基本目标等不同的层次。由于会计是整个经济管理的重要组成部分，会计目标当然要从属于经济管理的总目标，或者说会计目标是经济管理总目标的子目标。在社会主义市场经济条件下，经济管理的总目标是提高经济效益。因此，作为经济管理重要组成部分的会计工作，也应以提高经济效益作为总目标。在总目标的前提下，会计的基本目标是向有关各方提供会计信息，以满足其经济决策的需要。从一定意义上讲，会计的基本目标取决于会计信息使用者的要求。在不同的社会经济环境下，会计信息使用者的要求是不尽相同的，因而会计的基本目标也是不断变化的。

根据《企业会计准则》的规定，财务报告的目标是：向财务报告使用者（包括投资者、债权人、政府及其有关部门和社会公众等）提供与企业财务状况、经营成果和现金流量等有关的会计信息，反映组织管理层受托责任履行情况，有助于财务报告使用者作出经济决策。

（一）向财务报告使用者提供决策有用的信息（决策相关）

财务报告使用者主要包括投资者、债权人、政府及其有关部门和社会公众等，其中最主要的使用者是投资者，其他使用者的需要服从于投资者的需要。在提供财务报告时，应首先考虑报告所涵盖的信息是否有利于投资者的决策。

（二）反映企业管理层受托责任的履行情况（受托责任）

在现代公司制下，企业所有权和经营权相分离，企业管理层受委托人之托经营管理企业及其各项资产，负有受托责任。只有通过会计信息，才可以准确判断投资者的投资是否被科学、合理而有效的使用着，才可判断投资使用的效果，这也是会计信息的重要意义。

会计信息向外部投资者真实可靠地反映企业的财务状况、经营成果和现金流量，实际上也反映着经理层受托责任的履行情况。

第二节　会计核算的前提与原则

会计核算前提是企业会计确认、计量和报告的前提，是对会计核算所处时间、空间环境等所作的合理设定。会计核算的基本前提包括会计主体、持续经营、会计分期和货币计量。

一、会计主体

会计主体是指会计工作为其服务的特定单位或组织，是会计人员进行会计核算时采取的立场以及在空间范围上的界定。只要在经济上相对独立的企业、政府机构、社会团体等组织都可以成为会计主体，会计主体既可以是一个企业，也可以是若干个企业组织起来的集团公司；既可以是法人，也可以是不具备法人资格的实体。会计法总则规定，国家机关、社会团体、公司、企业、事业单位和其他组织必须按照法律办理会计事务。因此，这些组织都是会计主体。

无论学的是什么专业，工商管理也好，旅游管理也罢……只要学习《会计基础》这门课，就必须立刻把自己的角色转变为会计人员，站在本单位财务部门的角度进行思维，这一点非常重要。作为会计人员，即便是针对同一项经济业务，但服务的是不同的会计主体，也应站在不同的立场来考虑，分清供应商—企业—客户之间的关系，永远站在本单位的财务部（所服务的会计主体）的立场考虑问题（见图1-1）。

```
┌──────┐    ┌──────┐    ┌──────┐
│供应商│ ⇒ │ 企业 │ ⇒ │客户  │
│财务部│    │财务部│    │财务部│
└──────┘    └──────┘    └──────┘
```

图1-1　供应商—企业—客户之间的关系

假如一汽大众公司从A汽车配件公司进口零配件，当会计人员在A汽车配件公司财务部供职时，A汽车配件公司与一汽大众汽车公司，是企业与客户之间的关系，这时会计的主体就是A汽车配件公司；而当会计人员在一汽大众汽车公司财务部工作时，一汽大众汽车公司与A汽车配件公司，是企业与供应商之间的关系，这时会计的主体就是一汽大众汽车公司。

明确界定会计主体是开展会计确认、计量和报告工作的重要前提，从空间上限定了会计核算的对象范围，将本企业与其他企业、本企业与企业所有者的经济业务区分开来。例如，企业所有者家庭发生的交易或事项不应纳入企业会计核算的范围；但是，企业所有者投入到企业的资本以及企业向企业所有者分配的利润，则应纳入企业会计核算的范围。

会计主体不同于法律主体。一般而言，凡是法律主体一定是会计主体，但会计主体不一定是法律主体。例如，企业集团是一个会计主体；分公司、事业部是一个会计主体；独资企业、合伙企业也是一个会计主体，但它们都不是法律主体（法人）。

二、持续经营

持续经营是指会计主体在可预见的未来，会按照当前的规模和状态继续经营下去，不会破产，也不会大规模削减业务。明确这个基本前提就意味着会计主体将按照既定用途使用资产，按照既定的合约条件清偿债务，会计人员就可以在此基础上选择会计原则和方法。

假如出现破产清算，会计确认、计量和报告的原则和方法都会随之相应改变。

三、会计分期

会计分期是指将一个会计主体持续经营的生产经营活动人为地划分为若干相等的会计期间，以便分期结算账目和编制财务报告。

会计期间分为年度、半年度、季度和月度，且均按公历起讫日期确定。半年度、季度和月度称为会计中期。

我国会计年度的起讫日期为公历每年的1月1日至12月31日。但是，世界各国的会计年度并不一致，世界各国或地区的会计年度分类如表1-1所示：

表1-1　　　　　　　　世界各国或地区的会计年度比较

国家或地区	会计年度的起讫日期
中国、奥地利、比利时、保加利亚、捷克、斯洛伐克、芬兰、德国、希腊、匈牙利、冰岛、爱尔兰、挪威、波兰、葡萄牙、罗马尼亚、西班牙、瑞士、俄罗斯、白俄罗斯、乌克兰、墨西哥、哥斯达黎加、多米尼加、萨尔瓦多、危地马拉、巴拉圭、洪都拉斯、秘鲁、巴拿马、玻利维亚、巴西、智利、哥伦比亚、厄瓜多尔、塞浦路斯、约旦、朝鲜、马来西亚、阿曼、阿尔及利亚、叙利亚、中非共和国、科特迪瓦、利比里亚、利比亚、卢旺达、塞内加尔、索马里、多哥、赞比亚等	公历1月1日至12月31日
丹麦、加拿大、英国、纽埃、印度、印度尼西亚、伊拉克、日本、科威特、新加坡、尼日利亚等	公历4月1日至次年3月31日
瑞典、澳大利亚、孟加拉国、巴基斯坦、菲律宾、埃及、冈比亚、加纳、肯尼亚、毛里求斯、苏丹、坦桑尼亚等	公历7月1日至次年6月30日
美国、海地、缅甸、泰国、斯里兰卡等	公历10月1日至次年9月30日
阿富汗、伊朗	公历3月21日至次年3月20日

续表

国家或地区	会计年度的起讫日期
尼泊尔	公历 7 月 16 日至次年 7 月 15 日
土耳其	公历 3 月 1 日至次年 2 月末
埃塞俄比亚	公历 7 月 8 日至次年 7 月 7 日
阿根廷	公历 11 月 1 日至次年 10 月 31 日
卢森堡	公历 5 月 1 日至次年 4 月 30 日
沙特阿拉伯	公历 10 月 15 日至次年 10 月 14 日

由于会计分期，才产生了当期与以前、以后期间的差别，从而形成了权责发生制和收付实现制不同的记账基础，进而出现了应收、应付、预提、待摊等会计处理方法。

四、货币计量

货币计量是指会计主体在会计核算过程中采用货币作为统一的计量单位，记录、核算会计主体的财务状况和经营成果。

财务会计确认、计量和报告时是以货币计量反映会计主体的生产经营活动。在会计核算过程中之所以选择货币作为计量单位，是由货币本身的属性决定的。货币是商品的一般等价物，是衡量一般商品价值的共同尺度。只有选择货币作为计量单位，才能在价值量进行比较和汇总。

在货币计量前提下，我国的会计核算一般以人民币作为记账本位币。记账本位币是指单位日常登记账簿和编制财务报告用以计量的货币。业务收支以外币为主的企业，也可选择某种外币作为记账本位币，但向外编送财务报告时，应折算为人民币反映。

会计核算的基本前提（会计假设）之间的关系如图 1-2 所示：

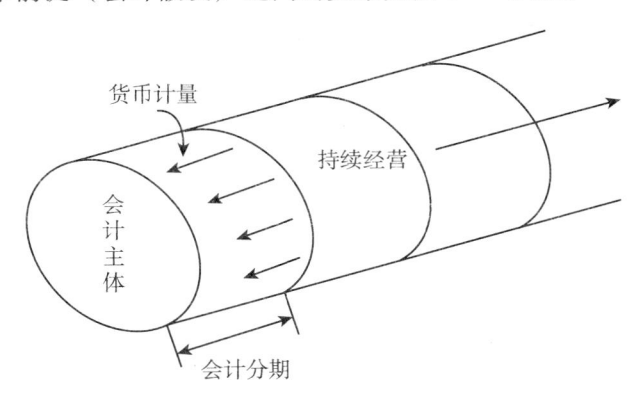

图 1-2 会计假设之间的关系

第三节　会计记账基础

一、权责发生制

权责发生制也称应计制或应收应付制，它是以收入、费用是否发生而不是以款项是否收到或付出为标准来确认收入和费用的一种记账基础。凡是当期已经实现的收入和已经发生或应当负担的费用，不论款项是否收付，都应当作为当期的收入和费用；凡是不属于当期的收入和费用，即使款项已在当期收付，也不应当作为当期的收入和费用。

企业的会计核算应当以权责发生制为基础。由于企业的生产经营活动是持续不断的，以及会计核算是分期进行的，与收入和费用有关的交易或事项发生的期间与款项收付的期间有时并不完全一致。

例如，前期销售商品后期收回货款，或者前期预收货款后期销售实现；前期付款后期受益，或者前期受益后期付款，等等。这样，就需要确定这些收入和费用的归属期间。根据权责发生制基础的要求，收入的归属期间应是创造收入的会计期间，费用的归属期间应是费用所服务的会计期间。即一项收入之所以归入某个会计期间，是由于该期间创造了该项收入（如销售了商品或提供了劳务等），因而享有收取款项的权利；一项费用之所以计入某个会计期间，是由于该期间接受了该项费用所提供的服务，因而负有支付款项的责任。

只要企业在某会计期间享有收取一项收入款项的权利，无论款项是否已收到，都应确认为该期间的收入；只要企业在某会计期间承担了一项支付费用款项的责任，无论款项是否已支付，都应确认为该期间的费用。

例如，对于企业本期已向客户发货而尚未收到货款的交易，由于商品所有权已经转移，销售成立，就应作为本期的收入，而不应作为收到货款期间的收入；对于本期已预收货款而尚未发出商品的交易，由于本期不具有收取货款的权利，不能作为本期的收入，而只能作为一项负债，待以后期间销售成立时，才能确认为当期的收入。

再例如，对于企业本期应付的借款利息，尽管本期尚未支付，但由于本期已受益，就应作为本期的费用，而不应作为支付期的费用；对于企业本期预付下期的租金，尽管款项在本期支付，但由于本期并不受益，就不能作为本期的费用，而应作为下期的费用。

权责发生制能够揭示收入与费用之间的因果关系，因而能够准确地反映企业特定会计期间的财务状况和经营成果。

二、收付实现制

收付实现制也称现金制或现收现付制，它是以款项的实际收付为标准来确认本期收入和

费用的一种方法。在收付实现制下，凡在本期实际收到的现款收入，不论其是否属于本期均应作为本期应计的收入处理；反之，凡本期还没有以现款收到的收入和没有用现款支付的费用，即使它归属于本期，也不作为本期的收入和费用处理。

例如，某公司2013年12月收到2012年应收销货款20 000元，存入银行，尽管该项收入不是2013年12月创造的，但因为该项收入是在2013年12月收到的，所以按收付实现制应作为2013年12月的收入。

收付实现制是与权责发生制相对应的一种确认基础。目前，我国的政府与非营利组织会计一般采用收付实现制，事业单位除经营业务采用权责发生制外，其他业务也采用收付实现制。

例：假如A企业本月发生以下经济业务：
（1）支付上月电费5 000元；
（2）收回上月的应收账款10 000元；
（3）收到本月的营业收入款8 000元；
（4）支付本月应负担的办公费900元；
（5）支付下季度保险费1 800元；
（6）应收营业收入25 000元，款项尚未收到；
（7）预收客户货款5 000元；
（8）负担上季度已经预付的保险费600元。

要求：

1. 分别按照权责发生制和收付实现制，确认收入、费用并计算各自的盈亏。

2. 判断A企业的记账基础应该是采用权责发生制还是收付实现制？确认A企业收入、费用并计算盈亏。

解答：根据题目要求1，收入、费用的确认及盈亏的计算如表1-2所示：

表1-2　　　　　　　　　权责发生制与收付实现制比较表　　　　　　　　　单位：元

项目	收入		费用		本期收益
权责发生制	收到本月营业收入款	8 000	本月应负担办公费	900	31 500
	应收营业收入	25 000	本月应负担保险费	600	
	收入小计	33 000	费用小计	1 500	
收付实现制	收到上月应收账款	10 000	支付上月电费	5 000	15 300
	收到本月营业收入款	8 000	支付本月办公费	900	
	预收客户款	5 000	支付下季度保险费	1 800	
	收入小计	23 000	费用小计	7 700	

根据题目要求2，在我国A企业应采用权责发生制，本月的收入总额为33 000元，费用总额为31 500元，本月的收益为1 500元。

第四节 会计信息的质量要求

会计的基本目标是为有关各方提供经济决策所需的会计信息，因此，会计信息质量的高低是评价会计工作优劣的标准。

会计信息的质量要求是指进行财务报告中所提供会计信息质量的基本要求，是使财务报告中所提供会计信息对投资者等使用者决策有用应具备的基本素质。

我国2006年《企业会计准则——基本准则》规定了8条对会计信息质量的要求：可靠性、相关性、可理解性、可比性、实质重于形式、重要性、谨慎性和及时性。其中，前4条即可靠性、相关性、可理解性、可比性是会计信息的首要质量要求和基本质量特征；后4条即实质重于形式、重要性、谨慎性和及时性是对会计信息的次级质量要求。

一、可靠性

可靠性要求企业应当以实际发生的交易或者事项为依据进行会计确认、计量和报告，如实反映符合确认和计量要求的各项会计要素及其他相关信息，保证会计信息真实可靠、内容完整，具有可验证性。因此，应做到内容真实、数字准确、资料可靠。为了贯彻可靠性要求，企业应当做到：

1. 以实际发生的交易或者事项为依据进行确认、计量，将符合会计要素定义及其确认条件的资产、负债、所有者权益、收入、费用和利润等如实反映在财务报表中，不得根据虚构的、没有发生的或者尚未发生的交易或者事项进行确认、计量和报告。

2. 在符合重要性和成本效益原则的前提下，保证会计信息的完整性，其中包括应当编报的报表及其附注内容等应当保持完整，不能随意遗漏或者减少应予披露的信息，与使用者决策相关的有用信息都应当充分披露。

3. 包括在财务报告中的会计信息应当是中立的、无偏的。如果企业在财务报告中为了达到事先设定的结果或效果，通过选择或列示有关会计信息以影响决策和判断的，这样的财务报告信息就不是中立的。

二、相关性

相关性要求企业提供的会计信息应当与财务报告使用者的经济决策需要相关，有助于财务报告使用者对企业过去、现在或者未来的情况作出评价或者预测。

会计信息质量的相关性要求，需要企业在确认、计量和报告会计信息的过程中，充分考虑使用者的决策模式和信息需要。但是，相关性是以可靠性为基础的，两者之间并不矛盾，

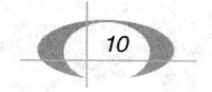

不应将两者对立起来。也就是说，会计信息在可靠性前提下，尽可能做到相关性，以满足投资者等财务报告使用者的决策需要。

三、可理解性

可理解性要求企业提供的会计信息应当清晰明了，便于财务报告使用者理解和使用。

企业编制财务报告、提供会计信息的目的在于使用，而要使使用者有效使用会计信息，应当能让其了解会计信息的内涵，明晰会计信息的内容，这就要求财务报告所提供的会计信息应当清晰明了，易于理解。只有这样，才能提高会计信息的有用性，实现财务报告的目标，满足向投资者等财务报告使用者提供决策有用信息的要求。

四、可比性

可比性要求企业提供的会计信息应当具有可比性。这主要包括两层含义：

1. 同一企业不同时期可比。为了便于投资者等财务报告使用者了解企业财务状况、经营成果和现金流量的变化趋势，比较企业在不同时期的财务报告信息，全面、客观地评价过去、预测未来，从而做出决策。会计信息质量的可比性要求同一企业不同时期发生的相同或者相似的交易或者事项，应当采用一致的会计政策，不得随意变更。但是，满足会计信息可比性要求，并非表明企业不得变更会计政策，如果按照规定或者在会计政策变更后可以提供更可靠、更相关的会计信息，可以变更会计政策。有关会计政策变更的情况，应当在附注中予以说明。

2. 不同企业相同会计期间可比。为了便于投资者等财务报告使用者评价不同企业的财务状况、经营成果和现金流量及其变动情况，会计信息质量的可比性要求不同企业同一会计期间发生的相同或者相似的交易或者事项，应当采用规定的会计政策，确保会计信息口径一致、相互可比，以使不同企业按照一致的确认、计量和报告要求提供有关会计信息。

五、实质重于形式

实质重于形式要求企业应当按照交易或者事项的经济实质进行会计确认、计量和报告，不应仅以交易或者事项的法律形式为依据。

企业发生的交易或事项在多数情况下，其经济实质和法律形式是一致的。但在有些情况下，会出现不一致。例如，以融资租赁方式租入的资产虽然从法律形式来讲企业并不拥有其所有权，但是由于租赁合同中规定的租赁期相当长，接近于该资产的使用寿命；租赁期结束时承租企业有优先购买该资产的选择权；在租赁期内承租企业有权支配资产并从中受益等，因此，从其经济实质来看，企业能够控制融资租入资产所创造的未来经济利益，在会计确认、计量和报告上就应当将以融资租赁方式租入的资产视为企业的资产，列入企业的资产负债表。

六、重要性

重要性要求企业提供的会计信息应当反映与企业财务状况、经营成果和现金流量等有关的所有重要交易或者事项。

在实务中，如果某会计信息的省略或者错报会影响投资者等财务报告使用者据此作出决策的，该信息就具有重要性。在评价某些项目的重要性时，很大程度上取决于会计人员的职业判断。一般来说，应当从质和量两个方面综合进行分析。从性质方面来说，当某一事项有可能对决策产生一定影响时，就属于重要性项目；从数量方面来说，当某一项目的数量达到一定规模时，就可能对决策产生影响。

对于重要会计事项，必须按规定的会计方法和程序进行处理，并在财务报告中单独予以充分披露；而对于次要的会计事项，在不影响会计信息真实性和不至于误导财务报告使用者做出正确判断的前提下，可适当合并、简化处理。

重要性原则与会计信息的成本效益直接相关。

七、谨慎性

谨慎性原则也称稳健性原则或审慎原则，是指企业在进行会计核算时，应当保持应有的谨慎，既不高估资产或收益，也不低估负债或费用。

在市场经济环境下，企业的生产经营活动面临着许多风险和不确定性，如应收款项的可收回性、固定资产的使用寿命、无形资产的使用寿命、售出存货可能发生的退货或者返修等。会计信息质量的谨慎性要求，需要企业在面临不确定性因素的情况下作出职业判断时，应当保持应有的谨慎，充分估计到各种风险和损失，既不高估资产或者收益，也不低估负债或者费用。例如，要求企业对可能发生的资产减值损失计提资产减值准备、对售出商品可能发生的保修义务等确认预计负债等，就体现了会计信息质量的谨慎性要求。

谨慎性的应用也不允许企业设置秘密准备，如果企业故意低估资产或者收益，或者故意高估负债或者费用，将不符合会计信息的可靠性和相关性要求，损害会计信息质量，扭曲企业实际的财务状况和经营成果，这是会计准则所不允许的。

八、及时性

及时性要求企业对于已经发生的交易或者事项，应当及时进行会计确认、计量和报告，不得提前或者延后。

会计信息具有时效性。会计核算过程中，坚持及时性原则：一是及时收集会计信息；二是及时处理会计信息；三是及时传递会计信息。

第五节 会计的方法

会计方法是指用何种手段去实现会计的任务，完成会计核算与监督的职能。随着会计核算和监督的内容日趋复杂，以及经济管理工作对会计不断提出新的要求，会计方法也在不断改进和发展。

会计由三个部分组成：一是会计核算，即通常说的记账、算账、报账；二是会计分析，即在详细取得会计核算资料的基础上，对资产、负债、所有者权益、收入、费用、利润等各项指标进一步核算、分析和比较；三是会计检查，即以会计准则和其他有关制度法规为标准，对会计核算资料的真实性、正确性、合法性进行检查。其中，会计核算是会计的基础环节，会计分析是会计核算的继续和发展，会计检查是会计核算的必要补充。但是，这三部分既相互联系，又具有相对的独立性，它们所应用的方法各不相同。因此，会计方法相应包括会计核算方法、会计分析方法和会计检查方法。其中，会计核算方法是最基本、最主要的方法。

一、会计核算方法

会计核算方法是对会计对象（会计要素）进行完整、连续、系统地反映和监督所应用的方法，主要包括以下七种，如图1-3所示。

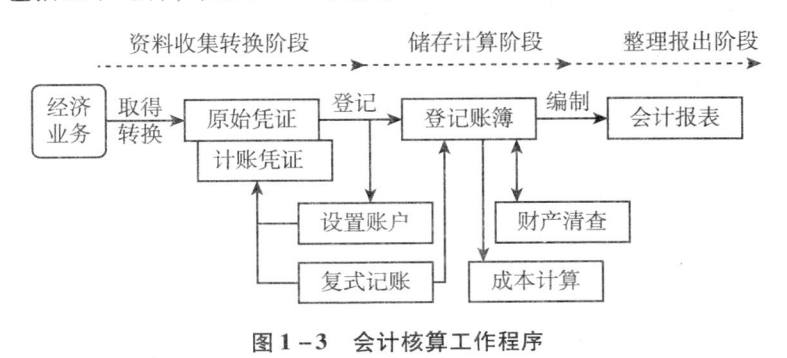

图1-3 会计核算工作程序

（一）设置会计科目和账户

所谓会计科目，就是对会计对象的具体内容进行分类核算的项目。设置会计科目是对会计对象的具体内容进行分类核算的方法。假如A企业买进一辆汽车，还买进了一批原材料，在会计核算时不应该把汽车和原材料一块核算，而应把它们区分为两个不同的项目来分别核算，这就需要设置会计科目和账户。设置会计科目就是在设计会计制度时事先规定这些项目，然后根据它们在账簿中开立账户，分类、连续地记录各项经济业务，反映由于经济业务的发生而引起的各会计要素的增减变动情况和结果。

（二）复式记账

记账方法是在账户中登记经济业务的方法。即根据一定的原理、记账符号、记账规则，采用一定的计量单位，利用文字和数字记录经济业务活动的一种专门方法。按记录方式的不同，记账方法分为单式记账法和复式记账法。单式记账法是对发生的经济业务，只在一个账户中进行登记的记账方法。复式记账法是指对每一项经济业务所引起的资金增减变化，必须同时在两个或两个以上相互联系的账户中加以全面记录的一种专门方法。复式记账法较单式记账法更为完善和合理。任何一项经济活动都会引起资金的增减变动或财务收支的变动，如以银行存款收回销售商品货款，一方面引起收入的增加，另一方面引起银行存款的增加。为了全面反映每一项经济业务所引起的资金的双重（或多重）变化，就必须将这种变化反映在两个或两个以上的账户中。用复式记账法，才能完整地反映资金的来龙去脉，全面反映和监督一个组织的经济活动。而且采用复式记账法来核算经济业务可以通过检查账户间的平衡关系检验账目的正确性。

（三）填制和审核凭证

会计凭证是记录经济业务、明确经济责任的书面证明，是登记账簿的依据。填制和审核会计凭证是指任何一项经济业务发生后都必须取得或填制会计凭证，并经过会计机构、会计人员审核。只有经过审核并认为正确无误的会计凭证，才能作为登记账簿的依据。填制和审核会计凭证，不仅为经济管理提供真实可靠的数据资料，也是实行会计监督的一个重要方面。

（四）登记账簿

账簿是由具有一定格式的账页组成的，用以记载各项经济业务的簿籍。登记账簿是指根据审核无误的会计凭证，在账簿上连续、系统、全面、完整地记录经济业务的一种专门方法。登记账簿能为经济管理的需要提供总括的和明细的核算资料。登记账簿必须以凭证为依据，并定期进行结账、对账，以便为编制会计报表提供完整而又系统的会计数据。

（五）成本计算

成本计算是指在生产经营过程中，按照一定对象归集和分配发生的各种费用支出，以确定该对象的总成本和单位成本的一种专门方法。通过成本计算，可以确定材料的采购成本、产品的生产成本和销售成本，可以反映和监督生产经营过程中发生的各项费用是否节约或超支，并用以确定企业盈亏。复杂的成本计算问题将在《成本会计学》中阐述，《基础会计学》只涉及简单的成本计算问题。

（六）财产清查

财产清查就是通过对实物、现金的实地盘点和对银行存款、债权债务的查对，来确定各项财产物资、货币资金、债权债务的实存数并查明账面结存数与实存数是否相符的一种专门方法。通过财产清查，可查明各项财产的实存数与账存数的差异，以及发生差异的原因及责任，及时按照规定把账存数调整为实存数，从而达到账实相符，保证会计资料的准确可靠。通过财产清查，可查明各种财产的结存和利用情况，可发现有无储备不足、积压、闲置等情况，以便采取措施，充分挖掘物资潜力，合理有效地利用企业的各项资源。通过财产清查，可查明各项财产有无短缺、毁损、变质、贪污盗窃等情况。对发现的问题应及时分析原因、追查责任，同时要吸取教训，改进管理工作，切实保证各项财产物资的安全与完整。

（七）编制财务会计报告

财务会计报告是以货币为主要单位，根据日常核算资料编制的总括反映企业、事业、机关等单位在一定时期内经济活动情况和财务收支情况的报告性文件。编制财务会计报告是指以书面报告的形式，定期并总括地反映企业、事业、机关等单位经济活动情况和结果的一种专门方法。由于财务会计报告提供的数字比复杂账簿更概括、更集中，因此通过财务会计报告可以对企业、事业单位的财务状况和经营情况一目了然，从而使会计的反映和监督职能得到充分发挥。

上述各种会计核算方法相互联系、密切配合，构成了一个完整的方法体系。在会计核算方法体系中，就其工作程序和工作过程来说，主要是三个环节：填制和审核凭证、登记账簿和编制会计报表。在一个会计期间所发生的经济业务，都要通过这三个环节周而复始地进行会计处理，将大量的经济业务转换为系统的会计信息。这个转换过程，就是一般称谓的会计循环。其基本内容是：经济业务发生后，经办人员要填制或取得原始凭证，经会计人员审核整理后，按照设置的会计科目，运用复式记账法编制记账凭证，并据以登记账簿；对生产经营过程中发生的各项费用要进行成本计算，对于账簿记录，要通过财产清查加以核实，在保证账实相符的基础上，根据账簿资料编制会计报表。

在以后各章中，我们将依次地介绍这些核算方法的原理及其应用。

二、会计分析方法

会计分析是会计的又一主要方法。会计分析要依照会计核算提供的各项资料及经济业务发生的过程，运用一定的分析方法，对企业的经营过程及其成果进行定性或定量的分析。如果说会计核算就是记账、算账和报账的话，那么会计分析则是用账。所以，在会计核算的基础上，进一步利用会计核算资料进行分析，对于更好地发挥会计的作用、提高企业的经营管理水平具有重要的意义。

会计分析所采用的方法主要有比率分析法、趋势分析法、因素分析法、本量利分析法等。

三、会计检查方法

会计检查是指由会计人员依据会计准则和其他有关制度法规，对会计资料的合法性、合理性、真实性和准确性进行的审查和稽核。会计检查是对经济活动和财务收支所进行的一种事后监督，是会计工作的重要组成部分。通过会计检查，能够起到查错防弊、强化监督的作用，对于更好地完成会计任务、发挥会计作用具有重要的意义。

【思考题】

1. 如何理解会计的概念？
2. 什么叫会计的职能？会计的基本职能有哪些？它们具有哪些特点？它们之间的关系如何？
3. 如何界定会计目标？会计信息使用者主要包括哪些？
4. 会计核算方法主要有哪几种？它们之间的关系如何？
5. 什么是会计基本假设？包括哪些内容？
6. 什么是会计主体？如何理解会计主体与法律主体的区别？
7. 什么是会计期间？在我国会计期间是怎样规定的？
8. 权责发生制和收付实现制在单位会计如何应用？简单列举几个例子。
9. 权责发生制与收付实现制有什么区别？
10. 会计信息的质量要求有哪些？首要质量要求和次级质量要求各包括哪些原则？

【技能训练】

目的：练习在权责发生制与收付实现制下，收入和费用的确认时点。

资料：A企业7月发生下列经济业务：

（1）销售产品60 000元，货款存入银行；

（2）销售产品15 000元，货款尚未收到；

（3）本月应计提短期借款利息3 200元；
（4）根据销货合同，收到某客户的购货定金20 000元，存入银行；
（5）收到某客户上年度所欠的货款50 000元，存入银行；
（6）以银行存款支付本季度短期借款利息费用9 000元；
（7）以现金预付下年度的报刊费1 200元；
（8）赊销货物一批，价款10 000元，约定3个月以后收讫；
（9）计算确定本月应负担的设备租金为2 000元。

要求：

1. 分别按照权责发生制和收付实现制，确认收入、费用并计算各自的盈亏。
2. 判断A企业应采用哪种记账基础，确认实际的收入、费用和盈亏。

第二章

会计对象、会计要素、会计科目与账户

【知识点】
1. 了解工商企业的资金运动；
2. 掌握会计六大要素；
3. 理解账户与会计科目的联系和区别。

【技能点】
1. 能够指出常用会计科目的名称；
2. 能够解释账户的基本结构。

第一节 会计对象

一、会计对象

会计的基本职能是核算和监督。会计对象是指会计所核算和监督的内容，即能够用货币表现的经济活动。以货币表现的经济活动又称为资金运动，如图 2-1 所示。

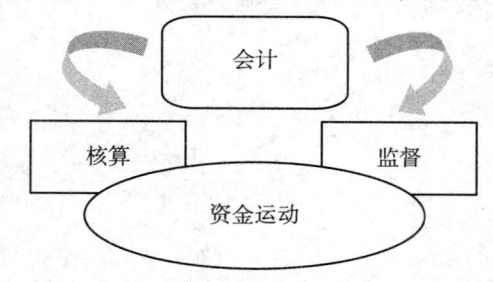

图 2-1 会计基本职能

资金运动包括资金占用和资金来源，二者构成同一资金的两个不同侧面。资金占用形成企业的资产，企业最初的资金来源不外乎两个渠道：企业所有者投入到企业的资本和借款，即所有者权益和负债，如图2-2所示。

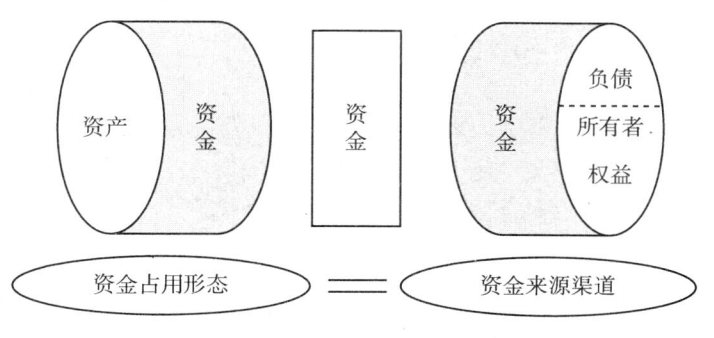

图2-2 资金运动

所有者权益和负债共同构成企业全部资产的来源，但二者却有着本质的不同，所有者权益表明了企业的产权关系，即企业是由谁投资的，归谁所有。资金占用形态和资金来源渠道如图2-3所示。

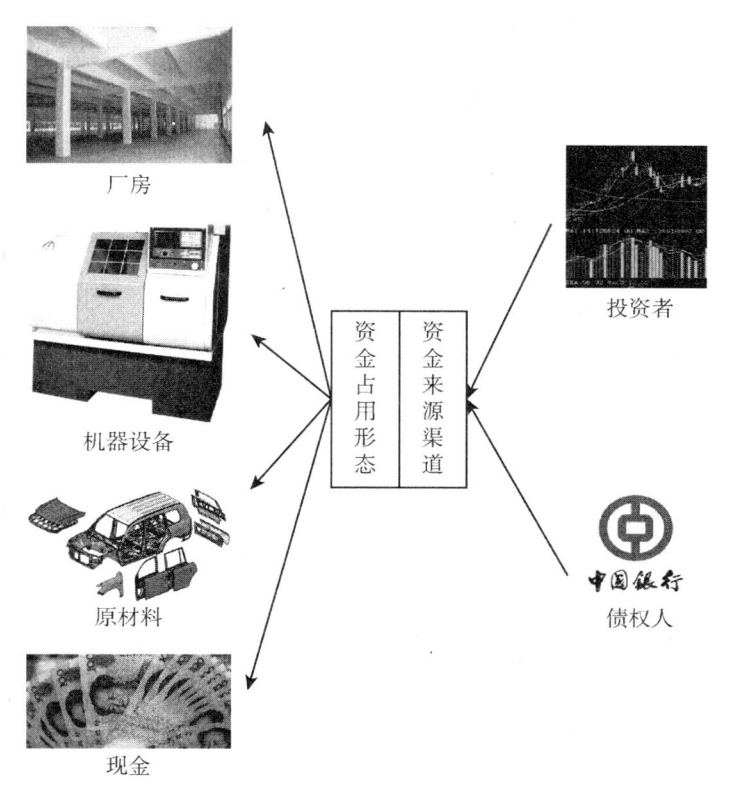

图2-3 资金占用形态和资金来源渠道

二、工商企业的资金运动

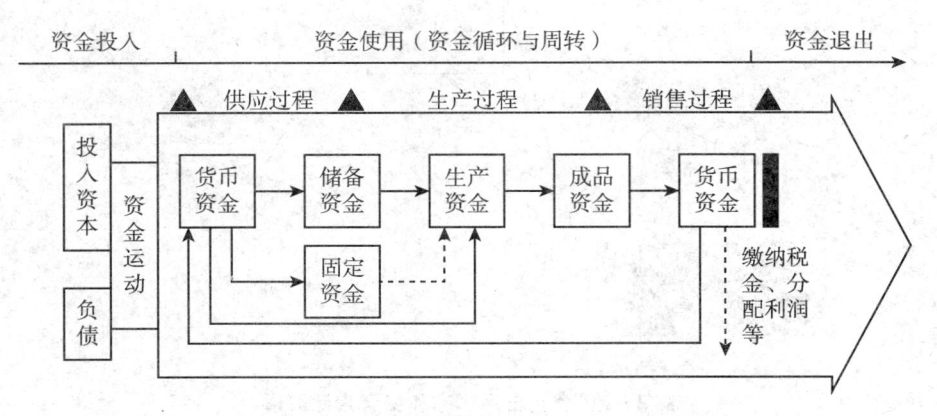

（一）工业企业的资金运动

工业企业为了进行生产经营活动，必须有厂房、机器设备、原材料和现金，而所有这些财产物资的货币表现（包括现金本身）称为资金。

工业企业的资金运动包括资金的投入、资金的循环与周转（资金的使用）和资金退出三个基本环节，其中，资金的循环与周转（资金的运用）又分为供应过程、生产过程、销售过程三个阶段。

在供应过程中，用库存现金、银行存款购买厂房、机器设备和原材料，货币资金转化为固定资金和储备资金。

在生产过程中，从仓库领料加工，作为"直接材料"成本项目，直接计入生产成本，形成产品价值，储备资金转化为生产资金；用库存现金、银行存款支付一线生产职工薪酬，作为"直接人工"成本项目，直接计入生产成本，形成产品价值，货币资金转化为生产资金；厂房、机器设备以累计折旧形式，通过"制造费用"成本项目，按照一定标准分配计入生产成本，形成产品价值，固定资金转化为生产资金。产品完工验收入库，生产资金转化为产品资金。成本项目如图2-4所示。

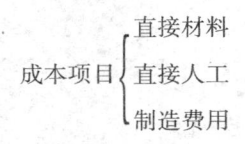

$$成本项目\begin{cases}直接材料\\直接人工\\制造费用\end{cases}$$

图2-4 成本构成

在销售过程中，收回货款，产品资金转化为货币资金。工业企业的资金运动如图2-5所示。

图2-5 工业企业的资金运动

（二）商品流通企业的资金运动

商品流通企业的资金运动包括资金的投入、资金使用（循环与周转）、资金退出三个基本环节，其中，资金的使用又分为商品购入过程和商品销售过程两个阶段。

在商品购入过程中，货币资金转化为商品资金。在商品销售过程中，取得货款，商品资金向货币资金转化；与此同时，商场库房、经营设备占用的固定资金也随着商品销售逐步回收为货币资金。商品流通企业的资金运动如图2-6所示。

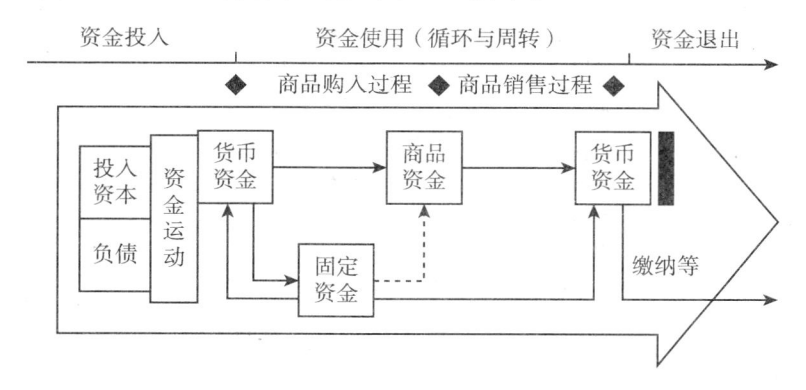

图2-6 商品流通企业的资金运动

第二节 会计要素

会计要素是根据交易或事项的经济特征所确定的会计对象的基本分类，是会计核算对象的具体化，是从会计的角度描述经济活动的基本要素。

会计要素是财务报表的内容构架，又称财务报表要素，包括资产、负债、所有者权益、收入、费用、利润六个要素。其中，资产、负债和所有者权益三项会计要素侧重于反映企业的财务状况，构成资产负债表要素；收入、费用和利润三项会计要素侧重于反映企业的经营成果，构成利润表要素。会计要素的内容如图2-7所示。

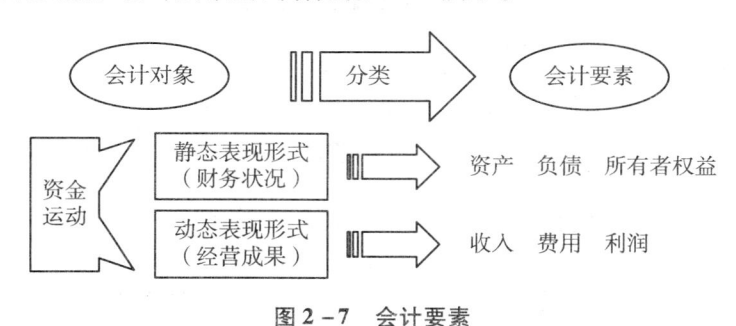

图2-7 会计要素

会计要素与资金运动的关系如图2-8所示。

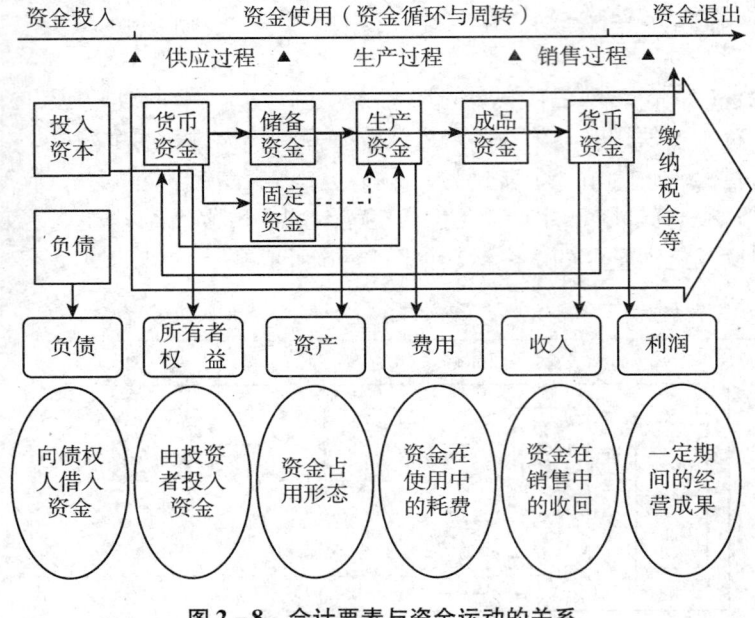

图 2-8　会计要素与资金运动的关系

一、资产

资产是企业过去的交易或者事项形成的，由企业拥有或者控制的预期会给企业带来经济利益的资源，如图2-9所示。

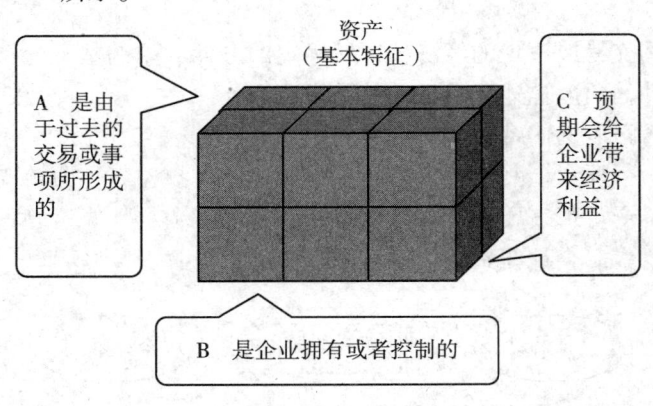

图 2-9　资产

所谓经济利益，是指直接或间接流入企业的现金或现金等价物。

一项资源是否属于企业的资产，通常要看其所有权是否属于该企业。但企业是否拥有一项资源的所有权，并不是确认资产的绝对标准。对于一些特殊方式形成的资产，企业虽然不拥有其所有权，但能够实际控制的，按照实质重于形式原则的要求，也应当将其作为企业的资产予以确认。例如，企业以融资租赁方式租入的固定资产，虽然从法律形式来看企业在租赁期内并不拥有其所有权，但由于租赁合同中规定的租赁期相当长，接近于该项资产的尚可使用年限，或租赁期结束时承租企业有优先购买该项资产的选择权，在租赁期内，承租企业有权支配该项资产，并从中受益，因此，从经济实质来看，承租企业能够控制该项资产所创造的未来经济利益。因此，在会计实务中将以融资租赁方式租入的固定资产视为企业的资产。

资产按其流动性（即变现能力，也就是企业产生现金的能力）不同，可以分为流动资产、长期投资、固定资产、无形资产和其他资产，后四者又称为非流动资产（长期资产）。

流动资产是指可以在1年或者超过1年的一个营业周期内变现或耗用的资产。轮船、飞机制造业可能以超过1年的单件产品的生产周期为一个营业周期。

长期投资是指除交易性金融资产以外的投资，包括持有时间准备超过1年（不含1年）的各种股权性质的投资、不能变现或不准备随时变现的债券、其他债权投资和其他长期投资。

固定资产是指企业为生产商品、提供劳务、出租或经营管理而持有的，使用年限超过1年，单位价值较高的有形资产。

无形资产是指企业为生产商品、提供劳务、出租给他人，或为管理目的而持有的、没有实物形态的、可辨认的非货币性长期资产。

其他资产是指除流动资产、长期投资、固定资产、无形资产以外的资产。

资产的构成，如图2-10所示。

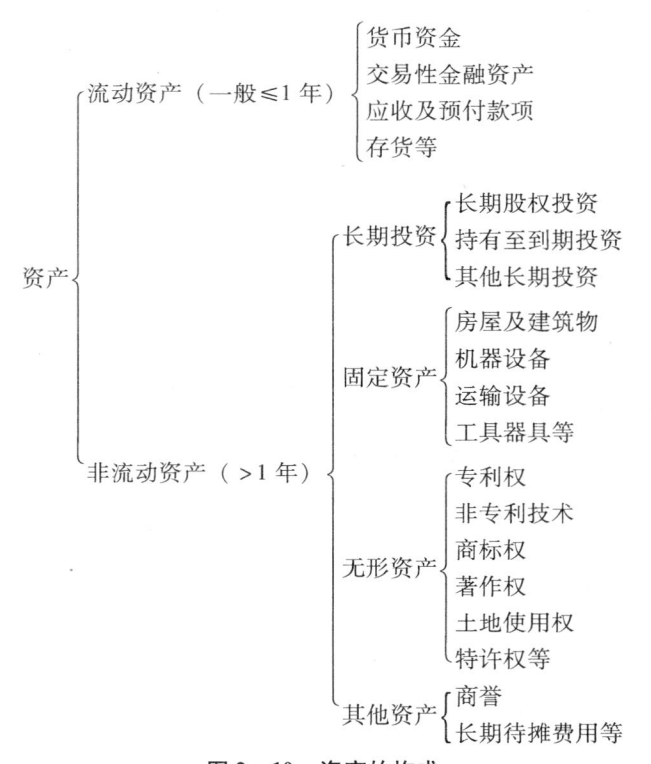

图2-10 资产的构成

二、负债

负债是指企业过去的交易或者事项所形成的、预期会导致经济利益流出企业的现时义务，如图 2-11 所示。

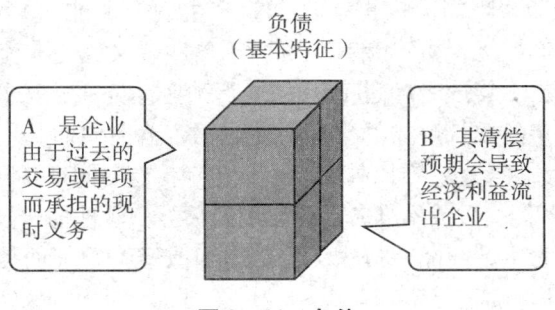

图 2-11 负债

负债是资金运动中资金来源的渠道之一，即企业向债权人的借款，形成债权人权益，要求企业必须在未来一定期间，用债权人所能接受的资产或劳务予以清偿。

例如，企业因赊购商品，才产生了向供应商偿付货款的义务，即形成了应付账款此项负债。企业因向银行借入资金，才产生了还本付息的义务，即形成了银行借款此项负债。而企业与其他单位签署的购货意向书，只是代表企业就将要进行的交易所达成的协议，并没有具体落实，对此，企业就不能将其作为一项负债。

负债按其偿还期不同，可以分为流动负债和长期负债（非流动负债）。

流动负债是指将在 1 年（含 1 年）或者超过 1 年的一个营业周期内偿还的债务。

长期负债是指偿还期限在 1 年或者超过 1 年的一个营业周期以上的负债。

负债的构成，如图 2-12 所示。

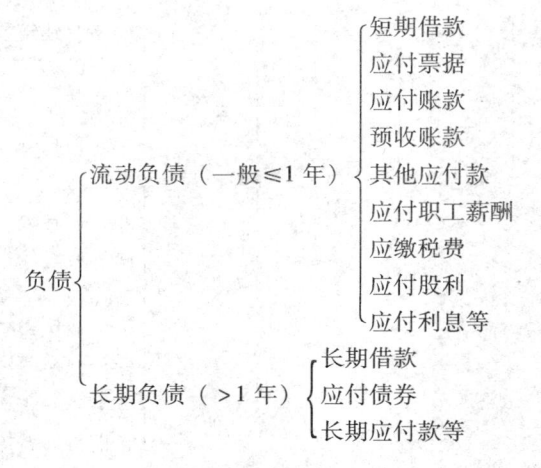

图 2-12 负债的构成

三、所有者权益

所有者权益是指所有者（投资者）在企业资产中的剩余权益，其金额为资产减去负债后的余额，即净资产。所有者权益是企业所有者（即投资者）对企业净资产的所有权。如图 2-13 所示。

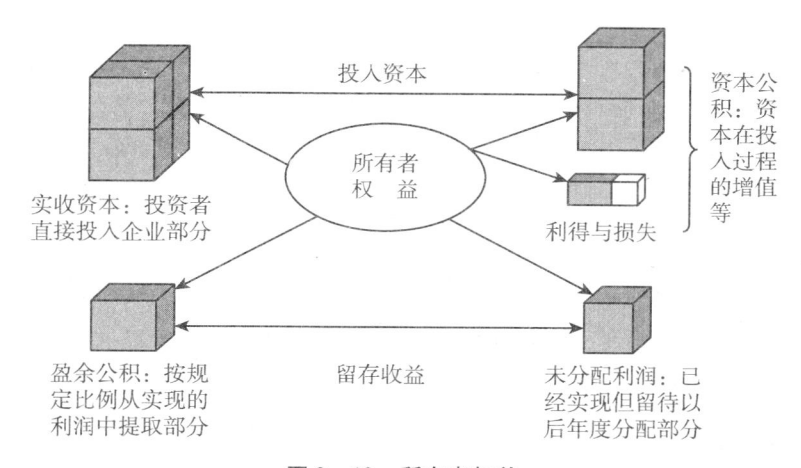

图 2-13 所有者权益

所有者权益的来源包括所有者投入的资本、直接计入所有者权益的利得和损失、留存收益等。因而，所有者权益按其构成不同，可以分为实收资本（或股本）、资本公积、盈余公积和未分配利润。

实收资本（或股本）是指投资者按照企业章程或合同、协议的约定，实际投入企业的资本，包括国家资本、法人资本、个人资本、外商资本。

资本公积是企业收到投资者的超出其在企业注册资本（或股本）中所占份额的投资，以及直接计入所有者权益的利得和损失等。资本公积包括资本溢价（或股本溢价）和其他资本公积。

盈余公积是指企业按规定从税后利润中提取的积累资金，包括法定盈余公积、任意盈余公积。根据《公司法》规定：企业分配当年税后利润时，应当按抵减年初累计亏损后的本年净利润，以 10% 的比例提取法定盈余公积；当法定盈余公积金累计达到企业注册资金的 50% 时，可不再提取。

未分配利润是指企业留待以后年度进行分配的历年结存的利润。

一般而言，实收资本和资本公积是由企业所有者直接投入的，盈余公积和未分配利润则是企业在生产经营过程中实现的利润留存企业所形成的，因而盈余公积和未分配利润又统称为留存收益。可见，所有者权益的多少，既取决于投资者投资的多少，又取决于企业生产经营过程中的盈利水平。所有者权益的构成如图 2-14 所示。

```
                          ┌ 国家资本
                  ┌ 实收资本 ┤ 法人资本
                  │        │ 个人资本
                  │        └ 外商资本
                  │        ┌ 资本（或股本）溢价
所有者权益 ┤ 资本公积 ┤
                  │        └ 其他资本公积
                  │        ┌ 法定盈余公积
                  │ 盈余公积 ┤
                  │        └ 任意盈余公积
                  └ 未分配利润
```

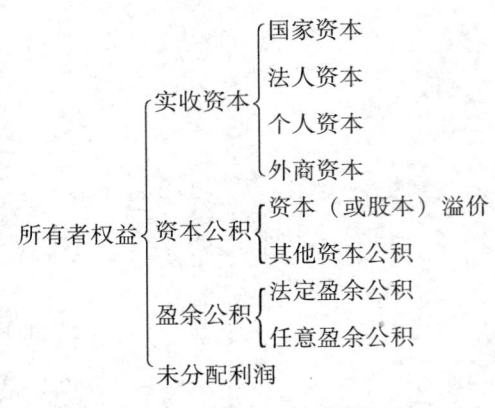

图 2-14　所有者权益的构成

四、收入

收入是指企业在日常活动中所形成的、会导致所有者权益增加的、与所有者投入资本无关的经济利益的总流入。

收入表现为企业资产的增加或负债的减少，或两者兼而有之，最终会导致企业所有者权益的增加。但是，并非所有资产增加或负债减少而引起的所有者权益增加都是企业的收入。例如，企业所有者对企业投资，虽然会导致企业资产增加或负债减少，并使所有者权益增加，但它不是企业的收入。需要注意的是：收入只包括本企业经济利益的流入，不包括为第三者或客户代收的款项。

按其性质不同，收入可以分为销售商品的收入、提供劳务的收入和让渡资产使用权收入（如出租固定资产和包装物的租金收入、转让无形资产使用权收入以及金融企业的利息收入等）。

按照企业经营业务的主次，收入可以分为主营业务收入和其他业务收入。

1. 主营业务收入。不同行业企业的主营业务收入所包括的内容不同，例如，工业企业的主营业务收入主要包括销售商品、自制半成品、代制品、代修品，提供工业性劳务等实现的收入；商业企业的主营业务收入主要包括销售商品实现的收入；咨询公司的主营业务收入主要包括提供咨询服务实现的收入；安装公司的主营业务收入主要包括提供安装服务实现的收入。

企业实现的主营业务收入通过"主营业务收入"科目核算，并通过"主营业务成本"科目核算为取得主营业务收入发生的相关成本。

2. 其他业务收入。不同行业企业的其他业务收入所包括的内容不同，例如，工业企业的其他业务收入主要包括对外销售材料、对外出租包装物和商品或固定资产、对外转让无形资产使用权、对外进行权益性投资（取得现金股利）或债权性投资（取得利息）、提供非工业性劳务等实现的收入。

企业实现的原材料销售收入、包装物租金收入、固定资产租金收入、无形资产使用费收入等，通过"其他业务收入"科目核算，企业进行权益性投资或债权性投资取得的现金股利收入和利息收入，通过"投资收益"科目核算。通过"其他业务收入"科目核算的其他业务收入，需通过"其他业务成本"科目核算为取得其他业务收入发生的相关成本。

收入有广义和狭义之分。上述收入指的是狭义的收入，即企业日常活动形成的与投资者投入资本无关的经济利益流入；广义的收入除了狭义收入外，还包括非日常活动形成的直接计入当期利润的利得，通过"营业外收入"科目核算。

营业外收入是指企业发生的与其日常活动无直接关系的各项利得，包括非流动资产处置利得、非货币性资产交换利得、出售无形资产收益、债务重组利得、企业合并损益、盘盈利得、因债权人原因确实无法支付的应付款项、政府补助、教育费附加返还款、罚款收入、捐赠利得等。

在利润表中，主营业务收入与其他业务收入共同构成企业的营业收入；此外，还有企业在日常活动中所发生的投资收益、公允价值变动收益以及非日常活动产生的营业外收入，即直接计入当期利润的利得。

公允价值变动收益包括交易性金融资产、交易性金融负债，以及采用公允价值模式计量的投资性房地产业务等公允价值变动形成的应计入当期损益的利得或损失（以"－"号填列）。

投资收益是指企业进行投资所获得的经济利益，企业在一定的会计期间对外投资所取得的回报。投资收益包括对外投资所分得的股利和收到的债券利息，以及投资到期收回或到期前转让债权得到的款项高于账面价值的差额等。

广义的收入构成，如图2-15所示。

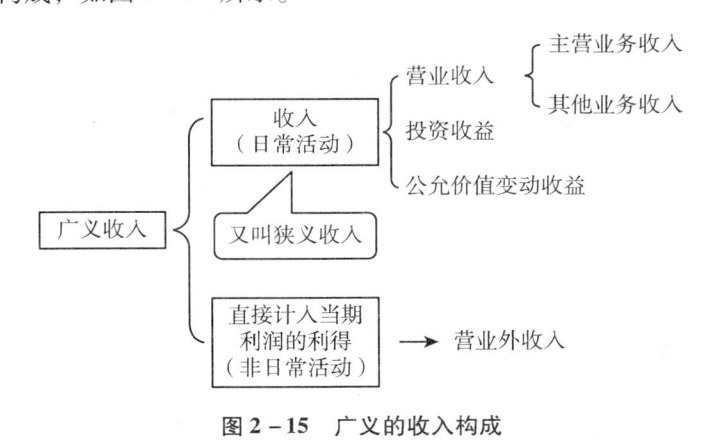

图2-15 广义的收入构成

五、费用

费用是指企业在日常活动所发生的、会导致所有者权益减少的、与向所有者分配利润无关的经济利益的流出。

费用与收入相配比，它代表企业为取得一定收入而付出的代价，所发生的耗费。费用表现为企业资产的减少或负债的增加，最终会导致企业所有者权益的减少。但是，并非所有资产减少或负债增加而引起的所有者权益减少都是企业发生的费用。例如，企业所有者抽回投资或企业向所有者分配利润，虽然会引起企业资产减少或负债增加，并使所有者权益减少，但它们不是企业发生的费用。

按其经济用途不同，费用可以分为生产成本和期间费用，如图2-16所示。

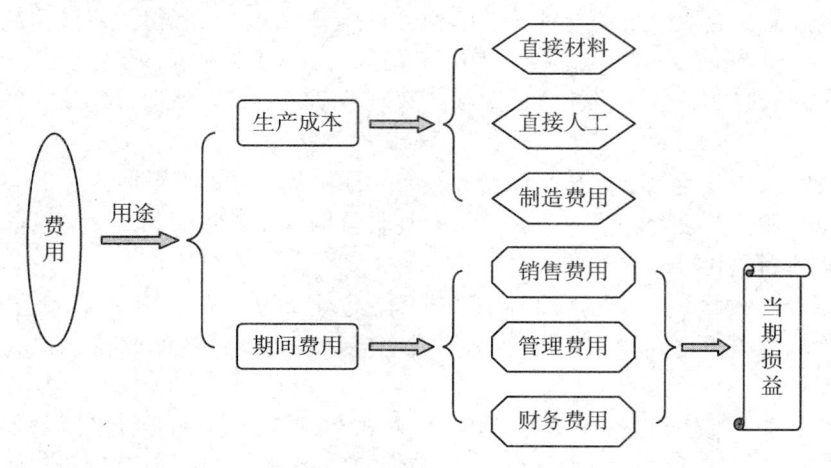

图2-16　费用的构成

1. 生产成本是指企业为生产一定种类和数量的产品所发生的费用，即产品的制造成本，包括直接材料、直接人工和制造费用。

（1）直接材料是指直接用于产品生产并构成产品实体的原材料、主要材料、外购半成品、包装物以及有助于产品形成的辅助材料等。

（2）直接人工是指直接从事产品生产的工人的职工薪酬（包括工资以及按生产工人工资总额和规定比例计算提取的职工福利费）。

（3）制造费用是指企业各生产单位（如生产车间）为组织和管理生产所发生的各项间接费用，如职工薪酬、折旧费、修理费、办公费、水电费等，它一般不能直接计入某项产品成本，而需采用一定的方法分配计入有关产品的成本。

2. 期间费用是指企业发生的不能计入产品生产成本而应直接计入当期损益的费用，包括销售费用、管理费用和财务费用。

（1）销售费用是指企业销售商品和材料、提供劳务的过程中发生的各种费用，包括保险费、包装费、展览费和广告费、商品维修费、预计产品质量保证损失、运输费、装卸费等，以及为销售本企业商品而专设的销售机构（含销售网点、售后服务网点等）的职工薪酬、业务费、折旧费等经营费用。

（2）管理费用是指企业为组织和管理生产经营活动而发生的各项开支，包括公司经费（行政管理部门职工薪酬、修理费、物料消耗、低值易耗品摊销、办公费、差旅费等）、工会经费、董事会费（董事会成员津贴、会议费、差旅费等）、聘请中介机构费、咨询费（含顾问费）、诉讼费、业务招待费、技术转让费、研究费用、排污费等，以及相关税费（房产税、车船税、土地使用税、印花税、矿产资源补偿费)。

(3) 财务费用是指企业为筹集生产经营所需资金而发生的筹资费用,包括利息支出(减利息收入)、汇兑差额以及相关的手续费、企业发生的现金折扣或收到的现金折扣等。

费用与成本是两个并行使用的概念,两者之间既有联系又有区别。费用是按时间归集的,仅与一定的会计期间相联系,而与生产哪一种产品无关;成本是按产品对象归集的,只与一定种类和数量的产品相联系,而不论发生在哪一个会计期间,是对象化了的费用(即生产成本),当在产品完工后,库存商品只有销售出去,才能转化成当期损益,如图2-17所示。

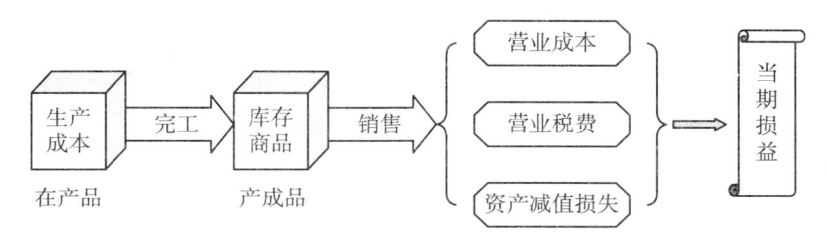

图 2-17　费用与成本

费用有广义和狭义之分。狭义的费用仅指与营业收入相配比的营业成本、营业税费、资产减值损失和期间费用。广义的费用除了狭义费用外还包括非日常活动形成的直接计入当期利润的损失,通过"营业外支出"科目核算。

在利润表中,主营业务成本与其他业务成本共同构成企业的营业成本;此外,还有企业在日常活动中所发生的期间费用、营业税费、资产减值损失以及非日常活动产生的营业外支出,即直接计入当期利润的损失。

资产减值损失是指因资产的账面价值高于其可收回金额而造成的损失。

营业外支出是指企业发生的与其日常活动无直接关系的各项损失,包括固定资产盘亏、处置固定资产净损失、出售无形资产净损失、罚款支出、非货币性资产交换损失、债务重组损失、捐赠支出、非常损失等。

广义的费用构成,如图2-18所示。

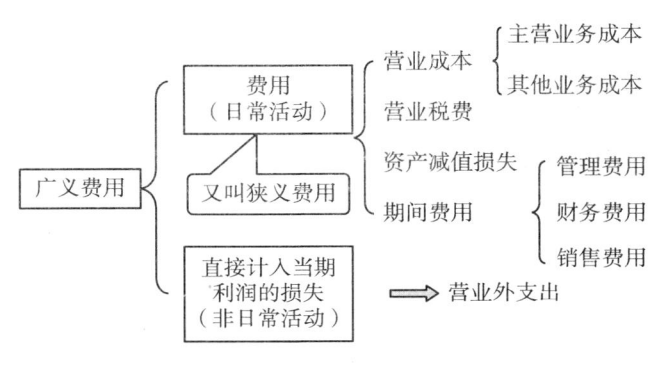

图 2-18　广义的费用构成

六、利润

利润是指企业在一定会计期间的经营成果。

利润是根据收入与费用的合理配比而确定的,是企业的收入减去费用后的余额。如果收入大于费用,其余额即为利润;反之,则为亏损。利润的实现表现为所有者权益增加,亏损的发生表现为所有者权益减少。形成利润的收入是广义的收入,即收入与利得之和;与收入相配比的费用是广义的费用,包括营业成本、期间费用、营业税金及附加、资产减值损失、营业外支出和所得税费用。因此,企业的利润一般包括收入减去费用后的净额、直接计入当期利润的利得和损失的净额。

利润 = 广义收入 − 广义费用
　　 = (收入 + 直接计入当期利润的利得) − (费用 + 直接计入当期利润的损失)
　　 = (收入 − 费用) + (直接计入当期利润的利得 − 直接计入当期利润的损失)

直接计入当期利润的利得和损失是指企业在非日常活动所发生的、会导致所有者权益增加或减少的、与所有者投入资本或向所有者分配利润无关的经济利益的流入或流出。

根据广义的收入与广义的费用,即收入和直接计入当期利润的利得与费用和直接计入当期利润损失相配比的先后层次,分步反映如下:

营业利润 = 营业收入(包括主营业务收入和其他业务收入)
　　　　 − 营业成本(包括主营业务成本和其他业务成本)
　　　　 − 营业税金及附加 − 销售费用 − 管理费用 − 财务费用
　　　　 − 资产减值损失 + 公允价值变动收益(− 公允价值变动损失)
　　　　 + 投资收益(− 投资损失)

利润总额 = 营业利润 + 营业外收入 − 营业外支出

净利润 = 利润总额 − 所得税费用

七、会计要素的计量属性

会计要素计量属性主要包括历史成本、重置成本、可变现净值、现值和公允价值等。

(一) 历史成本

历史成本又称实际成本,是取得或制造某项财产物资时所实际支付的现金金额。在历史成本计量属性下,资产按照购置时支付的现金或现金等价物的金额,或者按照购置资产时所付出的对价的公允价值计量。负债按照因承担现时义务而实际收到的款项或者资产的金额,或者承担现时义务的合同金额,或者按照日常活动中为偿还负债预期需要支付的现金或者现

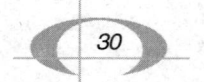

金等价物的金额计量。会计要素在计量时一般采用历史成本计量。

例如：A公司2013年5月购买一栋办公楼，总价款1 000万元，则历史成本为1 000万元。

（二）重置成本

重置成本又称现行成本，是指按照当前市场条件，重新取得同样一项资产所需支付的现金或现金等价物的金额。在重置成本计量属性下，资产按照现在购买相同或者相似资产所需支付的现金或者现金等价物的金额计量。负债按照现在偿付该项债务所需支付的现金或者现金等价物的金额计量。重置成本多用于盘盈固定资产的计量。

例如：A公司在财产清查时发现一台全新仪器没有入账，该仪器当前市场价为8 000元，则重置成本为8 000元。

（三）可变现净值

可变现净值是指在正常生产经营过程中，以预计售价减去进一步加工成本和销售所必需的预计税金、费用后的净值。在可变现净值计量属性下，资产按照其正常对外销售所能收到现金或者现金等价物的金额扣减该资产至完工时估计将要发生的成本、估计的销售费用以及相关税费后的金额计量。通常应用于存货期末计量。

例如：A公司2012年8月购入一批空调，总价款10万元（历史成本），由于原材料涨价，2013年12月31日该批空调的预计售价为18万元，预计的销售费用和相关税金为5万元，则可变现净值为13万元。

（四）现值

现值是指对未来现金流量以恰当的折现率进行折现后的价值。在现值计量属性下，资产按照预计从其持续使用和最终处置中所产生的未来净现金流量的折现金额计量。负债按照预计期限内需要偿还的未来净现金流出量的折现金额计量。通常用于非流动资产可收回金额的确定。

例如：A公司拥有一台机床，该机床剩余使用年限为3年，企业根据财务预算预计未来3年内，该资产每年可为企业产生的净现金流量分别为：第1年100万元，第2年50万元，第3年10万元，假定折现率为5%，则该资产预计未来现金流量的现值为：

$100 \div (1+5\%) + 50 \div (1+5\%)^2 + 10 \div (1+5\%)^3 = 95.24 + 45.35 + 8.64 = 149.23$（万元）

(五) 公允价值

公允价值是指在公平交易中，熟悉情况的交易双方自愿进行资产交换或者债务清偿的金额。在公允价值计量下，资产和负债按照在公平交易中，熟悉情况的交易双方自愿进行资产交换或者债务清偿的金额计量。常用于金融资产和投资性房地产计量，如交易性金融资产。

例如：A公司2013年10月30日购入B公司股票10万股，购入价32万元，该年年末，该股票的每股市价为4元，则该股票2013年年末的公允价值为40万元。

企业在对会计要素进行计量时，应当严格按照规定选择相应的计量属性。企业会计准则规定，企业在对会计要素进行计量时，一般应采用历史成本。在某些情况下，企业会计准则允许采用重置成本、可变现净值、现值或公允价值计量，但应当保证所确定的会计要素金额能够取得并可靠计量。

第三节 会计科目与账户

一、会计科目的概念

会计要素是对会计对象进行的分类。由于企业的经济业务错综复杂，即便仅涉及同一种会计要素，其内容也往往具有不同性质。因此，有必要将会计要素按不同经济性质的内容进行分类。

会计科目就是按照经济内容对各会计要素的具体内容作进一步分类核算的项目，它是以客观存在的会计要素的具体内容为基础，根据核算和管理的需要设置。即根据会计核算的需要，对资产、负债、所有者权益、收入、费用、利润六个会计要素的具体内容进行科学分类，每一类确定一个合适的名称，这些就是会计科目。

会计科目的设置可以把各项会计要素的增减变化分门别类地归集起来，使之一目了然。合理设置会计科目是正确组织会计核算的前提。

二、会计科目的分类

（一）会计科目按提供指标的详细程度分类

会计科目按提供核算指标详细程度及其统驭关系不同，分为总分类科目和明细分类科目。

总分类科目又称一级科目，是对会计要素具体内容进行总括分类，提供总括信息的会计科目。一般由财政部统一制定。

明细分类科目又称二级科目或明细科目，是总分类科目的进一步分类，是对总分类科目作进一步分类，提供更详细、更具体会计信息的科目，它是反映会计要素具体内容的科目。除会计准则规定设置的以外，可以根据本单位经济管理的需要和经济业务的具体内容自行设置。总分类科目与明细分类科目三级关系如下：一级科目（简称总目）——二级科目（简称子目）——明细科目（简称细目），此外，可在一级科目与明细科目之间设置多级科目。当然，也不是所有的总分类科目都设置明细科目，有的总分类科目就不设明细科目。会计科目按提供指标的详细程度分类，如表 2-1 所示。

表 2-1　　　　　　　　　　　　会计科目分类

总分类科目 （一级科目或总目）	明细分类科目	
	二级科目（子目）	明细科目（细目）
原材料	主要材料	圆钢
		角钢
	辅助材料	油漆
		铁钉
应缴税费	应缴增值税	销项税金
	应缴消费税	
银行存款	工商银行	
	招商银行	
库存现金		

注：也不是所有的总分类科目都设置明细科目，有的总分类科目就不设明细科目，如库存现金。

（二）会计科目按经济内容的性质分类

会计科目按反映经济内容的性质即按会计要素不同可以分为资产类科目、负债类科目、共同类科目、所有者权益类科目、成本类科目、损益类科目六大类科目。其中，资产类科目、负债类科目、所有者权益类科目是我们编制资产负债表的基础，损益类科目是我们编制利润表的基础。为了实行会计电算化，每个会计科目名称都有确定的编号，其第一位数代表会计要素的类别，"1" 代表资产类；"2" 代表负债类；"3" 代表金融企业的共同类（3001 清算资金往来、3002 货币兑换、3101 衍生工具、3201 套期工具、3202 被套期项目）；"4" 代表所有者权益类；"5" 代表成本类；"6" 代表损益类。参照我国《企业会计准则——应用指南》，企业会计科目的设置如表 2-2 所示。

表2-2　　　　　　　　　　会计科目表（常用科目简表）

编号	会计科目名称	编号	会计科目名称
	一、资产类	1601	固定资产
1001	库存现金	1602	累计折旧
1002	银行存款	1603	固定资产减值准备
1012	其他货币资金	1604	在建工程
1101	交易性金融资产	1605	工程物资
1121	应收票据	1606	固定资产清理
1122	应收账款	1611	未担保余值
1123	预付账款	1632	累计折耗
1131	应收股利	1701	无形资产
1132	应收利息	1702	累计摊销
1221	其他应收款	1703	无形资产减值准备
1231	坏账准备	1711	商誉
1401	材料采购	1801	长期待摊费用
1402	在途物资	1811	递延所得税资产
1403	原材料	1901	待处理财产损溢
1404	材料成本差异		二、负债类
1405	库存商品	2001	短期借款
1406	发出商品	2002	存入保证金
1407	商品进销差价	2201	应付票据
1408	委托加工物资	2202	应付账款
1411	周转材料	2203	预收账款
1471	存货跌价准备	2211	应付职工薪酬
1501	持有至到期投资	2221	应缴税费
1502	持有至到期投资减值准备	2231	应付利息
1503	可供出售金融资产	2232	应付股利
1511	长期股权投资	2241	其他应付款
1512	长期股权投资减值准备	2401	递延收益
1521	投资性房地产	2501	长期借款
1531	长期应收款	2502	应付债券
1532	未实现融资收益	2701	长期应付款

续表

编号	会计科目名称	编号	会计科目名称
2702	未确认融资费用		六、损益类
2711	专项应付款	6001	主营业务收入
2801	预计负债	6051	其他业务收入
2901	递延所得税负债	6111	投资收益
	四、所有者权益类	6301	营业外收入
4001	实收资本	6401	主营业务成本
4002	资本公积	6402	其他业务成本
4101	盈余公积	6403	营业税金及附加
4103	本年利润	6601	销售费用
4104	利润分配	6602	管理费用
	五、成本类	6603	财务费用
5001	生产成本	6701	资产减值损失
5101	制造费用	6711	营业外支出
5202	劳务成本	6801	所得税费用
5301	研发支出	6901	以前年度损益调整

三、会计科目的设置原则

1. 合法性原则：所设置的会计科目应当符合国家统一的会计准则的规定，以保证会计信息的可比性。

2. 相关性原则：所设置的会计科目应为提供有关各方所需要的会计信息服务，满足对外报告与对内管理的要求，以提高会计信息的相关性。

3. 实用性原则：所设置的会计科目应符合企业自身特点，满足企业的实际需要。会计科目的设置原则如图 2-19 所示。

图 2-19 会计科目的设置原则

四、账户

（一）账户的概念

账户是根据会计科目设置的，具有一定格式和结构，用以分类反映会计要素增减变动情况及其结果的载体。

（二）账户的分类

账户以会计科目为其名称，其分类也与会计科目的分类相对应。按提供指标的详细程度分类：总分类科目——总分类账户（简称总账），明细分类科目——明细分类账户（简称明细账）；按经济内容的性质分类：资产类科目——资产类账户，负债类科目——负债类账户，共同类科目——共同类账户，所有者权益类科目——所有者权益类账户，成本类科目——成本类账户，损益类科目——损益类账户。

（三）账户的基本内容

（1）账户的名称，即会计科目；
（2）日期和摘要，即记载经济业务的日期和概括说明经济业务的内容；
（3）增加方和减少方的金额及余额；
（4）凭证号数，即说明记载账户记录的依据。

在会计实务中，通常是根据账户的基本内容来设计账页格式，三栏式主要设有借方、贷方和余额三个栏目，如表2-3所示：

表2-3　　　　　　　　　账户格式

会计科目：

年		凭证		摘要	借方	贷方	借或贷	余额
月	日	种类	号数					

（四）账户的基本结构

账户的基本结构通常简化为T形账户，以会计科目为名称，分为左右两方（见图2-20），分别用来记录经济业务发生所引起的会计要素的增加额和减少额。增加额与减少额相抵的差额，形成账户的余额。余额按其表示的时点不同，分为期初余额和期末余额。期初余额、本期增加发生额（即本期增加额）、本期减少发生额（即本期减少额）、期末余额称为账户的四个金额要素，其关系如下：

$$期初余额 + 本期增加发生额 - 本期减少发生额 = 期末余额$$

在借贷记账法下，T形账户左边是借方、右边是贷方；至于哪一方记增加额、哪一方记减少额，则取决于会计科目的类别和会计科目的数额是增还是减，从而判断该会计科目是借还是贷，确定其记账方向。这个问题将在下一章进行阐述。

（左边）借方　　　　　账户名称（会计科目）　　　　　贷方（右边）

图 2-20　T形账户结构

（五）账户与会计科目的联系和区别

会计科目与账户都是对会计对象具体内容的科学分类，两者口径一致、性质相同，会计科目是账户的名称，也是设置账户的依据，账户是会计科目的具体运用。没有会计科目，账户便失去了设置的依据；没有账户，就无法发挥会计科目的作用。

两者的区别是：会计科目仅仅是账户的名称，不存在结构；而账户则具有一定的格式和结构。在实际工作中，对会计科目和账户不加以严格区分，而是相互通用。

【思考题】

1. 会计的对象和职能有哪些？
2. 什么是会计要素？会计要素分为哪几类？
3. 什么是资产？资产有哪些特征？试分别列举若干资产项目。
4. 什么是负债？负债有哪些特征？试分别列举若干负债项目。
5. 什么是收入？什么是费用？收入、费用与所有者权益有何关系？
6. 试述会计科目与账户的联系和区别。

【技能训练】

目的：练习判断经济业务涉及的会计科目，判断每一个会计科目的类别，掌握会计要素分类，并验证：资产-负债=所有者权益。

资料：A公司2013年7月末有关资料如下：

（1）在建工程项目300 500元；

(2) 各种银行存款 185 000 元；
(3) 原材料仓库结存 92 000 元；
(4) 向银行借入为期 9 个月的借款 175 000 元；
(5) 向银行借入三年期借款 460 000 元；
(6) 房屋及建筑物 600 000 元；
(7) 机器、设备 1 200 000 元；
(8) 应收销货款 162 000 元；
(9) 应付进货款 238 000 元；
(10) 库存现金 12 265 元；
(11) 股东投入资本 1 000 000 元；
(12) 尚未分配的利润 446 265 元；
(13) 资本公积金 232 500 元。

要求：判断上述项目涉及的会计科目，按会计要素进行分类，加计各类会计要素总额。

第三章 复式记账法

【知识点】
1. 了解会计恒等式；
2. 了解四种类型的经济业务下，会计要素在数量上的增减变化；
3. 掌握借贷记账法下的各类账户结构；
4. 理解借贷记账法的记账规则。

【技能点】
1. 编制试算平衡表的能力；
2. 编制会计分录的能力。

第一节 会计等式

一、会计恒等式

会计恒等式是指反映各项会计要素之间基本关系的表达式。

从形式上看，会计恒等式反映了会计对象的具体内容即各项会计要素之间的内在联系；从实质上看，会计恒等式揭示了会计主体的产权关系和基本财务状况。

会计对象是指会计所核算和监督的内容，即能够用货币表现的经济活动，以货币表现的经济活动又称为资金运动。

资金运动包括资金占用和资金来源，二者构成同一资金的两个不同侧面。资金占用形成企业的资产，企业最初的资金来源不外乎两个渠道：企业所有者投入到企业的资本和借款。企业所有者投入到企业的资本和借款都不是无偿的，而是对企业资产拥有一定的要求权，即在经济利益上要求从企业的生产经营活动中获取资本增值、获得补偿，称为权益，具体包括所有者权益（在股份制企业则称为股东权益）和债权人权益，债权人权益通称负债。因此，对任一时点来说：

$$资产 = 权益$$
$$= 债权人权益 + 所有者权益$$
$$= 负债 + 所有者权益$$

这是第一会计恒等式，反映了企业资金的相对静止状态，也就是任一时点企业所拥有的资产的分布状况及其形成来源；作为最基本的会计恒等式，它是复式记账法以及编制试算平衡表和资产负债表的理论基础。第一会计恒等式如图3–1所示。

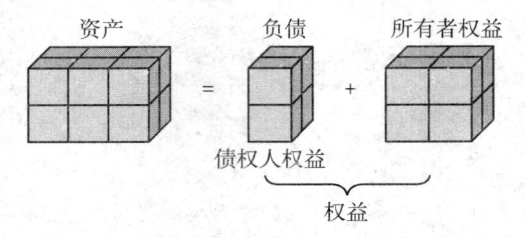

图 3–1　第一会计恒等式

$$收入 - 费用 = 利润$$

这是第二会计恒等式，反映了企业一定时期的经营成果与相应的收入和费用之间的关系，即企业利润的实现过程。第二会计恒等式如图3–2所示。

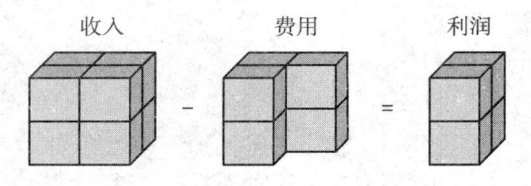

图 3–2　第二会计恒等式

由于损益与所有者权益息息相关，其中，收入表现为企业资产的增加或负债的减少，会导致所有者权益增加；费用表现为企业资产的减少或负债的增加，会导致所有者权益减少。故而，第一会计恒等式扩展如下：

$$资产 = 负债 + （所有者权益 + 收入 - 费用）$$

移项得到综合会计恒等式：

$$资产 + 费用 = 负债 + 所有者权益 + 收入$$

综合会计恒等式如图3–3所示。

经济业务又称会计事项，是指在一个会计主体中发生的必须通过会计来记录和反映的经济活动。如图3–4所示。

图 3-3 综合会计恒等式

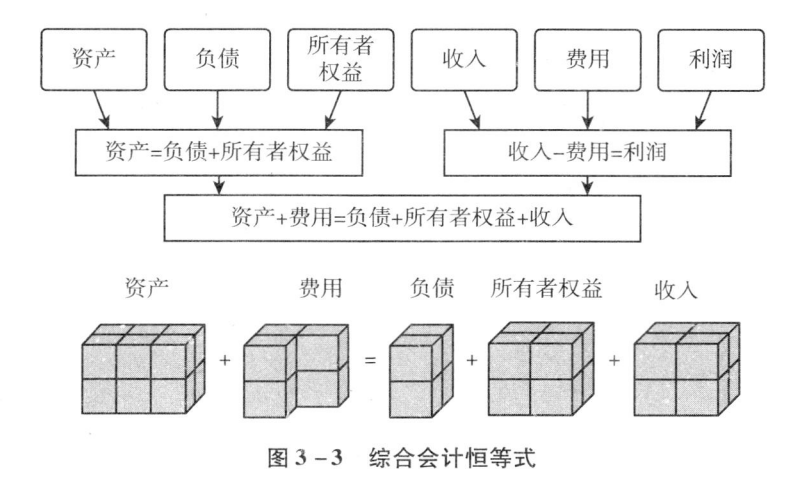

图 3-4 会计事项

二、经济业务对会计等式的影响

经济业务的发生必然会引起会计要素在数量上的增减变化。其中：一类经济业务只涉及资产、负债和所有者权益数量上的增减变化；另一类经济业务涉及收入、费用和利润的增减变化。但无论它们怎样变化，其结果都不会破坏会计恒等式的成立。

（一）经济业务只涉及资产、负债和所有者权益数量上的增减变化

此类经济业务分为四种类型，具体化为九种情况，对会计恒等式的影响如图 3-5 和表 3-1 所示。

资产 = 权益

资产 = 负债 + 所有者权益

```
增加                    减少
    ＼              ／
      ＼          ／
        ＼      ／
          ＼  ／
           ×
          ／  ＼
        ／      ＼
      ／          ＼
    ／              ＼
减少     金额相等     增加
         保持平衡
```

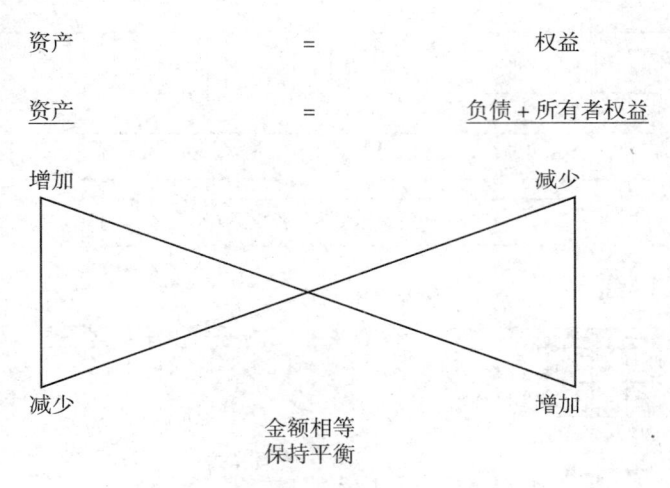

图 3 – 5 经济业务对会计等式的影响

表 3 – 1　　　　　　　　经济业务类型与会计要素变化

经济业务类型	经济业务情形	资产	负债	所有者权益
第一种类型	第一种情形	增加	增加	
	第二种情形	增加		增加
第二种类型	第三种情形	减少	减少	
	第四种情形	减少		减少
第三种类型	第五种情形	增加　减少		
第四种类型	第六种情形		增加　减少	
	第七种情形			增加　减少
	第八种情形		增加	减少
	第九种情形		减少	增加

1. 资产与权益同时增加。

（1）资产增加，负债增加，增加金额相等，保持平衡。

【例 3 – 1】A 公司向银行借入期限为一年的借款 100 000 元存入银行。

这一项业务表现为资产类银行存款科目增加 100 000 元，负债类短期借款科目增加 100 000 元。

（2）资产增加，所有者权益增加，增加金额相等，保持平衡。

【例 3 – 2】一位新的投资者向 A 公司增加货币投资 100 000 元，资金已存入银行。

这一项业务表现为资产类银行存款科目增加 100 000 元，所有者权益类实收资本科目增加 100 000 元。

2. 资产与权益同时减少。

（1）资产减少，负债减少，减少金额相等，保持平衡。

【例3-3】 A公司归还短期借款30 000元，用银行存款支付。

这一项业务表现为资产类银行存款科目减少30 000元，负债类短期借款科目减少30 000元。

（2）资产减少，所有者权益减少，减少金额相等，保持平衡。

【例3-4】 A公司原有投资者之一减少对智达公司投资50 000元，用银行存款支付。

这一项业务表现为资产类银行存款科目减少50 000元，所有者权益类实收资本科目减少50 000元。

3. 资产之间有增有减。

资产项目一增一减，增减金额相等，保持平衡。

【例3-5】 A公司从银行提取现金20 000元备用。

这一项业务表现为资产类银行存款科目减少20 000元，资产类库存现金科目增加20 000元，资产的总金额不变。

4. 权益之间有增有减。

（1）负债项目一增一减，增减金额相等，保持平衡。

【例3-6】 A公司向银行借入期限为两年的借款40 000元归还赊购材料款40 000元。

这一项业务表现为负债类长期借款科目增加40 000元，负债类应付账款科目减少40 000元，负债的总金额不变。

（2）所有者权益项目一增一减，增减金额相等，保持平衡。

【例3-7】 A公司召开董事会，决定从盈余公积中拿出12 000元转增资本，并办理了相关手续。

这一项业务表现为所有者权益类盈余公积科目减少12 000元，所有者权益类实收资本科目增加12 000元，所有者权益的总金额不变。

（3）负债项目增加，所有者权益项目减少，增减金额相等，保持平衡。

【例3-8】 A公司准备向投资者分配现金股利55 000元。

这一项业务表现为负债类应付股利科目增加55 000元，所有者权益类利润分配科目减少55 000元。

（4）负债项目减少，所有者权益项目增加，增减金额相等，保持平衡。

【例3-9】 投资者代A公司偿还到期的银行短期借款100 000元，并同意作为对A公司的追加投资100 000元，已办理有关手续。

这一项业务表现为负债类短期借款科目减少100 000元，所有者权益类实收资本科目增加100 000元。

（二）经济业务涉及收入、费用和利润的增减变化

此类经济业务可分为两种类型，具体化为四种情况，对会计恒等式的影响如图3-6所示：

1. 收入可能带来资产的增加，也可能使负债减少。

（1）收入增加，资产增加，等式两边增加金额相等，保持平衡。

【例3-10】 A公司销售产品，收取价款300 000元存入银行。

```
资产 + 费用                =           负债 + 所有者权益 + 收入
   增加                                         减少



   减少                                         增加
           金额相等
           保持平衡
```

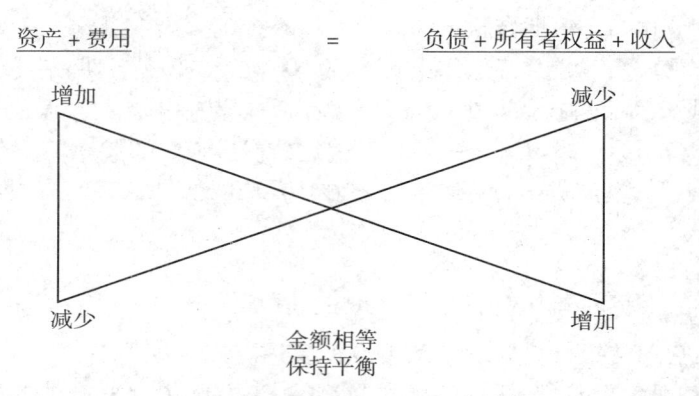

图 3-6　涉及收入、费用和利润的经济业务对会计恒等式的影响

这一项业务表现为资产类银行存款科目增加 300 000 元，损益类中收入类主营业务收入科目增加 300 000 元。

（2）收入增加，负债减少，增减金额相等，保持平衡。

【例 3-11】A 公司销售产品，收取价款 300 000 元抵付应付账款。

这一项业务表现为负债类应付账款科目减少 300 000 元，损益类中收益类主营业务收入科目增加 300 000 元，等式右边的总金额不变。

2. 费用可能带来资产的减少，也可能使负债增加。

（1）费用增加，资产减少，增减金额相等，保持平衡。

【例 3-12】A 公司用现金支付业务招待费 600 元。

这一项业务表现为资产类库存现金科目减少 600 元，损益类中费用类管理费用科目增加 600 元，等式左边的总金额不变。

（2）费用增加，负债增加，等式两边增加金额相等，保持平衡。

【例 3-13】A 公司计算本月行政管理人员的工资 20 000 元，款项尚未支付。

这一项业务表现为负债类应付职工薪酬科目增加 20 000 元，损益类管理费用科目增加 20 000 元。

第二节　复式记账法

一、单式记账法

单式记账法是指对发生的每一项经济业务，只在一个账户中加以登记的记账方法。其特点是平时只登记现金、银行存款的收付业务和各种往来账项（应收、应付款项）。

例如，用现金、银行存款 1 000 元购买材料并已验收入库，只记库存现金、银行存款减少，不记原材料增加。赊购材料，只记应付账款增加，不记原材料增加；赊销产品，只记应收账款增加，不记库存商品减少。

单式记账法的记账手续简单，但因账户体系不完整，导致账户之间没有直接联系，缺乏平衡关系，不能反映会计要素的增减变动和经济业务的来龙去脉，也不便于检查账户记录的正确性和完整性。

二、复式记账法

复式记账法是以会计恒等式为依据，对发生的每一项经济业务，都要以相等的金额，在相互联系的两个或两个以上账户中进行记录的记账方法。其特点是可以反映经济业务的来龙去脉以及经济活动的过程和结果，并能对记录的结果进行试算平衡，以检查账户记录是否正确。

例如，用现金1 000元购买材料并已验收入库，一方面记库存现金减少1 000元，另一方面记原材料增加1 000元。

复式记账法包括借贷记账法、增减记账法和收付记账法。我国1993年以前，商品流通企业曾采用过增减记账法，行政事业单位曾采用过收付记账法。自1993年7月1日起，我国企业、行政单位、事业单位和非营利组织均采用借贷记账法。

三、借贷记账法

（一）借贷记账法的含义

借贷记账法是指以"借"、"贷"为记账符号的一种复式记账法，源于13世纪的意大利。

借贷资本家对于贷入的款项，记在贷主的名下，表示债务；对于借出的款项，记在借主的名下，表示债权。当时的"借"、"贷"二字分别表示债权、债务的增减变化。

工业资本家不仅要记录货币资金的增减变化，也要记录财产物资的增减变化，还要计算经营损益。这样，"借"、"贷"二字逐渐失去了最初的含义，而演变成纯粹的记账符号，用来标明记账的方向。

目前，我国企业、行政单位、事业单位和非营利组织的会计核算都必须采用借贷记账法。

（二）借贷记账法下的账户结构

在借贷记账法下，T形账户左边是借方、右边是贷方（见图3－7），至于哪一方记增加额、哪一方记减少额，取决于账户的性质和结构，可以从第一会计恒等式（资产＝负债＋所有者权益）及综合会计恒等式（资产＋费用＝负债＋所有者权益＋收入）来分析。各类账户的结构如图3-8所示：

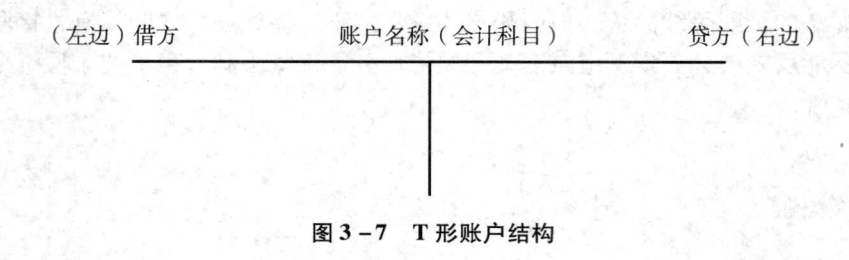

（左边）借方　　　　　账户名称（会计科目）　　　　　贷方（右边）

图3-7　T形账户结构

资产＋费用＝负债＋所有者权益＋收入

借	贷	借	贷
增加	减少	减少	增加
余额			余额

图3-8　借贷记账法下的账户结构

即：

借方登记：资产类、成本、费用类账户增加，负债类、所有者权益类、收入类科目减少。

贷方登记：资产类、成本、费用类账户减少，负债类、所有者权益类、收入类科目增加。

1. 资产类账户的结构。在资产类账户中，资产的增加记录在借方，资产的减少记录在贷方，资产类账户的余额在借方。资产类账户的结构如图3-9所示：

借	资产类账户	贷
期初余额		
本期增加发生额	本期减少发生额	
本期增加发生额合计	本期减少发生额合计	
期末余额		

图3-9　资产类账户结构

资产类账户的四个金额要素的关系可改写成：

借方期初余额＋借方本期发生额－贷方本期发生额＝借方期末余额

2. 负债类账户的结构。在负债类账户中，负债的增加记录在贷方，负债的减少记录在

借方，负债类账户的余额在贷方。负债类账户的结构如图 3-10 所示：

借	负债类账户	贷
		期初余额
本期减少发生额		本期增加发生额
本期减少发生额合计		本期增加发生额合计
		期末余额

图 3-10　负债类账户结构

负债类账户的四个金额要素的关系可改写成：

贷方期初余额 + 贷方本期发生额 - 借方本期发生额 = 贷方期末余额

3. 所有者权益类账户的结构。在所有者权益类账户中，所有者权益的增加记录在贷方，所有者权益的减少记录在借方，所有者权益类账户的余额在贷方。所有者权益类账户的结构如图 3-11 所示：

借	所有者权益类账户	贷
		期初余额
本期减少发生额		本期增加发生额
本期减少发生额合计		本期增加发生额合计
		期末余额

图 3-11　所有者权益类账户结构

所有者权益账户的四个金额要素的关系可改写成：

贷方期初余额 + 贷方本期发生额 - 借方本期发生额 = 贷方期末余额

4. 成本类账户的结构。在成本类账户中，成本的增加记录在借方，成本的转销记录在贷方，成本类账户的期初、期末如有余额，余额在账户的借方。成本类账户的结构如图 3-12 所示：

借	成本类账户	贷
期初余额		
本期成本增加额		本期成本转销额
期末余额		

图 3-12　成本类账户结构

成本类账户的四个金额要素的关系可改写成：

$$借方期初余额 + 借方本期发生额 - 贷方本期发生额 = 借方期末余额$$

5. 损益类账户的结构。由于企业在一定时期所取得的收入和发生的费用都将体现在当期损益中，因此损益类账户可以分为收入类和费用类账户。损益类账户是反映会计主体在某一会计期间取得收入和发生费用支出情况。在某一会计期间结束时，收入与费用相抵后表现为所有者权益的增加或减少，因此，损益类账户在期末要转入"本年利润"账户，该类账户期末结转后无余额。

（1）收入类账户的结构。在收入类账户中，收入的增加记录在贷方，收入的减少记录在借方，期末本期发生的收入增加额减去本期发生收入减少额的差额转入所有者权益类有关账户，收入类账户期末无余额。收入类账户的结构如图3-13所示：

借	收入类账户	贷
收入减少或结转额		收入增加额
本期发生额		本期发生额

图 3-13　收入类账户结构

（2）费用类账户的结构。在费用类账户中，费用的增加记录在贷方，费用的减少记录在借方，期末本期发生的费用增加额减去本期发生费用减少额的差额转入所有者权益类有关账户，费用类账户期末无余额。费用类账户的结构如图3-14所示：

借	费用类账户	贷
费用增加额		费用减少额或结转额
本期发生额		本期发生额

图 3-14　费用类账户结构

上述各类账户的结构在借贷记账法下，借、贷方所登记的内容以及账户余额的方向可以归纳成表3-2所示。

表3-2　　　　　　　　借贷记账法下各类账户登记内容

账户类型	借方	贷方	余额
资产、成本类账户	增加	减少	一般在借方
负债、所有者权益类账户	减少	增加	一般在贷方
收入类账户	减少	增加	期末一般无余额
费用类账户	增加	减少	期末一般无余额

（三）借贷记账法的记账规则

记账规则是建立在会计恒等式基础上，借贷记账法的记账规则可以概括为："有借必有贷，借贷必相等。"

采用借贷记账法，任何一笔经济业务的发生，不论是涉及两个账户，还是涉及两个以上的账户，都必须同时记入一个账户的借方和另一个账户的贷方，或者同时记入一个账户的借方和几个账户的贷方，或者同时记入几个账户的借方和一个账户的贷方，而且记入借方和记入贷方的金额必须相等。这就是借贷记账法的记账规律或记账规则。

（四）试算平衡

试算平衡是根据会计恒等式的平衡原理和借贷记账法的记账规则，检查账户记录是否正确的过程。其方法包括发生额、余额试算平衡两种。根据余额的时点不同，余额试算平衡法又分为期初余额平衡与期末余额平衡两类，如表3-3所示。

表3-3　　　　　　　　　总分类账户本期发生额和余额试算平衡

年　　月　　　　　　　　　　　　　　　　　　　　单位：元

会计科目	期初余额		本期发生额		期末余额	
	借方	贷方	借方	贷方	借方	贷方
合　计						

1. 发生额试算平衡法。

全部账户借方本期发生额合计 = 全部账户贷方本期发生额合计

平衡依据："有借必有贷，借贷必相等"的记账规则。

2. 余额试算平衡法。

（1）全部账户借方期初余额合计 = 全部账户贷方期初余额合计

（2）全部账户借方期末余额合计 = 全部账户贷方期末余额合计

平衡依据：会计恒等式。

一般而言，如果所有账户在一定期间内，借、贷方发生额合计不平衡，借、贷方余额合计不平衡，则可以肯定本期内记账和结账有错误；而如果两者都平衡，则说明记账和结账可能正确（但不能就此断定记账肯定没有错误）。这是因为有些差错并不影响平衡关系，比如一笔经济业务被重记或漏记，对应账户被同时多记或少记金额以及借贷方向颠倒等。

第三节 会计分录

一、会计分录的概念

会计分录是指对某项经济业务标明其应借应贷账户及金额的记录，简称分录。会计分录的三要素：会计科目、记账方向和金额。

在借贷记账法下，每一项经济业务都要在两个或两个以上账户中进行记录。这样，相关账户之间形成了应借应贷的对应关系。存在对应关系的账户，称为对应账户。

会计分录的书写格式："上借下贷，借贷错开。"如下：

借：会计科目
　　贷：对应会计科目

二、会计分录的分类

按照所涉及账户的多少，会计分录分为简单会计分录和复合会计分录。简单会计分录是只涉及两个账户的一借一贷的会计分录；复合会计分录是涉及两个以上账户的一借多贷、多借一贷、多借多贷的会计分录，每一笔复合会计分录可分解成若干组简单会计分录。

三、会计分录的编制步骤

（1）判断经济业务涉及的会计账户。
（2）判断每一个会计账户的类别，即账户的性质：资产类、成本类、费用类账户在会计恒等式等号的左边，属于一大类（即资金占用类）账户；负债类、所有者权益类、收入类账户在会计恒等式等号的右边，属于另一大类（即资金来源类）账户。
（3）确定每一个会计账户是增还是减。
（4）确定每一个会计账户是借还是贷。

四、借贷记账法下会计分录和登记账户的举例

假设 A 公司 2012 年 12 月 31 日账户余额如表 3-4 所示：

表 3-4　　　　　　　　　A 公司 12 月 31 日账户余额　　　　　　　　单位：元

资产		负债和所有者权益	
会计科目	借方余额	会计科目	贷方余额
库存现金	1 000	短期借款	300 000
银行存款	1 999 000	应付账款	500 000
		盈余公积	200 000
		实收资本	1 000 000
合　计	2 000 000	合　计	2 000 000

假如 A 公司 2013 年 1 月发生以下三笔经济业务：

【例 3-14】 A 公司向银行借入期限为一年的借款 100 000 元存入银行。

（1）判断经济业务涉及的会计账户：银行存款、短期借款；

（2）判断每一个会计账户的类别：银行存款属于资产类账户，短期借款属于负债类账户；

（3）确定每一个会计账户是增还是减：银行存款账户增加 100 000 元，短期借款账户增加 100 000 元；

（4）确定每一个会计账户是借还是贷：资产类账户增加记在借方，负债类账户增加记在贷方。

会计分录如下：

借：银行存款　　　　　　　　　　　　　　　　　　　　　　　100 000
　　贷：短期借款　　　　　　　　　　　　　　　　　　　　　　100 000

【例 3-15】 一位新的投资者向 A 公司增加货币投资 100 000 元，资金已存入银行。

（1）判断经济业务涉及的会计账户：银行存款、实收资本；

（2）判断每一个会计账户的类别：银行存款属于资产类账户，实收资本属于所有者权益类账户；

（3）确定每一个会计账户是增还是减：银行存款账户增加 100 000 元，实收资本账户增加 100 000 元；

（4）确定每一个会计账户是借还是贷：资产类账户增加记在借方，所有者权益类账户增加记在贷方。

会计分录如下：

借：银行存款　　　　　　　　　　　　　　　　　　　　　　　100 000
　　贷：实收资本　　　　　　　　　　　　　　　　　　　　　　100 000

【例3-16】A公司归还短期借款30 000元,用银行存款支付。

(1)判断经济业务涉及的会计账户:银行存款、短期借款;

(2)判断每一个会计账户的类别:银行存款属于资产类账户,短期借款属于负债类账户;

(3)确定每一个会计账户是增还是减:银行存款账户减少30 000元,短期借款账户减少30 000元;

(4)确定每一个会计账户是借还是贷:资产类账户减少记在贷方,负债类账户减少记在借方。

会计分录如下:

借:短期借款　　　　　　　　　　　　　　　　　　　　　　　30 000
　　贷:银行存款　　　　　　　　　　　　　　　　　　　　　　30 000

根据上述会计分录,登记有关T形账户(如图3-15至图3-20所示),并编制试算平衡表(如表3-5所示)。

借	银行存款		贷
	1 999 000		
①	100 000	③	30 000
②	100 000		
	200 000		30 000
	2 169 000		

图3-15　银行存款T形账

借	短期借款		贷
			300 000
③	30 000	①	100 000
	30 000		100 000
			370 000

图3-16　短期借款T形账

借	实收资本		贷
			1 000 000
		②	100 000
			100 000
			1 100 000

图3-17　实收资本T形账

借	库存现金	贷
1 000		
1 000		

图 3-18 库存现金 T 形账

借	应付账款	贷
		500 000
		500 000

图 3-19 应付账款 T 形账

借	盈余公积	贷
		200 000
		200 000

图 3-20 盈余公积 T 形账

表 3-5　　　　　　　总分类账户本期发生额和余额试算平衡表

2013 年 1 月　　　　　　　　　　　　　　　　　　单位：元

会计科目	期初余额 借方	期初余额 贷方	本期发生额 借方	本期发生额 贷方	期末余额 借方	期末余额 贷方
库存现金	1 000				1 000	
银行存款	1 999 000		200 000	30 000	2 169 000	
短期借款		300 000	30 000	100 000		370 000
应付账款		500 000				500 000
盈余公积		200 000				200 000
实收资本		1 000 000		100 000		1 100 000
合　　计	2 000 000	2 000 000	230 000	230 000	2 170 000	2 170 000

在实际工作中，会计分录是根据各项经济业务的原始凭证，通过编制记账凭证确定的。但在编制记账凭证时，其记账方向体现在收款凭证、付款凭证的"借方科目"、"贷方科目"和转账凭证的"借方金额"、"贷方金额"相关栏目中。

【思考题】

1. 经济业务的发生对会计恒等式有何影响？
2. 复式记账法的要点是什么？
3. 如何理解借贷记账法中"借"与"贷"的含义？
4. 借贷记账法有哪些特点？
5. 试说明各类账户的基本结构。
6. 借贷记账法试算平衡的内容是什么？
7. 什么是对应关系和对应账户？
8. 什么是会计分录？会计分录有哪几种？
9. 试述采用借贷记账法进行会计分录编制的基本步骤。

【技能训练】

目的：通过编制会计分录，登记 T 形账户及编制试算平衡表，进一步掌握借贷记账法。

资料：假定 A 公司 2013 年 2 月有关账户的期初余额如下表所示：

A 公司 2013 年 2 月有关账户的期初余额

资 产		负债及所有者权益	
账户名称	借方余额	账户名称	贷方余额
库存现金	900	短期借款	100 000
银行存款	268 700	应付账款	105 300
应收账款	95 200	应付职工薪酬	19 700
原材料	67 000	应缴税费	8 800
生产成本	172 000	长期借款	500 000
固定资产	930 000	实收资本	800 000
合计	1 533 800		1 533 800

A 公司 2013 年 2 月发生下列经济业务：

（1）购进材料一批，计价 4 万元，增值税 6 800 元，材料已验收入库，价税款以银行存款支付；

（2）以银行存款支付应缴税金 8 800 元；

（3）收到甲公司投入全新的机器设备一批，价值 16 万元；

（4）生产车间从仓库领用材料 5.6 万元，投入产品生产；

（5）向银行借入短期借款直接归还应付供应商货款 8 万元；
（6）收到客户前欠销货款 27 900 元，存入银行；
（7）三年期借款 10 万元已到期，以银行存款偿还；
（8）结算本月应付生产工人工资 3 万元；
（9）取得一年期借款 15 万元存入银行；
（10）购入生产用机器设备 16.7 万元，其中 10 万元用银行存款支付，剩余部分暂欠；
（11）从银行提取现金 3 万元；
（12）以现金支付生产工人工资 3 万元。

要求：
1. 根据以上资料的各项经济业务，用借贷记账法编制会计分录。
2. 开设 T 形账户，登记期初余额、本期发生额，结出期末余额。
3. 编制总分类账户本期发生额及期末余额试算平衡表如下表所示。

总分类账户本期发生额及期末余额试算平衡表

账户名称	期初余额		本期发生额		期末余额	
	借方	贷方	借方	贷方	借方	贷方
库存现金						
银行存款						
应收账款						
原材料						
生产成本						
固定资产						
短期借款						
应付账款						
应付职工薪酬						
应缴税费						
长期借款						
实收资本						
合计						

第四章 主要经济业务的核算

【知识点】
1. 了解制造业基本经营活动；
2. 掌握制造业主要经济业务核算；
3. 熟记重要会计账户的基本内容。

【技能点】
1. 编制主要经济业务会计分录的能力；
2. 说明主要经济业务、原始凭证与记账凭证之间关系的能力。

第一节 制造业企业基本经营活动概述

　　制造业企业是以产品的加工制造和销售为主要生产经营活动的经济实体。其生产经营活动过程包括资金筹集过程、生产准备过程、产品的生产过程、产品的销售过程及财务成果的形成和分配过程。制造业企业从事生产经营活动的过程，也就是制造业企业发生各种经济业务或会计事项的过程。

　　资金筹集是前提。制造业企业为了独立地进行生产经营活动，每个企业都必须拥有一定数量的经营资金，作为从事经营活动的物质基础。这些资金都是从一定的渠道取得的，其筹资的渠道包括向债权人借款和接受投资人的投资。通过各种筹资渠道筹集进来资金后，企业将资金在经营活动中具体运用，开展各种生产经营活动，进入供产销过程。

　　生产准备过程是企业购建机器设备、厂房和购买材料为生产做准备的过程。企业从各种渠道筹集到的资金，其中所占比重最大的是货币资金。企业首先以货币资金购建厂房、购买机器设备等形成固定资产，购买各种材料物资形成储备资金，为进行产品的生产加工做准备。这时资金就由货币资金形态转化为固定资金形态和储备资金形态。

生产过程是企业经营过程的主要环节。在产品的生产过程中，劳动者通过借助于劳动资料对劳动对象进行加工，制造出各种为社会所需要的产品。在产品的生产过程中为生产产品耗费各种材料形成材料费用，耗费劳动形成工资、福利费等人工费用，以及其他为组织和管理产品的生产所发生的各种费用共同构成了所生产产品的生产成本。随着各种生产费用的发生，资金逐渐由储备资金、固定资金和货币资金形态而转化为生产资金形态。伴随产品的完工和验收入库，资金又从生产资金形态转化为成品资金形态。

销售过程是企业实现产品价值的过程。在产品的销售过程中，企业进行产品的加工制造，其目的主要就是对外销售并获取利润。在产品的销售过程中，企业一方面将自己加工制造的产品销售给购买者形成收入，另一方面还要与购买单位办理款项结算，收取货款，同时需要计算、缴纳各种销售税金，结转销售成本。通过这一过程，资金又从成品资金形态转化为货币资金形态。

财务成果是指企业一定时期所取得的收入与相应的费用相抵后计算出的盈利或亏损，即当期的财务成果。如为盈利应进行分配；如为亏损应进行弥补。通过分配，一部分资金要退出企业，一部分会重新投入企业的生产经营活动过程中去，开始新的资金循环。

在上述企业生产经营活动过程中，主要经济业务内容可概括为：（1）资金筹集业务；（2）生产准备业务；（3）产品生产业务；（4）产品销售业务；（5）财务成果形成与分配业务。

第二节 资金筹集业务的核算

一、资金筹集业务的核算内容

企业为了进行生产经营活动，必须拥有一定数量的资金，作为生产经营活动的物质基础。企业筹集资金的渠道是指企业取得资金的方式。目前我国企业的资金来源渠道主要是投资者投入和向银行、金融机构筹借以及发行债券等。一部分是投资者投入资金，形成投资人的权益，我们可以叫做所有者权益资金筹集业务；另一部分是向银行、金融机构筹借资金以及发行债券等，形成债权人的权益，我们可以叫做负债资金筹集业务。因此，所有者权益资金筹集业务和负债资金筹集业务的核算，就构成了资金筹集业务核算的主要内容。

二、所有者权益资金筹集业务的核算

（一）所有者投资的分类

1. 按投资形式不同。分为货币投资、实物投资、知识产权投资、土地使用权投资。
2. 按投资主体不同。分为国家投入资本、法人投入资本、个人投入资本和外商投入资本等。

（二）账户的设置

1. "实收资本"账户的设置。实收资本是指企业的投资者按照企业章程或合同、协议的约定，实际投入企业的资本。我国实行的是注册资本制，要求企业的实收资本与注册资金相一致。所有者向企业投入的资本，在一般情况下无须偿还，可以长期周转使用。

为了反映、监督实收资本增减变动情况，除股份有限公司对股东投入的资本应设置"股本"账户外，其余各类企业应设置"实收资本"账户，"实收资本"账户属于所有者权益类账户，一般按投资者设置明细账。其贷方登记实收资本的增加数额，借方登记实收资本减少数额，期末贷方余额反映企业实收资本的实有数额。投资者以货币资金投入时，按实际收到金额入账；以实物投资时，按评估价入账。

2. "资本公积"账户的设置。对于新成立的企业，投资者的出资额一般全部作为实收资本入账，投资者按出资比例享受权利并承担义务。但在企业重组并有新的投资者加入时，为了维护原有投资者的权益，新加入的投资者的出资额通常要大于其在注册资本中所占的份额，这部分多出的数额称为资本溢价。需要设置"资本公积"账户进行核算。

"资本公积"，属于所有者权益类科目，用来核算企业收到投资者出资超出其在注册资本（或股本）中所占的份额以及直接计入所有者权益的利得和损失等。其贷方核算资本公积的增加，借方核算资本公积的减少或转销，期末贷方余额反映企业资本公积的余额。本账户一般按"资本溢价（股本溢价）"、"其他资本公积"进行明细核算。

（三）业务核算

1. 接受货币资金投资的核算。
借：银行存款（实收金额）
　　贷：实收资本
2. 接受实物投资（固定资产、原材料）的核算。
借：固定资产或原材料（合同或协议价）
　　贷：实收资本
3. 接受无形资产的核算。
借：无形资产（合同、协议价或评估价）
　　贷：实收资本

（四）应用举例

【例4-1】A公司收到B公司投资400 000元，款项存入银行。

分析：这项经济业务发生后，引起资产和所有者权益两个要素同时增加。"银行存款"增加400 000元应计入借方，"实收资本"增加400 000元应计入贷方。

编制会计分录如下：

借：银行存款 400 000
  贷：实收资本—B公司 400 000

【例 4-2】A 公司收到 B 公司投入设备一台，该设备评估作价 70 000 元。

分析：这项经济业务发生后，引起资产和所有者权益两个要素同时增加。"固定资产"增加 70 000 元记入借方，"实收资本"增加 70 000 元记入贷方。

编制会计分录如下：

借：固定资产 70 000
  贷：实收资本—B公司 70 000

【例 4-3】A 公司因发展需要，决定增加注册资本 60 万元（其中 B 公司认缴 40% 的资本，C 公司认缴 60% 的资本），分别收到 B 公司和 C 公司的缴款 28 万元和 42 万元，款项通过开户银行转入 A 公司的账户。

分析：A 公司因接受 B 公司和 C 公司的投资而"实收资本"增加，故应贷记"实收资本"；但由于 B 公司和 C 公司实际支付的投资款超过注册资本（即产生资本溢价），故超过部分应作为"资本公积"处理，即企业的"资本公积"这一所有者权益增加，应记其贷方。

编制如下会计分录：

借：银行存款 700 000
  贷：实收资本—B公司 240 000
       —C公司 360 000
    资本公积—资本溢价 100 000

三、负债资金筹集业务的核算

（一）账户的设置

1. "短期借款"账户的设置。企业在生产经营过程中为补充生产周转资金的不足，经常需要向银行和其他金融机构借入资金。借款期限在 1 年以内或超过 1 年的一个营业周期以内的各种借款为短期借款，属于企业的流动负债。

为了反映和监督银行借款的取得和归还，企业应设置"短期借款"账户，该账户属于负债类账户，其贷方登记企业取得的各种短期借款，借方登记企业归还短期借款的本金数额，期末余额在贷方，表示尚未归还的短期借款。一般按贷款人和币种设置明细账。

2. "长期借款"账户的设置。"长期借款"属于负债类账户，用来核算企业向银行或其他金融机构借入的期限在 1 年以上（不含 1 年）的各项借款。企业借入长期借款及计提借款利息时，贷记本账户；归还长期借款本金及利息时，借记本账户；本账户期末余额在贷方，反映企业尚未偿还的长期借款本金及利息的余额。企业还应当按照贷款单位进行明细核算。

3. "财务费用"账户的设置。该账户是损益类账户，用来核算企业为筹集生产经营资金所发生的各项费用，包括利息支出（减利息收入）、汇兑损益及相关的手续费等项目。该账户借方登记本期发生的各项财务费用；贷方登记期末转入"本年利润"账户的数额；期末结转后无余额。该账户应按费用项目设置明细账，进行明细分类核算。

（二）业务核算

1. 短期借款业务的核算。
   取得时：借：银行存款
   　　　　　　贷：短期借款
   计算利息：借：财务费用
   　　　　　　贷：银行存款（应付利息）
   归还时：借：短期借款
   　　　　　　贷：银行存款

2. 长期借款业务的核算。
   取得时：借：银行存款
   　　　　　　贷：长期借款——本金
   计算利息：借：财务费用
   　　　　　　贷：长期借款——应付利息（到期还本付息）
   　　或　贷：应付利息（分期付息，到期还本）
   归还时：借：长期借款
   　　　　　　贷：银行存款

（三）应用举例

【例4-4】A公司于2012年10月1日向银行借款150 000元，期限3个月，年利率5.2%，款项存入银行。

分析：这项经济业务发生后，引起资产和负债两个要素同时增加。"银行存款"增加150 000元计入借方，"短期借款"增加150 000元计入贷方。

编制会计分录如下：
借：银行存款　　　　　　　　　　　　　　　　　　　　　　150 000
　　贷：短期借款　　　　　　　　　　　　　　　　　　　　　　150 000

【例4-5】2012年10月末，A公司预提本月应负担的借款利息（150 000×5.2%×1/12）650元。

分析：这项经济业务发生，引起费用和负债两个要素同时增加。"财务费用"增加650元计入借方，"应付利息"增加650元计入贷方。

编制会计分录如下：
借：财务费用　　　　　　　　　　　　　　　　　　　　　　650
　　贷：应付利息　　　　　　　　　　　　　　　　　　　　　　650

(11月和12月末亦作同样分录)

【例 4-6】 2013 年 1 月 1 日，A 公司以银行存款归还全部借款和利息 151 950 元。

分析：这项经济业务发生后，引起负债和资产两个要素同时减少。"短期借款"减少 150 000 元，"应付利息"减少 1 950 元，计入借方；"银行存款"减少 151 950 元计入贷方。

编制会计分录如下：

借：短期借款	150 000
应付利息	1 950
贷：银行存款	151 950

【例 4-7】 2011 年 1 月 1 日，A 公司从某银行借入 2 年期借款 1 200 000 元，年利率 10%，到期一次还本付息。

分析：企业借入资金，则银行存款增加，应借记"银行存款"；同时，企业也增加了一笔负债，故应贷记"长期借款"。

编制如下会计分录：

借：银行存款	1 200 000
贷：长期借款—本金（某银行）	1 200 000

【例 4-8】 2011 年 1 月末，A 公司确认本月长期借款的应计利息为 10 000 元。

分析：企业借入款项后，必须承担支付利息的义务。虽然借款约定到期一次付息，但借款的占用是整个借款期。按照权责发生制的要求，应于每个会计期末确认应归属当期的利息费用以及当期应承担但未支付的利息债务。

编制如下会计分录：

借：财务费用	10 000
贷：长期借款—应计利息（某银行）	10 000

因为借款期 2 年（24 个月），该笔业务应于每月末做同样的分录，共做 24 笔，到期时"长期借款—应计利息"的余额为 240 000 元（24×10 000）。

【例 4-9】 2013 年 1 月 1 日，A 公司以银行存款归还全部借款和利息。

分析：这项经济业务发生后，引起负债和资产两个要素同时减少。即"长期借款—本金"减少 1 200 000 元，"长期借款—应计利息"减少 240 000 元，计入借方，"银行存款"减少 1 440 000 元计入贷方。

借：长期借款—本金（某银行）	1 200 000
长期借款—应计利息（某银行）	240 000
贷：银行存款	1 440 000

思考：若上述借入的长期借款 1 200 000 元是按季度付息、到期归还本金的业务，在取得、计算利息及归还本金时应该怎样进行账务处理？

第三节　生产准备业务的核算

为了进行产品的生产，企业必须购建厂房和购入机器设备等固定资产，并进行材料采购。因此，固定资产购建（入）业务和材料采购业务的核算，就成为企业生产准备业务核算的主要内容。

一、材料采购业务的核算

企业在生产经营过程中，一方面要从购买单位取得所需的各种材料，另一方面要向材料供应商支付材料的价款和增值税，并可能会发生各种采购费用（包括：运输费、装卸费、包装费、运输途中的保险费和入库前的挑选整理费用等），所有这些款项的发生都需要企业与各相关单位发生结算业务。材料运达企业，经验收入库后，即为企业可供生产领用的库存材料。材料的买价加上各项采购费用，就构成了材料的采购成本。因此，材料的买价、增值税和各项采购费用的发生和结算，以及材料采购成本的计算，就构成了供应过程材料采购业务核算的主要内容。

（一）账户的设置

1."在途物资"账户。反映和监督企业采用实际成本对材料、商品等物资的日常核算、货款已付尚未验收入库的在途物资的采购成本。"在途物资"账户属于资产类账户，该账户借方登记企业购入材料的实际采购成本，贷方登记验收入库材料的实际成本，期末如有余额在借方，表示尚未验收入库的在途材料的实际采购成本，一般按照供应单位和物资品种设置明细账。

2."原材料"账户。为了反映和监督库存材料的增减变动及其结存情况，应设置"原材料"账户。该账户属于资产类账户，借方登记已验收入库材料的实际成本，贷方登记所发出材料的实际成本，期末余额在借方，表示结存材料的实际成本。该账户应按材料的种类、名称和规格型号设置明细分类账，进行明细分类核算。

3."应付账款"账户。为了反映和监督企业因采购材料而与供应单位发生的结算债务的增减变动及其余额的情况，应设置"应付账款"账户。该账户属于负债类账户，贷方登记应付材料供应单位的款项，借方登记实际归还供应单位的款项，期末余额在贷方，表示企业尚未偿还的应付款项。该账户应按供应单位设置明细账，进行明细分类核算。

4."应付票据"账户。为了反映和监督企业采用商业汇票（商业承兑汇票或银行承兑汇票）采购材料而与供应单位发生的结算债务的增减变动及其余额的情况，应设置"应付票据"账户，该账户应按供应单位设置明细账，进行明细分类核算。企业开出承兑汇票时，贷记本账户，偿还应付票据时，借记本账户，期末如有余额在贷方，表示尚未到期的应付票据款。

5. "预付账款"账户。为了反映和监督企业因向供应单位预付材料价款，而与供应单位发生的债权结算的增减变动及其余额的情况，应设置"预付账款"账户。企业向供应单位预付账款，表明企业的债权增加，应计入"预付账款"账户的借方和"银行存款"等账户的贷方；收到供应单位提供的材料，冲销预付款时，表明企业债权的减少，应计入"预付账款"账户的贷方和"材料采购"账户的借方，期末如有余额一般在借方，表示企业尚未收到材料的预付款项。该账户应按供应单位设置明细账，进行明细分类核算。

6. "应缴税费—应缴增值税（进项税额）"账户。"应缴税费—应缴增值税"账户是用来反映和监督企业应缴和实缴增值税情况的账户。该账户的借方登记企业因购买材料而应向供应单位连同买价一起支付的增值税额，即增值税进项税额，贷方登记企业因销售产品而应向购买单位收取的增值税额，即增值税销项税额。期末余额应在贷方，表示企业当月应实际向税务部门缴纳的增值税额。该账户应按增值税项目设置明细账，进行明细分类核算。因购货发生增值税时，使用"应缴税费（进项税额）"账户；因销货发生增值税时，使用"应缴税费—应缴增值税（销项税额）"账户。

（二）业务核算

材料采购时，根据收到发票账单、支付货款与收到货物之间的时间顺序，可分为五种情况：

1. 钱货两清。
   借：原材料
   　　应缴税费—应缴增值税（进项税额）
   　　　贷：银行存款
2. 货到款未付。
   借：原材料
   　　应缴税费—应缴增值税（进项税额）
   　　　贷：应付账款
3. 款付货未到。
   （1）支付货款时。
   借：在途物资
   　　应缴税费—应缴增值税（进项税额）
   　　　贷：银行存款
   （2）货到验收时。
   借：原材料
   　　　贷：在途物资
4. 货到单未到。
   （1）此类业务发生在月份中间时，先暂不作分录，待账单到达时再按单货同到业务处理。

(2) 如至本月月末，账单仍未到达，按材料的合同价格暂估入账。
借：原材料（合同价）
　　贷：应付账款
(3) 下月初编制红字会计分录冲回，继续等结算单据。
借：原材料（红字）
　　贷：应付账款（红字）
5. 预付购货款（预先付款，多退少补）。
(1) 预付货款。
借：预付账款
　　贷：银行存款
(2) 材料验收入库。
借：原材料（采购成本）
　　应缴税费——应缴增值税（进项税额）
　　贷：预付账款（采购成本＋进项税）
(3) 预付账款如有贷方余额，补付货款。
借：预付账款（采购成本＋进项税－订金）
　　贷：银行存款
(4) 预付账款如有借方余额，退回货款。
借：银行存款
　　贷：预付账款（订金－采购成本－进项税）

（三）应用举例

【例4-10】A公司从某市B公司购入甲、乙两种材料。甲材料400千克，单价50元，计20 000元；乙材料800千克，单价100元，计80 000元。买价共计100 000元，增值税进项税额17 000（100 000×17%）。上述款项已用银行存款支付。

分析：这笔经济业务的发生，一方面使企业的材料采购成本增加100 000元，增值税进项税额增加17 000元；另一方面也使企业的银行存款减少117 000元。材料尚未入库，应计入"在途物资"账户的借方，增值税进项税额的增加应计入"应缴税费——应缴增值税（进项税额）"账户的借方，银行存款的减少应计入"银行存款"账户的贷方。

编制会计分录如下：

借：在途物资——甲材料　　　　　　　　　　　　　　　　20 000
　　　　　　　——乙材料　　　　　　　　　　　　　　　　80 000
　　应缴税费——应缴增值税（进项税额）　　　　　　　　17 000
　　贷：银行存款　　　　　　　　　　　　　　　　　　　　　117 000

【例4-11】A公司从某市B公司购进甲材料600千克，单价50元，计30 000元，增值税进项税额5 100（30 000×17%）元，材料已验收入库，款项尚未支付。

分析：这笔经济业务的发生，一方面使企业的材料采购成本增加30 000元，增值税进项税额增加 5 100 元；另一方面也使企业的债务增加 35 100 元。因为材料已验收入库，因此这笔经济业务应计入"原材料"、"应缴税费—应缴增值税（进项税额）"账户的借方和"应付账款"账户的贷方。

编制会计分录如下：

借：原材料—甲材料　　　　　　　　　　　　　　　　　　　　30 000
　　应缴税费—应缴增值税（进项税额）　　　　　　　　　　　　5 100
　　贷：应付账款—B公司　　　　　　　　　　　　　　　　　　　　35 100

【例 4-12】A 公司以银行存款 54 000 元向某市 B 公司预付购买乙材料货款。

分析：这笔经济业务的发生，一方面使企业的银行存款减少 54 000 元，另一方面也使企业预付账款增加 54 000 元。因此，这笔经济业务的发生涉及"银行存款"和"预付账款"两个账户，其中，预付账款的增加是企业资产的增加，应计入"预付账款"账户的借方，"银行存款"减少计入贷方。

编制会计分录如下：

借：预付账款—B公司　　　　　　　　　　　　　　　　　　　　54 000
　　贷：银行存款　　　　　　　　　　　　　　　　　　　　　　　　54 000

【例 4-13】A 公司从某市 B 公司购进丙材料 1 000 千克，单价 60 元，计价款 60 000 元，增值税进项税额 10 200（60 000×17%）元，货款采用商业承兑汇票结算，企业开出并承兑 6 个月商业承兑汇票一张，但材料尚未验收入库。

分析：这笔经济业务的发生，一方面使企业的材料采购成本增加 60 000 元，增值税进项税额增加 10 200 元；另一方面也使企业的债务应付票据款增加 70 200 元。因为材料尚未验收入库，因此这笔经济业务应计入"在途物资"、"应缴税费—应缴增值税（进项税额）"的借方和"应付票据"账户的贷方。

编制会计分录如下：

借：在途物资—丙材料　　　　　　　　　　　　　　　　　　　　60 000
　　应缴税费—应缴增值税（进项税额）　　　　　　　　　　　　10 200
　　贷：应付票据—B公司　　　　　　　　　　　　　　　　　　　　70 200

【例 4-14】A 公司收到某市 B 公司发运来的乙材料 500 千克，单价 100 元，计价款 50 000 元。增值税进项税额 8 500 元，除冲销原预付账款 54 000 元外，其余款项 4 500 元用银行存款支付。

分析：这笔经济业务的发生，一方面使企业材料采购成本增加 50 000 元，增值税进项税额增加 8 500 元；另一方面也使企业的预付账款减少 54 000 元，银行存款减少 4 500 元。因材料并未办理入库手续，因此应计入"在途物资"、"应缴税费—应缴增值税（进项税额）"两个账户的借方和"预付账款"和"银行存款"两个账户的贷方。

编制会计分录如下：

借：在途物资—甲材料　　　　　　　　　　　　　　　　　　　　50 000
　　应缴税费—应缴增值税（进项税额）　　　　　　　　　　　　8 500
　　贷：预付账款—B公司　　　　　　　　　　　　　　　　　　　　54 000
　　　　银行存款　　　　　　　　　　　　　　　　　　　　　　　　4 500

【例4-15】 A公司以银行存款支付购入上述甲、乙材料的运杂费5 520元。

分析：企业一次购入多种材料所发生的运杂费等各项采购费用，应采用一定的分配方法，按一定的分配标准在所采购的各种材料之间进行分配。常用的分配标准有材料的买价和所采购材料的重量。

$$采购费用分配率 = 采购费用合计 \div 各种材料的重量（买价）之和$$
$$某种材料应负担的采购费用 = 该材料的重量（买价）\times 采购费用分配率$$

假设本例采用材料的重量（甲材料1 000千克，乙材料1 300千克）标准进行分配。其计算过程如下：

运杂费分配率 = 5 520 ÷ (1 000 + 1 300) = 2.4 元/千克

甲材料应分担的运杂费 = 1 000 × 2.4 = 2 400（元）

乙材料应分担的运杂费 = 1 300 × 2.4 = 3 120（元）

编制会计分录如下：

借：在途物资—甲材料	2 400
—乙材料	3 120
贷：银行存款	5 520

【例4-16】 计算并结转已验收入库材料的实际采购成本。

分析：购入材料的实际采购成本，一般由买价和采购费用组成。

甲材料采购总成本 = 20 000 + 30 000 + 2 400 = 52 400（元）

乙材料采购总成本 = 80 000 + 50 000 + 3 120 = 133 120（元）

编制会计分录如下：

借：原材料—甲材料	52 400
—乙材料	133 120
贷：在途物资—甲材料	52 400
—乙材料	133 120

二、固定资产购入业务的核算

（一）固定资产的含义

1. 固定资产是指企业为生产商品、提供劳务、出租或经营管理而持有的，使用寿命超过一个会计年度的有形资产，如房屋、建筑物、机器设备、运输工具等。

2. 购入固定资产的计价。按取得时的实际成本（即原始价值或原始成本，简称原价）入账。

实际成本是指企业为取得某项固定资产所支付的全部价款以及使固定资产达到可使用状态前所发生的一切合理、必要的支出。包括购买价款、进口关税等相关税费，以及使固定资产达到预定可使用状态前所发生的可归属于该项资产的运输费、装卸费、安装费等相关支出（不包括增值税）。

特别说明：根据2008年新修订的《增值税暂行条例》及其实施细则的规定，从2009年1月1日起，全国所有行业增值税一般纳税人全面实施增值税转型改革。增值税一般纳税人购进或者自制固定资产（即生产经营用的动产）发生的进项税额，可凭增值税专用发票、海关进口增值税专用缴款书和运输费用结算单据从销项税额中抵扣，不再计入固定资产成本。

3. 购入固定资产的分类。按购入固定资产是否达到预定可使用状态，分为需要安装的固定资产和不需要安装的固定资产。

（二）设置账户

1. "固定资产"账户的设置。反映和监督企业持有的固定资产原价。"固定资产"账户属于资产类账户，一般按照固定资产类别和项目设置明细账。其借方登记企业增加固定资产的原价，贷方登记因处置固定资产而减少的固定资产的账面价值。

2. "应缴税费—应缴增值税"账户的设置（同采购业务）。

（三）业务核算

购入不需要安装的固定资产的核算。
借：固定资产
　　应缴税费—应缴增值税（进项税额）
　　贷：银行存款（应付账款、应付票据）

（四）应用举例

【例4-17】某企业本月购入不需要安装的机器设备一台，价款50 000元，增值税8 500元，运输费1 500元，款项已通过银行支付。

分析：本业务涉及"固定资产"、"应缴税费—应缴增值税（进项税额）"账户的借方，以及"银行存款"账户的贷方，固定资产的成本 = 50 000 + 1 500 = 51 500（元）。

编制会计分录为：
借：固定资产　　　　　　　　　　　　　　　　　　　　51 500
　　应缴税费—应缴增值税（进项税额）　　　　　　　　　8 500
　　贷：银行存款　　　　　　　　　　　　　　　　　　　　　　60 000

第四节 产品生产业务的核算

一、产品生产业务的主要内容

企业在产品的生产过程中，必然要发生诸如固定资产的磨损、材料的消耗以及劳动力的耗费（包括生产工人和管理人员）等各项生产耗费。企业在一定时期内发生的、能够用货币额表现的生产耗费，叫做生产费用。根据"稳健性原则"的要求，这些生产费用按是否计入产品成本分为产品生产费用和期间费用。将制造费用最终归集、分配到一定种类的产品上，所形成的各种产品的生产成本的计算方法，称为"制造成本法"。将全部生产费用最终要归集、分配到一定种类的产品上，所形成的各种产品的生产成本的计算方法，称为"完全成本法"。根据我国《企业会计准则》的规定，工业企业计算产品生产成本的方法采用"制造成本法"。所以，工业企业为生产一定种类和数量的产品所发生的各项制造费用的总和，即为产品的生产成本。因此，在产品生产过程中制造费用的发生、归集和分配，以及产品生产成本的计算，就构成了产品生产业务核算的主要内容。

二、产品成本计算的程序

（一）确定成本计算对象

确定成本计算对象是进行成本计算首先要解决的问题。所谓成本计算对象是指成本归集和分配的对象。例如要计算各种产品的成本，那么各种产品就是成本计算对象。所以，成本计算对象的确定，是设置产品生产成本明细账、归集生产费用、正确计算产品成本的前提。在实际工作中成本计算对象的选择虽与不同类型企业的生产特点和管理要求不同密切相关，但最终都要按照产品品种计算出各种产品的生产成本，所以按产品品种确定成本计算对象是最基本的方法。由此而产生的产品成本计算方法——"品种法"，是最基本的成本计算方法。

（二）确定成本计算期

所谓成本计算期是指每隔多长时间计算一次产品成本。从理论上讲，产品生产成本的计算期间应当同产品的生产周期保持一致，如造船、大型机械制造等单件小批量生产的企业，就是以生产周期来确定成本计算对象。但是，由于企业生产产品品种的多样性和生产周期的不确定性，使得大多数企业很难按照产品的生产周期来计算产品生产成本，为与会计报告的期间一致，便于进行期间考核，大多数企业的产品成本计算期一般是以"月份"作为成本计算期。所以，成本计算期的确定既与产品的生产周期有关，同时也与成本计算对象密不可分。因此，在会计实际操作过程中，成本计算期有会计期间和产品的生产周期两种。一般情况下，在大批量生产并以产品品种为成本计算对象的企业，其产品的生产周期通常比会计期间短，则选会计期间（月份）为成本计算期；在小批量生产并以单件产品为成本计算对象的企业，其产品的生产周期通常比会计期间长，则选产品的生产周期为成本计算期。

（三）确定产品成本项目

所谓成本项目是指计入产品成本的生产费用按照其经济用途所进行的分类。为了达到降低成本、提高经济效益的目的，成本计算除提供各种产品的总成本和单位成本的资料外，在生产费用按其经济内容分类的基础上再按照经济用途进行分类，以了解成本的经济构成。也就是说，计入产品成本的生产费用，在成本计算中应按成本项目进行归集。

在制造成本法下，工业企业一般应设置直接材料、直接人工和制造费用三个成本项目。"直接材料"项目，是指直接用于产品生产并构成产品实体的原料及主要材料；"直接人工"项目，是指直接参加产品生产的工人工资以及按生产工人工资和规定比例计提的职工福利费；"制造费用"项目，是指发生在车间范围内直接用于产品生产，但不便于直接计入某个成本计算对象，因而没有专设成本项目的费用（如机器设备的折旧费）和间接用于产品生产的各项费用（如车间管理人员的工资等）。对于发生在企业行政管理部门范围内为组织和管理生产经营活动的管理费用，应作为期间费用直接计入当期损益，而不应计入产品生产成本。

（四）按权责发生制，划清费用的受益期限

企业为产品生产而发生的某些生产费用，有一些是在本期实际支付但受益期限横跨多个会计期间，而另一些虽未在本期实际支付但本期已经受益，所以就应以承担付款责任的日期为确认标志的"权责发生制"对各期的生产费用进行确认，划清费用的受益期限。即应计入本期的生产费用不论其款项是否已实际付出，都要作为本期的生产费用来加以确认。也就是说，企业在某一成本计算期内发生的生产费用，不一定全部计入本期产品成本，而本期的产品成本也不一定都是本期实际支付的费用。

（五）按成本分配的受益原则，划清费用的受益对象

成本计算就是要具体计算各个成本计算对象所应负担的生产费用，所以，在对各成本项目按照权责发生制划清了的受益期限后，为正确计算产品的生产成本，还应将属于该期的生产费用在当期所生产的各种产品之间进行分配，并应遵循谁受益谁负担以及按受益程度大小来负担的原则。对于能够直接分清受益对象的直接费用，则直接计入各该成本计算对象，而对不能够直接分清受益对象的间接费用，即应由两个以上的成本计算对象共同负担的费用，

就应选用和该费用发生直接关联的项目作为分配标准，采用比例分配法，在各成本计算对象之间进行分配并计入各成本计算对象。

（六）按成本计算对象开设并登记生产成本明细账，编制成本计算单

在按照权责发生制原则和受益原则正确划分了应由各期各种产品负担的生产费用后，还应按成本计算对象开设生产成本明细账，并在账内按成本项目设置专栏，进行明细分类核算，以提供每种产品当期所耗费的各种生产费用的详细资料。此外，在生产不止一种产品并有完工产品的月份，还应依据生产成本明细账，分产品和成本项目编制成本计算单，以提供当期已完工产品的总成本和单位成本。

三、账户的设置

为了反映和监督各项生产费用的发生、归集和分配，正确计算产品的生产成本，应设置以下账户：

1．"生产成本"账户。该账户是用来归集产品生产过程中所发生的应计入产品成本的各项费用，并据以登记产品生产成本的账户。借方登记应计入产品成本的各项费用，包括平时登记应直接计入产品成本的直接材料费和直接人工费，以及月末登记应计入产品成本经分配转入的制造费用；贷方登记已完工验收入库转入"产成品"账户借方的产品生产成本转出额；期末余额在借方，表示尚未完工产品（在产品）的成本。该账户应按产品品种设置明细账，进行明细分类核算。

2．"制造费用"账户。该账户是用来归集和分配在车间范围内为组织和管理产品的生产所发生的不便于直接计入"生产成本"账户各项间接费用的账户。包括车间管理人员的工资和福利费、车间用固定资产的折旧费、修理费、办公费、水电费、厂房租赁费、劳保费以及机物料消耗费等。借方登记平时在车间范围内实际所发生的各项制造费用；贷方登记月末经分配后转入"生产成本"账户借方的制造费用转出额；该账户月末经分配结转后应无余额。该账户应按生产车间设置明细账，并在账内按费用项目设置专栏，进行明细分类核算。

3．"应付职工薪酬"账户。该账户是用来核算企业根据有关规定应付给职工各种薪酬的账户。贷方登记本月结算的应付职工薪酬，借方登记本月实际支付的职工薪酬，余额在贷方，反映企业应付未付的职工薪酬。可按"工资"、"福利费"等项目设置明细账户。

4．"库存商品"账户。该账户是用来反映和监督企业库存的各种商品增减变动及其结存情况的账户。借方登记已经完工入库产品的实际成本；贷方登记因销售等原因所出库产品的实际成本；期末余额在借方，表示各种库存商品的实际成本。该账户应按库存商品的类别、品种和规格设置明细账，进行明细分类核算。

5．"累计折旧"账户。该账户是用来反映和监督企业在生产经营过程中所使用的所有固定资产的折旧额的提取和注销情况的账户。固定资产折旧额即固定资产因使用而转移到企

业成本、费用中去的金额，因此，固定资产的折旧也称固定资产的价值转移。这样做不仅使企业投资在固定资产上的价值能够在固定资产的使用期间内得以回收，使企业在将来有能力重置固定资产，而且也会使企业实现期间收入与费用的正确配比。

前已述及，为了反映和监督固定资产原值的增减变动及其结存情况，在会计核算中已经设置了"固定资产"账户，而"固定资产"账户是按固定资产的原值进行计价核算的，并不记录固定资产因使用所磨损的、应转移到产品的成本和企业的期间费用中去的那部分价值。因此，应在账户体系中设置"累计折旧"账户，以专门用来反映和监督固定资产因使用所应提取的折旧额，也即固定资产因使用所应转移到产品成本和期间费用中去的那部分价值。该账户是"固定资产"账户的抵减账户，借方登记每月提取的折旧额；贷方登记固定资产因出售、毁损、报废等原因减少时应注销的该项固定资产累计提取的折旧额；期末余额应在贷方，表示企业现有固定资产已提取折旧的累计额。将"累计折旧"账户的贷方余额从"固定资产"账户的借方余额中减去，即可求得该项固定资产的净值。

6．"管理费用"账户。管理费用是指企业行政管理部门为组织和管理生产经营活动而发生的各项费用，包括办公费、水电费、行政管理部门设备的折旧费、行政人员的工资及福利费、业务招待费、聘请中介机构费、咨询费、诉讼费、技术转让费、研究费用、房产税、车船税、土地使用税、印花税等。

为了核算和监督企业为组织和管理生产所发生的管理费用，需要设置"管理费用"账户，该账户属于损益类账户，其借方登记管理费用的增加，贷方登记期末结转到"本年利润"账户的余额，该账户期末结转后无余额，一般按照费用项目设置明细账。

四、业务核算

生产业务的核算主要包括：材料领用的核算、职工薪酬的核算、累计折旧的核算、水电费、办公费等费用的核算、制造费用的分配与结转和完工产品生产成本的计算与结转等方面内容。

（一）材料领用的核算

借：生产成本——××产品（生产产品料）
　　制造费用（车间一般耗料）
　　管理费用（行政部门耗料）
　　销售费用（销售机构耗料）
　贷：原材料——××材料

提示：领用材料时，应根据领用材料的用途分别计入相应的成本费用账户。

（二）职工薪酬的核算

1. 分配职工薪酬时：
借：生产成本——××产品（生产工人工资）
　　制造费用（车间管理人员工资）
　　管理费用（行政部门人员工资）
　　销售费用（销售机构人员工资）
　　贷：应付职工薪酬
提示：分配职工薪酬时，应根据职工提供服务的受益对象记入不同的成本费用账户。

2. 发放职工薪酬时：
借：应付职工薪酬
　　贷：库存现金（银行存款）

（三）累计折旧的核算

借：制造费用（车间固定资产折旧）
　　管理费用（行政管理部门固定资产折旧）
　　贷：累计折旧
提示：固定资产折旧，应根据固定资产的使用部门分别计入不同的成本费用账户。

（四）水电费、办公费等费用的核算

借：制造费用（车间水电费、办公费）
　　管理费用（行政管理部门水电费、办公费）
　　贷：银行存款（其他应付款）
提示：水电费、办公费等费用应根据发生的不同部门分别记入相应的成本费用账户。

（五）制造费用的分配与结转

制造费用的分配标准有：按生产工人工资、生产工人工时、机器工时等标准。

制造费用分配率 = 制造费用总额/生产工人工资总额（或其他标准）
某种产品应分摊的制造费用 = 分配标准×分配率

结转的会计分录为：
借：生产成本——××产品
　　贷：制造费用

（六）完工产品生产成本的计算与结转

月末，企业既有完工产品，又有未完工产品，就需要按照一定方法将生产费用在完工产品和月末在产品之间进行分配，计算产品的总成本和单位成本。

完工产品成本＝期初在产品成本＋本期生产费用－期末在产品成本
完工产品单位成本＝完工产品总成本/完工数量

借：库存商品
　　贷：生产成本

五、应用举例

假设某公司生产 A、B 两种产品，耗用甲、乙、丙三种材料，设有厂部管理部门和一个生产车间。

【例 4－18】 月末，根据本月发料凭证汇总表，共耗用甲材料 70 000 元，其中，A 产品耗用 40 000 元，B 产品耗用 30 000 元；共耗用乙材料 40 000 元，其中，A 产品耗用 20 000 元，B 产品耗用 20 000 元；车间一般耗用丙材料 10 000 元。

分析：这笔经济业务的发生，一方面使企业库存材料减少 120 000（70 000＋40 000＋10 000）元，另一方面也使生产费用增加 120 000 元，其中，用于产品生产所耗用的，应计入所生产产品的生产成本；车间一般耗用的，应计入制造费用。因此，这笔经济业务的发生，涉及"原材料"、"生产成本"和"制造费用"三个账户。材料的减少应计入"原材料"账户的贷方；生产成本的增加应计入"生产成本"账户的借方；制造费用的增加应计入"制造费用"账户的借方。

编制会计分录为：

借：生产成本—A 产品	60 000
—B 产品	50 000
制造费用	10 000
贷：原材料—甲材料	70 000
—乙材料	40 000
—丙材料	10 000

【例 4－19】 月末，根据本月"工资核算汇总表"，本月应发工资总额为 60 000 元，其中生产 A 产品的生产工人的工资 30 000 元，生产 B 产品的生产工人的工资 20 000 元，车间管理人员的工资 4 000 元，厂部管理人员的工资 6 000 元。

分析：这笔经济业务的发生，一方面使企业应向职工支付的工资增加 60 000 元；另一方面也使企业应计入产品成本的生产费用增加 54 000 元（包括生产工人的工资 50 000 元和车间管理人员的工资 4 000 元）和应计入期间费用的管理费用增加 6 000 元。因此，该笔经济业务涉及"应付职工薪酬"、"生产成本"、"制造费用"和"管理费用"四个账户。生产工人的工资作为直接生产费用直接计入"生产成本"账户的借方；车间管理人员的工资作为间接生产费用计入"制造费用"账户的借方；厂部管理人员的工资作为期间费用计入"管理费用"账户的借方；应付工资的增加是企业负债的增加，应计入"应付职工薪酬"账户的贷方。

编制会计分录如下：

借：生产成本—A 产品	30 000
—B 产品	20 000
制造费用	4 000
管理费用	6 000
贷：应付职工薪酬—工资	60 000

【例 4－20】依据上例工资总额的 14% 计提职工福利费。

分析：这笔经济业务的发生，14% 计提的福利费如下：

A 产品生产工人福利费 = 30 000 × 14% = 4 200（元）
B 产品生产工人福利费 = 20 000 × 14% = 2 800（元）
车间管理人员福利费 = 4 000 × 14% = 560（元）
厂部管理人员福利费 = 6 000 × 14% = 840（元）
合计　　　　　　　　　 8 400（元）

编制会计分录如下：

借：生产成本—A 产品	4 200
—B 产品	2 800
制造费用	560
管理费用	840
贷：应付职工薪酬—福利费	8 400

【例 4－21】从银行提取现金 60 000 元，发放职工工资。

分析：这笔经济业务的发生，涉及提现和实际发放工资两笔业务，应编制两笔会计分录。

（1）从银行提取现金业务，一方面使企业的现金增加 60 000 元，另一方面也使企业的银行存款减少 60 000 元。因此，这笔业务的发生涉及"库存现金"和"银行存款"两个账户。

编制会计分录如下：

借：库存现金	60 000
贷：银行存款	60 000

（2）以现金发放职工工资业务，一方面使企业的现金减少 60 000 元，另一方面也使企业欠职工的工资性债务减少 60 000 元。因此，这笔业务涉及"库存现金"和"应付职工薪酬"两个账户。现金的减少应计入"库存现金"账户的贷方；工资性债务的减少应计入"应付职工薪酬"账户的借方。

编制会计分录如下：

借：应付职工薪酬	60 000
贷：库存现金	60 000

【例 4-22】 月末，计算本月应提折旧 8 600 元，其中，车间用固定资产应提 6 000 元，厂部用固定资产应提 2 600 元。

分析：这笔经济业务发生，一方面使企业应计入生产费用的折旧费用增加 8 600 元；另一方面也使企业的固定资产折旧额增加 8 600 元。因此，这笔经济业务的发生涉及"制造费用"、"管理费用"和"累计折旧"三个账户。车间折旧费的增加属制造费用，应计入"制造费用"账户的借方；厂部折旧费的增加属企业管理费用，应计入"管理费用"账户的借方；折旧额的增加应计入"累计折旧"账户的贷方。

编制会计分录如下：

借：制造费用　　　　　　　　　　　　　　　　　　　　　　　　6 000
　　管理费用　　　　　　　　　　　　　　　　　　　　　　　　2 600
　　贷：累计折旧　　　　　　　　　　　　　　　　　　　　　　　　8 600

【例 4-23】 用银行存款支付车间办公用品费 840 元、水电费 1 900 元、劳动保护费 700 元。

分析：这笔经济业务的发生，一方面使企业的银行存款减少 3 440（840 + 1 900 + 700）元；另一方面也使企业的制造费用增加 3 440 元，涉及"银行存款"和"制造费用"两个账户。制造费用的增加应计入"制造费用"账户的借方；银行存款的减少应计入"银行存款"账户的贷方。

编制会计分录如下：

借：制造费用　　　　　　　　　　　　　　　　　　　　　　　　3 440
　　贷：银行存款　　　　　　　　　　　　　　　　　　　　　　　　3 440

【例 4-24】 月末，将本月发生的制造费用总额分配转入"生产成本"账户。

分析：这笔业务首先应将本月发生的制造费用总额通过"制造费用"账户的借方发生额计算出来，并在本月所生产的 A、B 两种产品之间采用一定的分配方法进行分配，然后才能编制会计分录。

本月发生的制造费用总额在"制造费用"账户中表现为：材料费 10 000 元、工资费 4 000 元、福利费 560 元、折旧费 6 000 元、办公费 840 元、水电费 1 900 元、劳保费 700 元，合计 24 000 元。

当企业在同一月份同一生产车间同时加工生产两种或两种以上的产品时，对于本月发生的制造费用，应在所加工生产的各种产品之间，选用一定的分配标准进行分配。常用的分配标准有生产工时和生产工人的工资。

假设本企业采用生产工人的工资比例法对制造费用予以分配，则计算过程如下：

制造费用分配率 = 24 000/(30 000 + 20 000) = 0.48（元）

A 产品应分担的制造费用 = 30 000 × 0.48 = 14 400（元）

B 产品应分担的制造费用 = 20 000 × 0.48 = 9 600（元）

编制的会计分录如下：

借：生产成本——A 产品　　　　　　　　　　　　　　　　　　　14 400
　　　　　　——B 产品　　　　　　　　　　　　　　　　　　　　9 600
　　贷：制造费用　　　　　　　　　　　　　　　　　　　　　　　24 000

【例 4 – 25】 计算并结转已完工验收入库产成品的生产成本。假设该企业本月生产 A、B 两种产品均已完工，其中：A 产品本月完工 150 件，B 产品本月完工 100 件。

分析：这笔业务首先计算 A、B 完工产品成本，再将完工产品的成本，从"生产成本"账户的贷方转入"库存商品"账户的借方。根据［例 4 – 18］至［例 4 – 25］资料计算 A 产品、B 产品成本计算表，如表 4 – 1、表 4 – 2 所示。

表 4 – 1　　　　　　　　　　　A 产品成本计算表

成本项目	总成本（元）	单位成本（元）
直接材料	60 000	400.00
直接人工	34 200	228.00
制造费用	14 400	96.00
合计	108 600	724.00

表 4 – 2　　　　　　　　　　　B 产品成本计算表

成本项目	总成本（元）	单位成本（元）
直接材料	50 000	500.00
直接人工	22 800	228.00
制造费用	9 600	96.00
合计	82 400	824.00

根据"完工产品成本计算表"编制会计分录如下：

借：库存商品——A 产品　　　　　　　　　　　　　　　　　108 600
　　　　　　——B 产品　　　　　　　　　　　　　　　　　 82 400
　　贷：生产成本——A 产品　　　　　　　　　　　　　　　108 600
　　　　　　　——B 产品　　　　　　　　　　　　　　　　82 400

第五节　销售业务的核算

一、销售业务的内容

（一）与销售活动相关的主要经济业务

制造业企业的销售过程是从产成品验收入库起到销售给购货方为止的过程。它是企业生产经营活动的最后一个环节。企业生产产品，目的是用于销售，以实现收入，同时，企业将库存商品的所有权转让给了购货方，还要结转为制造这些产品而消耗的生产成本，通常称已销产品的生产成本为产品销售成本，此外，企业在销售产品的过程中，还会发生其他的相关费用，如销售税金、销售运杂费、促销活动费用、销售机构的办公费以及销售人员工资等。因此，企业与销售活动相关的主要经济业务包括销售产品确认收入，结算货款，结转产品销售成本，支付销售费用，计算并缴纳相关税费。

(二) 商品销售收入的确认与计量

销售收入是指企业因对外出售产品、材料以及转让无形资产等所形成的经济利益的流入。进行销售收入的核算，关键问题就是销售收入实现的确认，即解决何时入账的问题。

1. 商品销售收入的确认条件。

（1）企业已将商品所有权上的主要风险和报酬转移给购货方，是指与商品所有权有关的主要风险和报酬同时转移。与商品所有权有关的风险，是指商品可能发生减值或毁损等形成的损失；与商品所有权有关的报酬，是指商品价值增值或通过使用商品等形成的经济利益。企业已将商品所有权上的主要风险和报酬转移给购货方，构成确认商品销售收入的重要条件。

（2）企业既没有保留通常与所有权相联系的继续管理权，也没有对已售出的商品实施控制。通常情况下，企业售出商品后不再保留与商品所有权相联系的继续管理权，也不再对售出商品实施有效控制，商品所有权上的主要风险和报酬已经转移给购货方，通常应在发出商品时确认收入。如果企业在商品销售后保留了与商品所有权相联系的继续管理权，或能够继续对其实施有效控制，说明商品所有权上的主要风险和报酬没有转移，销售交易不能成立，不应确认收入，如售后租回。

（3）收入的金额能够可靠地计量。收入的金额能够可靠地计量，是指收入的金额能够合理地估计。收入金额能否合理地估计是确认收入的基本前提，如果收入的金额不能够合理估计就无法确认收入。企业在销售商品时，商品销售价格通常已经确定。但是，由于销售商品过程中某些不确定因素的影响，也有可能存在商品销售价格发生变动的情况。在这种情况下，新的商品销售价格未确定前通常不应确认销售商品收入。

（4）相关的经济利益很可能流入企业。在销售商品的交易中，与交易相关的经济利益主要表现为销售商品的价款。相关的经济利益很可能流入企业，是指销售商品价款收回的可能性大于不能收回的可能性，即销售商品价款收回的可能性超过50%。企业在销售商品时，如估计销售价款不肯定能收回，即使收入确认的其他条件均已满足，也不应当确认收入。

（5）相关的已发生或将发生的成本能够可靠地计量。根据收入和费用配比原则，与同一项销售有关的收入和费用应在同一会计期间予以确认，即企业应在确认收入的同时或同一会计期间结转相关的成本。因此，如果成本不能可靠计量，相关的收入就不能确认。

企业销售商品应同时满足上述条件，才能确认收入。任何一个条件没有满足，即使收到货款，也不能确认收入。

2. 商品销售收入的入账价值。

商品销售收入的计量，应按照从购货方已收或应收的合同或协议价款确定。发生销售退回、销售折让应冲减当期收入。

（1）销售退回：指企业售出的商品，由于质量、品种不符合要求等原因而发生的退货。

（2）销售折让：企业由于售出商品的质量、品种或规格等与所订合同不符而在售价上给予的减让。

二、销售业务核算的账户设置

1. "主营业务收入"账户。该账户是损益类账户，用来核算企业因销售商品、提供劳务等主营业务所实现的收入。贷方登记本期实现的主营业务收入；借方登记发生销售退回、销售折让时应冲减本期的产品销售收入和期末转入"本年利润"账户的主营业务收入数；该账户在期末结转后应无余额。应按产品类别或品种设置明细账，进行明细分类核算。

2. "其他业务收入"账户。该账户是损益类账户，用来核算企业主营业务以外的其他销售或其他业务的收入。贷方登记企业实现的其他业务收入；借方登记期末转入"本年利润"账户的本期其他业务收入；该账户在期末结转后应无余额。该账户应按照其他业务的种类设置明细账，进行明细分类核算。

3. "应缴税费——应缴增值税（销项税额）"账户。该账户的全称是"应缴税费——应缴增值税——销项税额"，是用来反映和监督企业因对外出售商品或材料等应向购货方收取的增值税销项税额。贷方登记企业销售商品或材料时应收取的销项税额；销售退回或折让应退回并冲销的销项税额用红字记在该账户的贷方。

4. "应收账款"账户。该账户是资产类账户，用来核算企业因销售业务应向购买单位收取货款的结算情况。借方登记由于销售业务而发生的应收货款；贷方登记已经收回的应收货款；期末余额在借方，表示尚未收回的应收货款。该账户应按债务单位设置明细账，进行明细分类核算。

5. "应收票据"账户。该账户是资产类账户，用来核算企业采用商业汇票结算方式销售商品等而与购货单位发生的结算债权的增减变动及其结余情况。企业收到对方承兑的汇票时，借记本账户；对方偿还应付票据款时，贷记本账户；期末如有余额在借方，表示尚未到期的应收票据款。该账户应按购货单位设置明细账，进行明细分类核算。

6. "预收账款"账户。该账户是负债类账户，用来核算企业预收购买单位订货款的增减变动及其结余情况。贷方登记预收货款的增加；借方登记企业用商品抵偿的预收账款；期末余额在贷方，表示企业尚未用商品或劳务偿付的预收账款。该账户应按购货单位名称设置明细账，进行明细分类核算。

7. "主营业务成本"账户。该账户是损益类账户，用来核算企业已销售商品发生的实际成本和结转情况。借方登记本期已销售商品的实际成本；贷方登记期末转入"本年利润"账户的本期已销商品实际成本；该账户在期末结转后无余额。该账户应按商品类别设置明细账，进行明细分类核算。

8. "其他业务成本"账户。该账户是损益类账户，用来核算企业主营业务以外的其他销售或其他业务所发生的支出。借方登记发生的其他业务支出；贷方登记期末转入"本年利润"账户的数额；期末结转后该账户无余额。该账户应按照其他业务的种类设置明细账，进行明细分类核算。

9. "营业税金及附加"账户。该账户是损益类账户，用来核算企业应由销售商品等主营业务所负担的各种销售税金及附加，具体包括营业税、消费税、城市维护建设税和教育费附加等。借方登记按照规定标准计算出的本期应负担的各种营业税金及附加；贷方登记期末转入"本年利润"账户的数额；该账户在期末结转后无余额。

10. "销售费用"账户。该账户是损益类账户，用来核算企业在商品销售过程中所发生的各种销售费用，具体包括广告费、产品销售过程中发生的运输费、装卸费、包装费、展览费和企业专设销售机构经费等。借方登记发生的各种销售费用；贷方登记期末转入"本年利润"账户的数额；该账户在期末结转后无余额。该账户应按费用项目设置明细账，进行明细分类核算。

三、业务核算

销售业务的核算主要包括：销售收入的核算、销售费用的核算、期末结转已销产品成本、期末计算营业税金及附加四个方面内容。

（一）销售收入的核算

按销售方式不同可分为：现销方式、赊销方式、预收货款方式。
1. 现销方式。
借：银行存款
　　贷：主营业务收入（其他业务收入）
　　　　应缴税费——应缴增值税（销项税额）
2. 赊销方式。
（1）销售时：
借：应收账款（应收票据）
　　贷：主营业务收入（其他业务收入）
　　　　应缴税费——应缴增值税（销项税额）
（2）收回货款时：
借：银行存款
　　贷：应收账款
3. 预收货款方式。
（1）预收货款时：
借：银行存款
　　贷：预收账款

(2) 发出产品时：
借：预收账款
　　贷：主营业务收入（其他业务收入）
　　　　应缴税费——应缴增值税（销项税额）
(3) 货款结算时：
① 补收货款
借：银行存款
　　贷：预收账款
② 退回多收款
借：预收账款
　　贷：银行存款

（二）销售费用的核算

借：销售费用
　　贷：银行存款（应付账款）

（三）期末结转已销产品成本

借：主营业务成本（其他业务成本）
　　贷：库存商品

（四）期末计算营业税金及附加

借：营业税金及附加
　　贷：应缴税费

四、应用举例

【例4-26】甲公司本月向乙公司销售A产品100件，单价1 000元，增值税发票上注明价款100 000元，增值税17 000元；销售B产品30件，单价2 000元，增值税发票上注明价款60 000元，增值税10 200元。货已发出，款项已通过银行转账收讫。

分析：这笔经济业务的发生，一方面使企业的银行存款增加187 200元（100 000+17 000+60 000+10 200）；另一方面也使企业实现产品销售收入：A产品100 000元，B产品60 000元，增值税销项税额增加27 200元。因此，这笔业务涉及"银行存款"、"主营业务收入"和"应缴税费——应缴增值税（销项税额）"三个账户。银行存款的增加应计入"银行存款"账户的借方；产品销售收入的实现应计入"主营业务收入"账户的贷方，销项税额的增加应计入"应缴税费——销项税额"账户的贷方。

编制会计分录如下：

借：银行存款　　　　　　　　　　　　　　　　　　　　　　　　　　187 200
　　贷：主营业务收入——A 产品　　　　　　　　　　　　　　　　　100 000
　　　　　　　　　　——B 产品　　　　　　　　　　　　　　　　　 60 000
　　　　应缴税费——应缴增值税（销项税额）　　　　　　　　　　　 27 200

【例 4-27】甲公司向丙公司销售 A 产品 40 件，单价 1 000 元，增值税发票上注明的价款 40 000 元，增值税 6 800 元；向丙公司销售 B 产品 20 件，单价 2 000 元，增值税发票上注明的价款 40 000 元，增值税 6 800 元。货已发出并办妥托收手续，款项尚未收到。

分析：这笔经济业务的发生，一方面使企业实现产品销售收入 80 000 元，增值税销项税额 13 600 元；另一方面也使企业的应收销货款增加 93 600 元。因此，该业务涉及"应收账款"、"主营业务收入"和"应缴税费——应缴增值税（销项税额）"三个账户，其中，应收账款是企业资产（债权）的增加，应计入"应收账款"账户的借方。

编制会计分录如下：

借：应收账款——丙公司　　　　　　　　　　　　　　　　　　　　 93 600
　　贷：主营业务收入——A 产品　　　　　　　　　　　　　　　　　 40 000
　　　　　　　　　　——B 产品　　　　　　　　　　　　　　　　　 40 000
　　　　应缴税费——应缴增值税（销项税额）　　　　　　　　　　　 13 600

【例 4-28】甲公司向丙公司销售 B 产品 50 件，单价 2 000 元，增值税发票上注明的价款 100 000 元，增值税 17 000 元，另以银行存款代垫运杂费 3 000 元，共计 120 000 元，收到丙公司按应付金额签发并承兑的银行承兑汇票，汇票 6 个月以后到期。

分析：这笔经济业务的发生，一方面使企业实现产品销售收入 100 000 元，增值税销项税额增加 17 000 元，银行存款减少 3 000 元；另一方面也使企业的应收票据增加 120 000 元。因此，该业务涉及"应收票据"、"主营业务收入"、"应缴税费——销项税额"和"银行存款"四个账户，其中，应收票据的增加应计入"应收票据"账户的借方。

编制会计分录如下：

借：应收票据——丙公司　　　　　　　　　　　　　　　　　　　　120 000
　　贷：主营业务收入——B 产品　　　　　　　　　　　　　　　　　100 000
　　　　应缴税费——销项税额　　　　　　　　　　　　　　　　　　 17 000
　　　　银行存款　　　　　　　　　　　　　　　　　　　　　　　　 3 000

【例 4-29】企业对外出售不需用的丁材料 500 公斤，单价 100 元，增值税发票上注明的价款 50 000 元，增值税 8 500 元，计 58 500 元。款项已通过银行收取。

分析：这笔经济业务的发生，一方面使企业实现材料的销售收入 50 000 元、增值税销项税额增加 8 500 元；另一方面也使企业的银行存款增加 58 500 元。因此，该业务涉及"其他业务收入"、"应缴税费——应缴增值税（销项税额）"和"银行存款"三个账户。

编制会计分录如下：

借：银行存款　　　　　　　　　　　　　　　　　　　　　　　　　　 58 500
　　贷：其他业务收入——材料销售　　　　　　　　　　　　　　　　 50 000
　　　　应缴税费——应缴增值税（销项税额）　　　　　　　　　　　 8 500

【例4-30】按本月应纳增值税税额的7%和3%计算并结转本月应缴的城市维护建设税和教育费附加。

分析：这笔业务首先要根据国家税法的有关规定，计算本月应纳的增值税额作为计算应缴的城市维护建设税和教育费附加的依据。根据本章的有关内容，本月发生的增值税进项税额和增值税销项税额分别为 40 800 元（8 500 + 10 200 + 5 100 + 17 000）和 71 400 元（27 200 + 13 600 + 5 100 + 17 000 + 8 500）。

计税依据 = 销项税额 – 进项税额
　　　　 = 71 400 – 40 800 = 30 600（元）

应缴城市维护建设税 = 30 600 × 7% = 2 142（元）

应缴教育费附加 = 30 600 × 3% = 918（元）

编制会计分录如下：

借：营业税金及附加　　　　　　　　　　　　　　　　　　3 060
　　贷：应缴税费—应缴城建税　　　　　　　　　　　　　　2 142
　　　　　　—应缴教育费附加　　　　　　　　　　　　　　918

【例4-31】用银行存款支付广告费5 000元和运杂费600元。

编制会计分录如下：

借：销售费用—广告费　　　　　　　　　　　　　　　　　5 000
　　　　—运杂费　　　　　　　　　　　　　　　　　　　　600
　　贷：银行存款　　　　　　　　　　　　　　　　　　　　5 600

【例4-32】假设上述［例4-29］中所销售的材料实际成本为30 000元，以现金支付销售运费400元。

编制会计分录如下：

借：其他业务成本　　　　　　　　　　　　　　　　　　　30 400
　　贷：库存现金　　　　　　　　　　　　　　　　　　　　400
　　　　原材料　　　　　　　　　　　　　　　　　　　　　30 000

【例4-33】期末计算并结转本月已销商品的销售成本。其中，A产品本月销售140（100 + 40）件，单位成本724元，B产品本月销售100（30 + 20 + 50）件，单位成本824元。

A产品本月销售成本 = 140 × 724 = 101 360（元）

B产品本月销售成本 = 100 × 824 = 82 400（元）

编制会计分录如下：

借：主营业务成本—A产品　　　　　　　　　　　　　　　101 360
　　　　　　—B产品　　　　　　　　　　　　　　　　　　82 400
　　贷：库存商品—A产品　　　　　　　　　　　　　　　　101 360
　　　　　　—B产品　　　　　　　　　　　　　　　　　　82 400

第六节 财务成果业务的核算

一、利润的构成及其计算

企业在一定时期的利润(或亏损)是由以下几部分构成的,其关系如下:

1. 营业利润 = 营业收入 - 营业成本 - 营业税金及附加 - 销售费用 - 管理费用
   - 财务费用 - 资产减值损失 + 公允价值变动收益(- 公允价值变动损失)
   + 投资收益(- 投资损失)

其中: 营业收入 = 主营业务收入 + 其他业务收入
       营业成本 = 主营业务成本 + 其他业务成本

2. 利润总额 = 营业利润 + 营业外收入 - 营业外支出
3. 净利润 = 利润总额 - 所得税费用

企业实现的净利润,要按照有关规定进行分配。因此,计算确定企业实现的利润和对利润进行分配,就构成了企业财务成果业务核算的主要内容。

二、利润形成的核算

(一) 账户的设置

1. "营业外收入"账户。该账户是损益类账户,用来核算企业生产经营活动无直接关系的各项收入。贷方登记发生的各项营业外收入;借方登记期末转入"本年利润"账户的数额;期末结转后无余额。该账户应按收入项目设置明细账,进行明细分类核算。

2. "营业外支出"账户。该账户是损益类账户,用来核算企业发生的与生产经营无直接关系的各项支出。借方登记发生的各项营业外支出;贷方登记期末转入"本年利润"账户的数额;期末结转后无余额。该账户应按支出项目设置明细账,进行明细分类核算。

3. "所得税费用"账户。该账户是损益类账户,用来核算企业按规定从当期损益中扣除的所得税费用。借方登记期末根据应纳税所得额计算的应纳所得税;贷方登记期末转入"本年利润"账户的所得税数额;该账户期末结转后无余额。

企业所得税通常是按年计算,按季预缴,年终汇算清缴,多退少补。基本公式为:

全年应缴所得税额 = 应纳税所得额 × 所得税税率
应纳税所得额 = 利润总额 + 纳税调整项目金额

4. "本年利润"账户。该账户是所有者权益类账户,用来核算企业本年度累计实现的净利润或发生的亏损情况。贷方登记期末从各损益收入类账户转入的本期取得的各项收入;借方登记期末从各损益支出类账户转入的本期发生的各项费用;期末余额在贷方,表示本期实现的利润;如余额在借方,表示累计发生的亏损。在年度内,该账户的余额保留在本账户,不予结转,表示截至本月止本年累积已实现的利润或发生的亏损。年末,应将该账户余额转入"未分配利润"账户,该账户年末结转后无余额。

(二) 业务核算

根据利润形成业务的内容,企业除了前面介绍过的损益类账户的核算外,还包括营业外收支的核算、本年利润核算。

1. 营业外收支的核算。

(1) 取得营业外收入时:

借:银行存款(等)
　　贷:营业外收入

(2) 发生营业外支出时:

借:营业外支出
　　贷:银行存款(等)

2. 本年利润核算。

(1) 计算利润总额。期末,企业应将各损益类账户的余额转入"本年利润"账户(见图4-1),从而构成利润核算的全过程,结转后各损益类账户无余额。

本年利润

从相关费用类账户转入	从相关收入类账户转入
(1) 主营业务收入	(1) 主营业务收入
(2) 营业税金及附加	(2) 其他业务收入
(3) 销售费用	(3) 营业外收入
(4) 管理费用	
(5) 财务费用	
(6) 其他业务成本	
(7) 营业外支出	
余额:本期发生的亏损额	余额:本期实现的利润总额

图4-1　各损益类账户的余额转入"本年利润"账户的结构

① 结转收入类账户。

借:主营业务收入
　　其他业务收入
　　营业外收入
　　贷:本年利润

② 结转费用类账户。

借：本年利润
　　贷：主营业务成本
　　　　营业税金及附加
　　　　管理费用
　　　　财务费用
　　　　销售费用
　　　　其他业务成本
　　　　营业外支出

③ 计算所得税费用。所得税是企业按照国家税法的规定，根据某一经营年度实现的经营所得和规定的税率计算缴纳的一种税款。

如当期亏损，就不用计算企业所得税；如当期盈利，要对会计利润按税法规定进行相应调整，得到应纳税所得额，再乘以所得税税率计算出所得税费用，并作账务处理。

$$应缴所得税税额 = 应纳税所得额 \times 所得税税率$$

其中：　　　　应纳税所得额 = 利润总额 ± 调整项目

企业所得税的基本税率为25%。

为简便计算，本教材假设各月无税收调整项目，即将各期的会计利润总额视同于应纳税所得额。

会计分录为：

借：所得税费用
　　贷：应缴税费—应缴所得税

④ 计算净利润。将所得税费用转入"本年利润"账户（见图4-2）。此时"本年利润"账户的余额即为企业本期的累计实现的净利润。

本年利润

从相关费用类账户转入	从相关收入类账户转入
（1）主营业务收入	（1）主营业务收入
（2）营业税金及附加	（2）其他业务收入
（3）销售费用	（3）营业外收入
（4）管理费用	
（5）财务费用	
（6）其他业务成本	
（7）营业外支出	
（8）所得税费用	余额：本期实现的利润总额
	余额：本期实现的净利润

图4-2　所得税费用转入"本年利润"账户结构

借：本年利润
　　贷：所得税费用

（三）应用举例

【例 4-34】 用银行存款对外捐款 5 000 元。

编制会计分录如下：

借：营业外支出　　　　　　　　　　　　　　　　　5 000
　　贷：银行存款　　　　　　　　　　　　　　　　　　　5 000

【例 4-35】 经批准，将一笔无法支付的应付账款 2 000 元转作企业的营业外收入。

编制会计分录如下：

借：应付账款　　　　　　　　　　　　　　　　　　2 000
　　贷：营业外收入　　　　　　　　　　　　　　　　　　2 000

【例 4-36】 期末，结转本期各损益类账户（除"所得税"账户）余额至"本年利润"账户。结转前各损益类账户余额分别为：主营业务收入 340 000 元、其他业务收入 50 000 元、营业外收入 2 000 元；主营业务成本 186 640 元、营业税金及附加 3 060 元、销售费用 5 600 元、其他业务成本 30 400 元、管理费用 12 340 元、财务费用 1 000 元、营业外支出 5 000 元。

（1）结转本期损益收入类账户的余额至"本年利润"账户的贷方：

其会计分录如下：

借：主营业务收入　　　　　　　　　　　　　　　340 000
　　其他业务收入　　　　　　　　　　　　　　　　50 000
　　营业外收入　　　　　　　　　　　　　　　　　 2 000
　　贷：本年利润　　　　　　　　　　　　　　　　　 392 000

（2）结转本期损益支出类账户的余额至"本年利润"账户的借方：

编制会计分录如下：

借：本年利润　　　　　　　　　　　　　　　　　244 040
　　贷：主营业务成本　　　　　　　　　　　　　　　186 640
　　　　销售费用　　　　　　　　　　　　　　　　　5 600
　　　　营业税金及附加　　　　　　　　　　　　　　3 060
　　　　其他业务成本　　　　　　　　　　　　　　　30 400
　　　　管理费用　　　　　　　　　　　　　　　　 12 340
　　　　财务费用　　　　　　　　　　　　　　　　　1 000
　　　　营业外支出　　　　　　　　　　　　　　　　5 000

根据以上数字计算，本月实现的利润总额为 147 960（392 000 - 244 040）元。

【例 4-37】 假设本期为 12 月，1~11 月累计应税所得额为 852 040 元，12 月实现的应税所得额（即利润总额，无税收调整项目）为 147 960 元，所得税税率 25%，1~11 月累计已缴纳所得税为 230 000 元。计算并结转本月应缴所得税。

（1）计算出本月应缴所得税业务，一方面使企业的所得税费用增加 20 000 元，另一方面也使企业的应缴税费增加 20 000 元。

本年应税所得额 = 852 040 + 147 960 = 1 000 000（元）

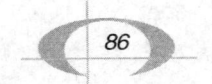

本年应缴所得税额 = 1 000 000 × 25% = 250 000（元）
本月应缴所得税额 = 250 000 - 230 000 = 20 000（元）
编制会计分录如下：
　　借：所得税费用　　　　　　　　　　　　　　　　　　　20 000
　　　　贷：应缴税费——应缴所得税　　　　　　　　　　　　　20 000
（2）结转本月所得税费用业务。即将本月"所得税"账户的借方余额转入"本年利润"账户的借方。
编制会计分录如下：
　　借：本年利润　　　　　　　　　　　　　　　　　　　　20 000
　　　　贷：所得税费用　　　　　　　　　　　　　　　　　　　20 000
本年实现的净利润 = 1 000 000 - 250 000 = 750 000（元）
【例4-38】用银行存款支付本月应缴所得税20 000元。
编制会计分录如下：
　　借：应缴税费——应缴所得税　　　　　　　　　　　　　20 000
　　　　贷：银行存款　　　　　　　　　　　　　　　　　　　20 000

三、利润分配的核算

（一）利润分配的内容及留存收益的计算

企业实现的净利润，应按照国家规定进行分配。企业进行利润分配的主要内容和顺序为：

1. 提取法定盈余公积。公司应当按照当年税后利润的10%比例提取法定盈余公积，法定盈余公积累计额已达公司注册资本的50%以上的，可以不再提取。公司的法定盈余公积不足以弥补以前年度亏损的，在提取法定盈余公积之前，应当先用当年利润弥补亏损。

2. 提取任意盈余公积。企业从税后利润中提取法定盈余公积后，经股东会或者股东大会决议，还可以从税后利润中提取任意盈余公积。任意盈余公积的提取比例由企业视情况而定。

3. 向投资者分配利润或股利。企业弥补亏损和提取盈余公积后，可以按照股东出资比例或股东持有股份比例向投资者分配利润或股利。

本年可供分配的利润的计算公式如下：

　　本年可供分配的利润 = 年初未分配利润 + 本年税后利润 - 本年提取的盈余公积金

利润分配后的余额为企业年末未分配利润，它是指企业留到以后年度分配的利润或待分配的利润。未分配利润与企业提取的盈余公积金统称为企业的留存收益，它是指企业为经营发展的需要，而留存于企业的那部分利润。

（二）账户的设置

1. "利润分配"账户。该账户是所有者权益类账户，用来核算企业利润分配情况和历年分配后的未分配利润的累计数额。借方登记实际分配的利润数额；贷方登记年终由"本年利润"账户转入的本年实现的净利润；该账户在年度中间为借方余额，表示截止本期企业已累计分配的利润数额。期末如为借方余额，表示累计未弥补亏损；期末如为贷方余额，表示累计未分配利润。该账户应设置提取盈余公积、应付股利、未分配利润等明细账户进行明细分类核算。

2. "盈余公积"账户。该账户是所有者权益类账户，用来核算企业从净利润中提取的盈余公积金增减变动和结存情况。贷方登记提取的盈余公积金；借方登记如转增资本、弥补亏损等盈余公积金的支用；期末余额在贷方，表示结余的盈余公积金。

3. "应付股利"账户。该账户属于负债类账户，用来核算和监督企业分配现金股利和利润的情况，贷方登记企业审议批准的利润分配方案确定的应支付的现金股利或利润，借方登记实际支付的现金股利或利润，期末余额在贷方，便是应付而未付的现金股利或利润，该账户一般按投资者设置明细账。

（三）业务核算

1. 年末结转"本年利润"入"利润分配"账户（按本年利润账户的期末余额结转，结转后"本年利润"账户无余额）。

注意："本年利润"账户年末才结转，年内不结转。

（1）盈利时：

借：本年利润
　　贷：利润分配——未分配利润

（2）亏损时：

借：利润分配——未分配利润
　　贷：本年利润

2. 如果盈利按下列顺利分配利润。

（1）计提任意盈余公积金和法定盈余公积金。

借：利润分配
　　贷：盈余公积

（2）计算向投资者分配利润。

借：利润分配
　　贷：应付股利

(四) 应用举例

【例4-39】仍以上述资料，年末，结转本年实现的净利润750 000元。

分析：年末，将本年实现的净利润，即"本年利润"账户余额750 000元（1 000 000 - 250 000）转入"利润分配"账户所属的"未分配利润"明细分类账户的贷方。

编制会计分录如下：

借：本年利润　　　　　　　　　　　　　　　　　　　　750 000
　　贷：利润分配——未分配利润　　　　　　　　　　　　　750 000

【例4-40】按净利润750 000元的10%提取盈余公积。

应提取的盈余公积 = 750 000 × 10% = 75 000（元）

编制会计分录如下：

借：利润分配——提取盈余公积　　　　　　　　　　　　75 000
　　贷：盈余公积　　　　　　　　　　　　　　　　　　　75 000

【例4-41】经董事会决定，向投资者分配利润300 000元。

编制会计分录如下：

借：利润分配——应付股利　　　　　　　　　　　　　　300 000
　　贷：应付股利　　　　　　　　　　　　　　　　　　　300 000

【例4-42】结转本年已分配的利润375 000（75 000 + 300 000）元。假设该企业年初的未分配利润为100 000元。

分析：这笔转账业务，就是将提取的盈余公积75 000元和向投资者分配的利润300 000元分别从"利润分配——提取盈余公积"和"利润分配——应付利润"账户的贷方，转入"利润分配——未分配利润"账户的借方。

编制会计分录如下：

借：利润分配——未分配利润　　　　　　　　　　　　　375 000
　　贷：利润分配——提取盈余公积　　　　　　　　　　　75 000
　　　　　　　　——应付利润　　　　　　　　　　　　　300 000

将计入"利润分配——未分配利润"账户贷方的本年实现的净利润750 000元加年初的未分配利润100 000元，与计入"利润分配——未分配利润"账户借方的本年实际分配的利润额375 000元进行对比，为期末贷方余额475 000元，即为截止本年末企业累计结余的未分配利润。

【思考题】

1. 企业的资金筹集业务如何核算？
2. 企业的供应过程业务如何核算？
3. 企业的生产准备业务如何核算？
4. 企业的销售过程业务如何核算？
5. 企业利润的形成和分配业务如何核算？

【技能训练】

目的：练习企业经营过程综合业务的核算。

资料：某股份公司 2013 年 10 月发生下列业务：

(1) 从银行取得临时借款 500 000 元存入银行；
(2) 接受投资人投入的设备一台原价 100 000 元，评估作价 80 000 元投入使用；
(3) 接受某单位投资 10 000 元存入银行；
(4) 用银行存款 6 500 元上缴上个月税金；
(5) 收回某单位所欠本企业货款 8 000 元存入银行；
(6) 用银行存款 2 400 元预付明年的房租；
(7) 企业销售 A 产品总价款 292 500 元（含税），增值税率 17%，已收款；
(8) 供应单位发来甲材料 38 000 元，增值税进项税额为 6 460 元，款已预付。材料验收入库；
(9) 生产 A 产品领用甲材料 3 600 元，乙材料 2 400 元；
(10) 车间一般性消耗材料 1 200 元；
(11) 车间设备发生修理费 800 元，用现金支付；
(12) 从银行提取现金 30 000 元，直接发放工资；
(13) 银行转来通知，企业被收取职工药费 2 200 元；
(14) 车间领用甲材料 5 000 元用于 B 产品的生产；
(15) 用银行存款 1 000 元支付销售 A 产品的广告费；
(16) 企业销售 B 产品价款为 50 000 元，增值税销项税额为 8 500 元款项暂未收到；
(17) 按 5% 税率计算 B 产品的消费税；
(18) 企业购买一台车床，买价 240 000 元，增值税 40 800 元，运杂费 1 000 元，款项暂未支付，设备交付使用；
(19) 开出现金支票购买车间办公用品 780 元；
(20) 提取本月折旧，其中车间 8 100 元，厂部 3 200 元；
(21) 计提应由本月负担的银行借款利息 980 元；
(22) 用银行存款 34 000 元支付上年分配给投资人的利润；
(23) 分配工资费用，其中 A 产品工人工资 12 000 元，B 产品工人工资 10 000 元，车间管理人员工资 8 000 元；
(24) 分配本月职工福利费，其中 A 产品负担 1 680 元，B 产品负担 1 400 元，车间管理人员负担 1 120 元；
(25) 经批准将资本公积金 60 000 元转增资本；
(26) 本月发生制造费用 20 000 元，按生产工时（A 产品 6 000 个、B 产品 4 000 个）分配计入 A、B 产品成本；
(27) 本月生产的 A 产品 15 台现已完工，总成本 38 500 元，验收入库，结转成本；
(28) 用银行存款 5 400 元支付罚款支出；
(29) 用现金 4 300 元支付行政管理部门办公用品费；
(30) 结转已销 A 产品成本 138 000 元；

（31）将本月实现的产品销售收入 300 000 元，发生的产品销售成本 138 000 元，产品销售费用 1 000 元，产品销售税金 2 500 元，管理费用 7 500 元，财务费用 980 元，营业外支出 5 400 元转入"本年利润"账户；

（32）本月实现利润总额 144 620 元，按 25% 的税率计算所得税并予以结转；

（33）按税后利润的 10% 提取盈余公积金；

（34）将剩余利润的 40% 分配给投资人；

（35）年末结转本年净利润。

要求：

1. 编制本月业务的会计分录。
2. 编制试算平衡表。

第五章 会计凭证

【知识点】
1. 理解填制和审核会计凭证的意义；
2. 掌握会计凭证的种类；
3. 理解会计凭证（原始凭证、记账凭证）的基本内容；
4. 掌握填制会计凭证（原始凭证、记账凭证）的方法；
5. 了解会计凭证的传递和保管要求。

【技能点】
1. 培养审核原始凭证的能力；
2. 如何填制记账凭证。

通过前几章的学习，我们已经知道经济业务发生后，需要运用专门的会计方法将经济信息转化成会计信息，这个转化过程需要运用载体，这些载体就是我们要讲述的会计凭证、会计账簿和财务会计报告。他们之间的关系如图5-1所示。

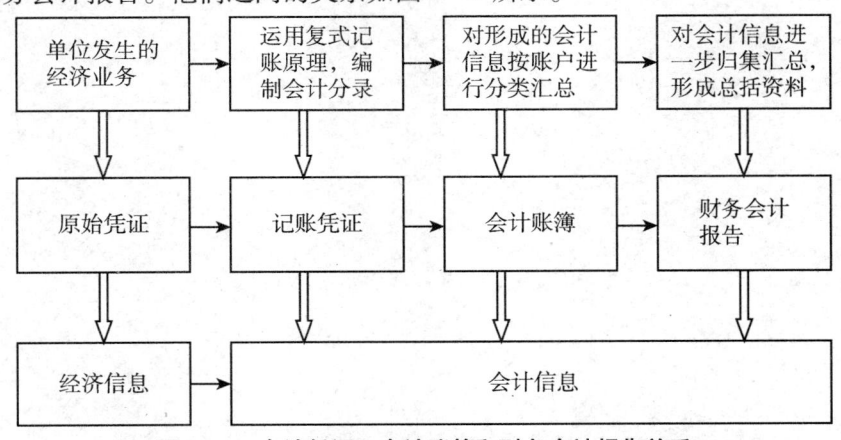

```
单位发生的        运用复式记         对形成的会计        对会计信息进
经济业务    →    账原理，编    →    信息按账户进   →   一步归集汇总，
                制会计分录         行分类汇总         形成总括资料
    ↓                ↓                 ↓                  ↓
  原始凭证    →    记账凭证    →    会计账簿    →    财务会计报告
    ↓
  经济信息    →             会计信息
```

图5-1 会计凭证、会计账簿和财务会计报告关系

第一节 会计凭证概述

会计凭证，简称凭证，是记录经济业务、明确经济责任的书面证明，是登记账簿的依据。

任何单位，经济业务一经发生和完成，就必须取得和填制会计凭证，会计凭证记录应能如实、合法地反映经济活动情况。一切会计凭证都应由专人进行严格审核，只有经过审核后，合理、合法、真实的凭证，才能作为记账依据，也只有如此，才能保证账簿记录、报表反映的会计信息真实、完整。填制和审核会计凭证是会计核算的方法之一，是会计工作的起点和基础，是对经济业务进行核算和监督的重要环节，如图5-2所示。

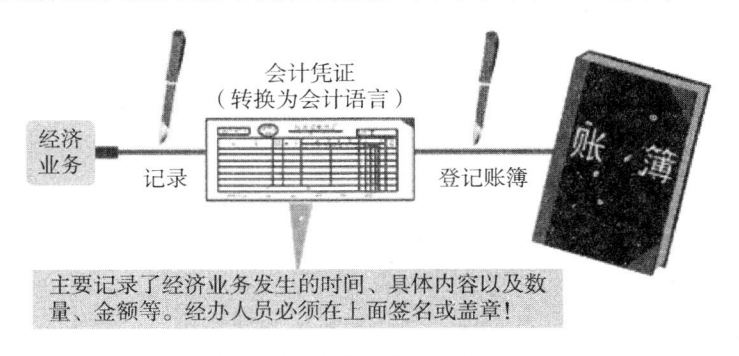

图 5-2 会计工作与会计凭证

一、会计凭证的种类

会计凭证是多种多样的，可以按照不同的标准进行分类，但主要是按照编制程序和用途不同，分为原始凭证（经济信息）和记账凭证（经济信息转化为会计信息），如图5-3所示。

二、会计凭证的意义

认真填制和审核会计凭证是做好会计工作的基本前提，也是体现会计反映与监督职能的重要手段。其作用主要表现在以下几个方面：

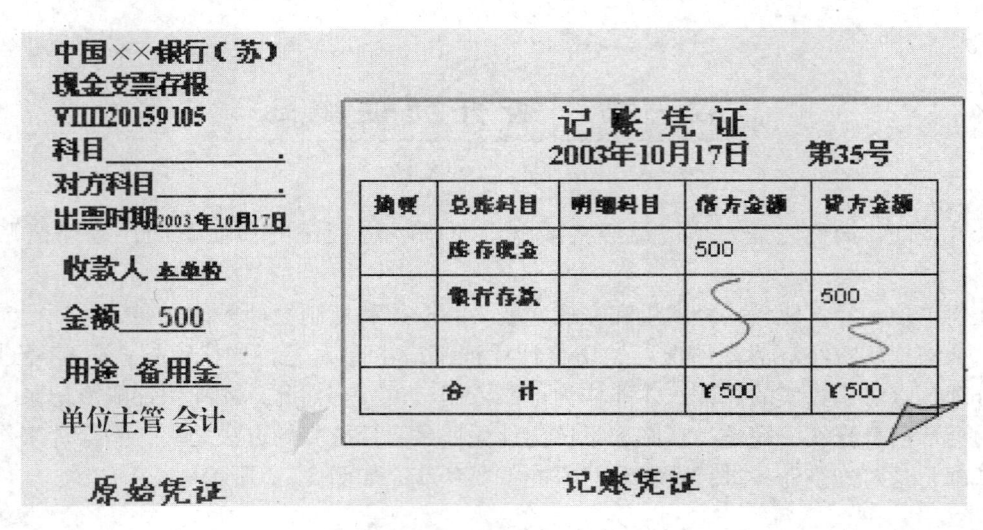

图 5-3 原始凭证与记账凭证

（一）及时正确地反映经济业务的发生与完成情况

填制会计凭证，可以及时正确地反映经济业务的发生与完成情况，体现会计的反映职能。任何经济业务发生，都必须取得和填制会计凭证。以材料收发结存业务为例，采购人员外购材料时必须取得供应单位开具的合理合法的材料采购发票；材料运达企业，经仓库保管部门验收入库后，须开具材料入库单；领用材料时须填制领料单等。财务人员对取得或填制的会计凭证还必须进行严格审核，然后才能据以登记入账。

（二）明确经济责任

填制和审核会计凭证，可以明确经济责任，加强经济责任制。每一笔经济业务发生之后，都要由经办单位和有关人员办理凭证手续并签名盖章，明确经济责任，推行经济责任制。以差旅费报销为例，出差人员旅途中发生的交通费、住宿费必须取得合理合法的交通费发票和住宿费发票；出差回来报账时，主管领导必须审核签字；财务人员再根据审核后的单据办理报账手续等。通过填制和审核会计凭证，不仅将经办人员联系在一起，相互监督，而且便于划清责任。

（三）保证会计信息真实可靠

审核会计凭证，可以充分发挥会计的监督职能，使经济业务合理合法，保证会计信息真实可靠。会计主管和内部财务人员都要对取得或填制的会计凭证进行严格审核，加强对经济业务的监督。对不合法不真实的凭证拒绝受理；对错误的凭证要予更正，防止错误和弊端的发生，以贯彻政策和法令，严肃财经纪律。

(四) 便于核对账务和事后检查

会计凭证是核对账务和事后检查的重要依据。合理合法的会计凭证，均载明经济业务发生的时间、地点、业务内容、金额、经办单位、当事人签章以及其他有关事项，完整地反映了每笔经济业务的内容。在核对账务和事后检查中如发现问题，可直接追溯到会计凭证，进行复核，以明确责任。

第二节 原始凭证

一、原始凭证的概念

原始凭证又称原始单据，是指在经济业务发生或完成时取得或填制的，用以记录、证明经济业务的发生或完成情况的文字凭证。它不仅能用来记录经济业务发生或完成情况，还可以明确经济责任，是进行会计核算工作的原始资料和重要依据，是会计资料中最具有法律效力的一种证明文件。工作令号、购销合同、购料申请单等不能证明经济业务发生或完成情况的各种单证不能作为原始凭证并据以记账。

二、原始凭证的种类

(一) 外来原始凭证和自制原始凭证

原始凭证按照来源不同分类，可分为外来原始凭证和自制原始凭证。

1. 外来原始凭证。外来原始凭证是指在同外单位发生经济往来事项时，从外单位取得的凭证。如普通（定额）发票（见图 5-4）、出租车的票据（见图 5-5）、银行收付款通知单以及企业购买商品、材料时，从供货单位取得的增值税专用发票等（见表 5-1）。

外来原始凭证一般由税务局等部门统一印制，在填写时加盖出具单位公章才有效，对于一式多联的原始凭证必须套写。

2. 自制原始凭证。自制原始凭证是指在经济业务事项发生或完成时，由本单位内部经办部门或人员填制的凭证。如收料单（见表 5-2）、领料单（见表 5-3）、成本计算单、出库单等。

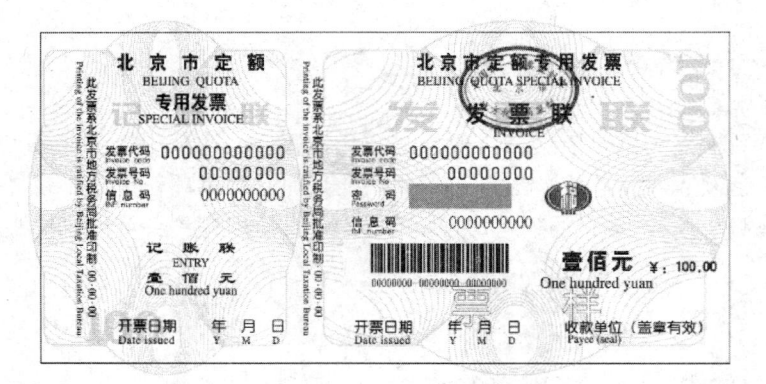

成品尺寸：175mm × 80mm   成品尺寸：44mm × 133.35mm

　　　　　图 5-4　定额发票　　　　　　　　　　　　图 5-5　发票

表 5-1　　　　　　　　　　　增值税专用发票
　　　　　　　　　　　　　　　发　票　联　　　　　　　　No
　　　　　　　　　　　　　　　　　　　　　　　　　　开票日期：　年　月　日

购货单位	名　称：				密码区			
	纳税人识别号：							
	地址、电话：							
	开户银行及账号							
货物或应税劳务名称	规格型号	单位	数量	单价	金额	税率	税额
价税合计（大写）					（小写）¥		
销货单位	名　称：				备注			
	纳税人识别号：							
	地址、电话：							
	开户银行及账号							

　　收款人：　　　　　复核人：　　　　　开票人：　　　　　销货单位：（章）

第二联　发票联　购货单位记账凭证

表 5-2　　　　　　　　　　　收　料　单

收料单位：　　　　　　　　　　　　　　　　　　　　　　编号：
用途：　　　　　　　　　　　　年　月　日　　　　　　收料仓库：

材料类别	材料编号	材料名称	规格	计算单位	数量	单价	金额
备注							

　　　　　　　　　　　　　　保管员：　　　　　　经手人：

表 5-3　　　　　　　　　　　领　料　单

领料单位：　　　　　　　　　　　　　　　　　　　　　　编号：
用途：　　　　　　　　　　　　年　月　日　　　　　　发料仓库：

材料类别	材料编号	材料名称	规格	计算单位	数量	单价	金额
备注							

　　　　　　　　　　　　　　保管员：　　　　　　经手人：

（二）一次凭证、累计凭证和汇总凭证

原始凭证按照填制手续及内容不同分类：可分为一次凭证、累计凭证和汇总凭证。

1. 一次凭证。一次凭证是指只反映一项经济业务或同时记录若干项同类性质经济业务的原始凭证，其填制手续是一次完成的。如各种外来原始凭证都是一次凭证；企业有关部门领用材料的领料单、借款单（见表 5-4）、收据（见表 5-5）等。

表 5-4　　　　　　　　　　　借　款　单
　　　　　　　　　　　　　　年　月　日

借款人		用途	
金额（大写）			￥＿＿＿＿＿＿
预计报销日期			
部门负责		领导审批	

表 5-5　　　　　　　　　　　　　　收　据
　　　　　　　　　　　　　　　年　月　日　　　　　　　　　　　　　　　第　联

付款单位：_____　收款方式：_____

人民币（大写）_____　¥_____

收款事由：_____

2. 累计凭证。累计凭证是指在一定时期内（一般以一月为限）连续发生的同类经济业务的自制原始凭证，其填制手续是随着经济业务事项的发生而分次进行的。如"限额领料单"就是累计凭证（见表 5-6）。

表 5-6　　　　　　　　　　　　限额领料单
　　　　　　　　　　　　　　　年　月　日

领料单位：　　　　　　用　　途：　　　　　　计划产量：
材料编号：　　　　　　名称规格：　　　　　　计量单位：
单　　位：　　　　　　消耗定量：　　　　　　领用限量：

年		请　领		实　发				
月	日	数量	领导单位负责人	数量	累计	发料人	领料人	限额结余

供应部门负责人：　　　　　生产计划部门负责人：　　　　　仓库负责人：

3. 汇总凭证。汇总原始凭证是指根据一定时期内反映相同经济业务的多张原始凭证，汇总编制而成的自制原始凭证，以集中反映某项经济业务总括发生情况。汇总原始凭证既可以简化会计核算工作，又便于进行经济业务的分析比较。如工资汇总表、现金收入汇总表、发出材料汇总表（见表 5-7）等都是汇总原始凭证。

表 5-7　　　　　　　　　　　　发料凭证汇总表
　　　　　　　　　　　　　　　年　月　日

会计科目	领料部门	领料单数量	原材料	辅助材料	…	合计
生产成本						
制造费用						
管理费用						
合计						

会计主管　　　　　　记账　　　　　　复核　　　　　　制表

(三) 通用凭证和专用凭证

原始凭证按照格式不同分类，可以分为通用凭证和专用凭证。

1. 通用凭证。由有关部门统一印制、在一定范围内使用的具有统一格式和使用方法的原始凭证。如全国通用的增值税发票、银行结算记账单（见表5-8）等。

表5-8　　　　　　　　　××银行进账单（回单或收款通知）　　　　　　　第　　号

收款人	全称		付款人	全称										
	账号			账号										
	开户银行			开户银行										
人民币 （大写）					千	百	十	万	千	百	十	元	角	分
票据种类		支票												
票据张数		壹张												
单位主管　　　会计　　　复核　　　记账				收款人开户银行盖章										

2. 专用凭证。由单位自行印制、仅在本单位内部使用的原始凭证。如收料单、领料单、工资费用分配单、折旧计算表等。

总之，原始凭证分类如图5-6所示。

```
           ┌ 按用途分 ┬ 外来原始凭证
           │         └ 自制原始凭证
           │                    ┌ 一次凭证
原始凭证 ──┼ 按填制手续分 ──────┼ 累计凭证
           │                    └ 汇总凭证
           │         ┌ 通用凭证
           └ 按格式分 ┴ 专用凭证
```

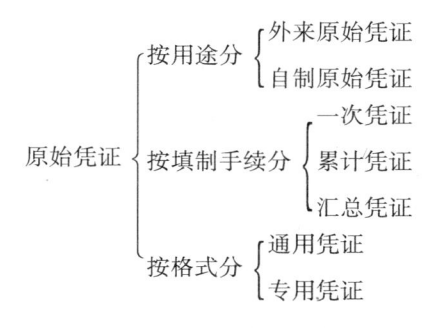

图5-6　原始凭证分类

三、原始凭证的基本内容

原始凭证的基本内容包括：（1）原始凭证名称；（2）填制原始凭证的日期；（3）接受原始凭证单位名称；（4）经济业务内容；（5）填制单位签章、有关人员签章、凭证附件。

现以北京市邮电通信业、金融保险业专用发票为例说明原始凭证的基本内容（见图5-7）。

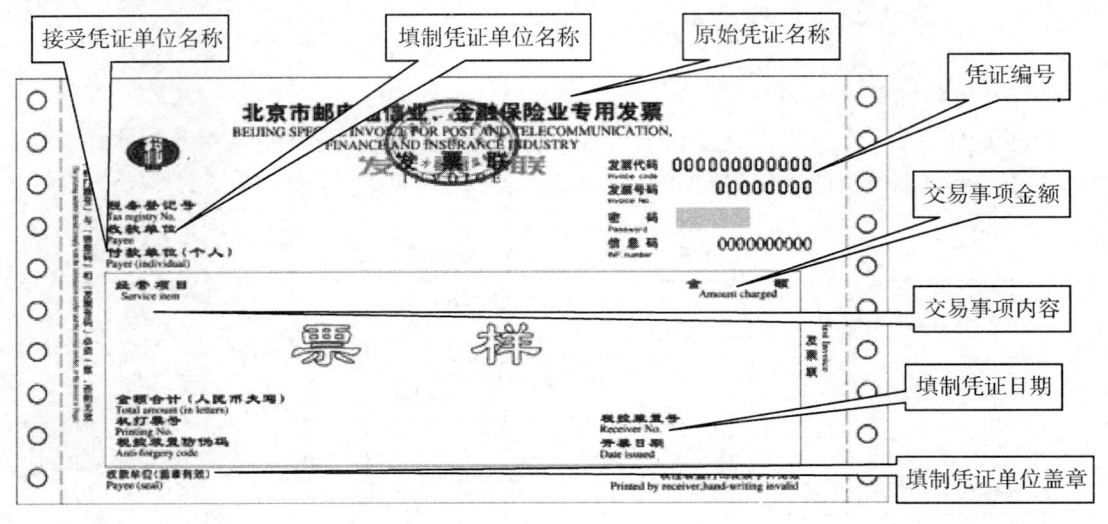

图5-7 原始凭证的内容

除应当具备原始凭证的上述内容外，还应当有以下的附加条件：（1）从外单位取得的原始凭证，应使用统一发票，发票上应印有税务专用章；必须加盖填制单位的公章。（2）自制的原始凭证，必须要有经办单位负责人或者由单位负责人指定的人员签名或者盖章。（3）支付款项的原始凭证，必须要有收款单位和收款人的收款证明，不能仅以支付款项的有关凭证代替。（4）购买实物的原始凭证，必须有验收证明。（5）销售货物发生退货并退还货款时，必须以退货发票、退货验收证明和对方的收款收据作为原始凭证。（6）职工公出借款填制的借款凭证，必须附在记账凭证之后，收回借款时，应另开收据或退还借据副本，不得退还原借款收据。（7）经上级有关部门批准的经济业务事项，应当将批准文件作为原始凭证的附件。

四、原始凭证的填制要求

（一）记录要真实

原始凭证所填列的经济业务内容和数字，必须真实可靠，即符合国家有关政策、法令、法规、制度的要求；原始凭证上填列的内容、数字，必须真实可靠，符合有关经济业务的实际情况，不得弄虚作假，更不得伪造凭证。

（二）内容要完整

原始凭证所要求填列的项目必须逐项填列齐全，不得遗漏和省略；必须符合手续完备的要求，经办业务的有关部门和人员要认真审核，签名盖章。

（三）手续要完备

单位自制的原始凭证必须有经办单位领导人或者其他指定的人员签名盖章；对外开出的原始凭证必须加盖本单位公章；从外部取得的原始凭证，必须盖有填制单位的公章；从个人取得的原始凭证，必须有填制人员的签名盖章。

（四）书写要清楚、规范

原始凭证要按规定填写，文字要简要，字迹要清楚，易于辨认，不得使用未经国务院公布的简化汉字。大小写金额必须相符且填写规范，小写金额用阿拉伯数字逐个书写，不得写连笔字，在金额前要填写人民币符号"￥"，人民币符号"￥"与阿拉伯数字之间不得留有空白，金额数字一律填写到角分，无角分的，写"00"或符号"—"，有角无分的，分位写"0"，不得用符号"—"；大写金额用汉字壹、贰、叁、肆、伍、陆、柒、捌、玖、拾、佰、仟、万、亿、元、角、分、零、整等，一律用正楷或行书字书写，大写金额前未印有"人民币"字样的，应加写"人民币"三个字，"人民币"字样和大写金额之间不得留有空白，大写金额到元或角为止的，后面要写"整"或"正"字，有分的，不写"整"或"正"字。如小写金额为￥1 004.50，大写金额应写成"壹仟零肆元伍角整"。

（五）编号要连续

如果原始凭证已预先印定编号，在写坏作废时，应加盖"作废"戳记，妥善保管，不得撕毁。如填制发票时填写错误，应将所有联次收集齐全后，加盖"作废"戳记。

（六）不得涂改、刮擦、挖补

原始凭证有错误的，应当由出具单位重开或更正，更正处应当加盖出具单位印章。原始凭证金额有错误的，应当由出具单位重开，不得在原始凭证上更正。

（七）填制要及时

各种原始凭证一定要及时填写，并按规定的程序及时送交会计机构、会计人员进行审核。

五、原始凭证的审核

为了正确反映经济业务的执行和完成情况，发挥会计工作的监督作用，财会部门对各种原始凭证要进行严格的审查和核对，只有经过审核合格的原始凭证，才能作为编制记账凭证和登记账簿的依据。审核的主要内容有：

（一）审核原始凭证的合法性和真实性

审核所发生的经济业务是否符合国家有关规定的要求，有否违反财经制度的现象；原始凭证中所列的经济业务事项是否真实，有无弄虚作假情况。如在审核原始凭证中发现有多计或少计收入、费用、擅自扩大开支范围、提高开支标准、巧立名目、虚报冒领、滥发奖金、津贴等违反财经制度和财经纪律的情况，不仅不能作为合法真实的原始凭证，而且要按规定进行处理。

（二）审核原始凭证的合理性

审核所发生的经济业务是否符合厉行节约、反对浪费、有利于提高经济效益的原则，有否违反该原则的现象。如经审核原始凭证后确定有突击使用预算结余购买不需要的物品，有对陈旧过时设备进行大修理等违反上述原则的情况，不能作为合理的原始凭证。

（三）审核原始凭证的完整性

审核原始凭证是否具备基本内容，有否应填未填或填写不清楚的现象。如经审核原始凭证后确定有未填写接受凭证单位名称，无填证单位或制证人员签章，业务内容与附件不符等情况，不能作为内容完整的原始凭证。

（四）审核原始凭证的正确性

审核原始凭证在计算方面是否存在失误。如经审核凭证后确定有业务内容摘要与数量、金额不相对应，业务所涉及的数量与单价的乘积与金额不符，金额合计错误等情况，不能作为正确的原始凭证。对于审核后的原始凭证，如发现有不符合上述要求，有错误或不完整之处，应当按照有关规定进行处理；如符合有关规定，就一定根据审核无误的原始凭证来编制记账凭证。

（五）审核原始凭证的及时性

经济业务发生后，业务经办人员应及时将原始凭证传递给会计进行处理，没有及时处理的经济业务会影响不同会计期间会计信息的正确性。

第三节 记账凭证

一、记账凭证的概念

记账凭证又称记账凭单，或分录凭单，是会计人员根据审核无误的原始凭证按照经济业务事项的内容加以归类，并据以确定会计分录后所填制的会计凭证。它是登记账簿的直接依据。在实际工作中，为了便于登记账簿，需要将来自不同的单位、种类繁多、数量庞大、格式大小不一的原始凭证加以归类、整理，填制具有统一格式的记账凭证，确定会计分录并将相关的原始凭证附在记账凭证后。记账凭证的作用如图5-8所示。

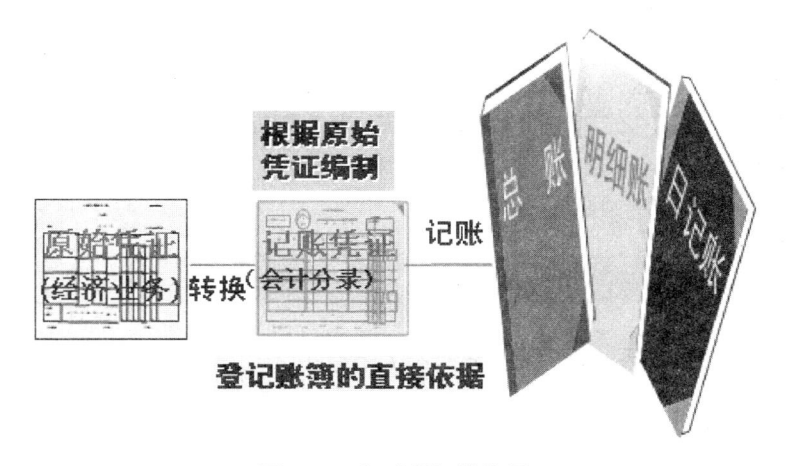

图5-8 记账凭证的作用

二、会计原始凭证与记账凭证的异同

记账凭证和原始凭证的相同点在于，记账凭证和原始凭证都属于会计凭证。

记账凭证和原始凭证的不同点：（1）原始凭证由经办人员填制的，记账凭证一律由会计人员填制。（2）原始凭证是根据发生或完成的经济业务填制的，记账凭证是经过审核无误的原始凭证填制。（3）原始凭证仅用以记录、证明经济业务的已经发生或完成，记账凭证则要依据会计科目对已经发生或完成的经济业务进行归类、整理。（4）原始凭证是编制记账凭证的依据，记账凭证是登记账簿的基础。

三、记账凭证的种类

(一) 专用记账凭证和通用记账凭证

记账凭证按其适用的经济业务,分为专用记账凭证和通用记账凭证两类。

1. 专用记账凭证。专用记账凭证是用来专门记录某一类经济业务的记账凭证。专用凭证按其所记录的经济业务是否与现金和银行存款的收付有无关系,又分为收款凭证、付款凭证和转账凭证三种。

(1) 收款凭证。用于记录库存现金和银行存款收款业务的会计凭证。它是根据有关现金和银行存款收入业务的原始凭证填制,是登记现金日记账、银行存款日记账以及有关明细账和总账等账簿的依据,也是出纳人员收讫款项的依据。格式如表 5-9 所示。

表 5-9　　　　　　　　　　　收　款　凭　证

借方科目　　　　　　　　　　　　　　年　月　日　　　　　　　　收字第　号

摘　要	贷方科目	明细科目	√	金　额 (千 百 十 万 千 百 十 元 角 分)	附单据　张
合　计					

财务主管　　　　　记账　　　　　出纳　　　　　会计　　　　　制单

(2) 付款凭证。用于记录库存现金和银行存款付款业务的会计凭证。它是根据有关现金和银行存款支付业务的原始凭证填制,是登记现金日记账、银行存款日记账以及有关明细账和总账等账簿的依据,也是出纳人员付讫款项的依据。格式如表 5-10 所示。

(3) 转账凭证。用于记录不涉及库存现金和银行存款业务的会计凭证。它是根据有关转账业务的原始凭证填制。转账凭证是登记总分类账及有关明细分类账的依据。格式如表 5-11 所示。

2. 通用记账凭证。通用记账凭证用来记录各种经济业务的记账凭证。

在经济业务比较简单的经济单位,为了简化凭证可以使用通用记账凭证,记录所发生的各种经济业务。格式如表 5-12 所示。

表 5-10   付 款 凭 证

贷方
科目　　　　　　　　　　　　　年 月 日　　　　　　　　　　付字第　号

摘　要	借方科目	明细科目	√	金　额 千 百 十 万 千 百 十 元 角 分	
					附单据　　　张
合　计					

财务主管　　　　　　记账　　　　　　出纳　　　　　　审核　　　　　　制单

表 5-11   转 账 凭 证

年 月 日　　　　　　　　　　　　　　　　转字　号

摘　要	总账科目	明细科目	√	借方金额 千 百 十 万 千 百 十 元 角 分	√	贷方金额 千 百 十 万 千 百 十 元 角 分	
							附单据　　　张
合　计							

财务主管　　　　　　记账　　　　　　审核　　　　　　制单

表 5-12   记 账 凭 证

年 月 日　　　　　　　　　　　　　　　　转字　号

摘　要	总账科目	明细科目	√	借方金额 千 百 十 万 千 百 十 元 角 分	√	贷方金额 千 百 十 万 千 百 十 元 角 分	
							附单据　　　张
合　计							

财务主管　　　　　　记账　　　　　　出纳　　　　　　审核　　　　　　制单

注意：收款凭证、付款凭证和转账凭证，可用不同的颜色印制，以便于识别，减少差错，提高工作效率。在业务少、凭证不多的小型企业，为简化凭证手续，可以使用通用记账凭证，记录发生的各类经济业务。

（二）复式记账凭证和单式记账凭证

记账凭证按填制方式不同，分为复式记账凭证和单式记账凭证两类。

1. 复式记账凭证。复式记账凭证是指将每一笔经济业务事项所涉及的全部会计科目及其发生额均在同一张记账凭证中反映的一种凭证。前述各种凭证都是复式记账凭证。

优点：可以集中反映一项经济业务的科目对应关系，便于了解有关经济业务的全貌，减少凭证数量节约纸张等。

缺点：不便于汇总计算每一个会计科目的发生额。

2. 单式记账凭证。单式记账凭证是指每一张记账凭证只填列经济业务事项所涉及的一个会计科目及其金额的记账凭证。

优点：内容单一，便于汇总计算每一会计科目的发生额，便于分工记账。

缺点：制证工作量大，且不能在一张凭证上反映经济业务的全貌，内容分散，也不便于查账。

例如：单位购入某工厂甲材料2 000元，货款未付，假定该项经济业务的顺序号是10，编制单项记账凭证格式如表5-13和表5-14。

表5-13　　　　　　　　　　　　　借项记账凭证

对应科目：应付账款　　　　　　200×年×月×日　　　　　　　凭证编号10 1/2

摘要	总账科目	明细科目	记账	金额
购入原材料	原材料	甲材料		2 000
货款未付				
合计				￥2 000

会计主管：　　　记账：　　　审核：　　　出纳：　　　制单：

表5-14　　　　　　　　　　　　　贷项记账凭证

对应科目：原材料　　　　　　　200×年×月×日　　　　　　　凭证编号10 2/2

摘要	总账科目	明细科目	记账	金额
购入原材料	应付账款	某工厂		2 000
货款未付				
合计				￥2 000

会计主管：　　　记账：　　　审核：　　　出纳：　　　制单：

记账凭证分类如图5-9所示。

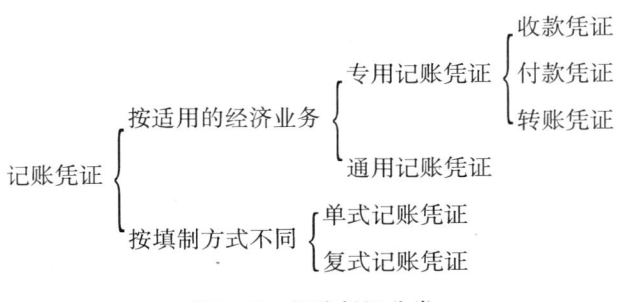

图 5-9　记账凭证分类

记账凭证
- 按适用的经济业务
  - 专用记账凭证
    - 收款凭证
    - 付款凭证
    - 转账凭证
  - 通用记账凭证
- 按填制方式不同
  - 单式记账凭证
  - 复式记账凭证

四、记账凭证的基本内容

1. 记账凭证的名称。
2. 填制记账凭证的日期。
3. 记账凭证的编号。
4. 经济业务事项的内容摘要。
5. 经济业务事项所涉及的会计科目及其记账方向。
6. 经济业务事项的金额。
7. 记账标记。
8. 所附原始凭证张数。
9. 会计主管、记账、审核、出纳、制单等有关人员的签章。

现以通用记账凭证为例，说明记账凭证的基本内容（见图 5-10）。

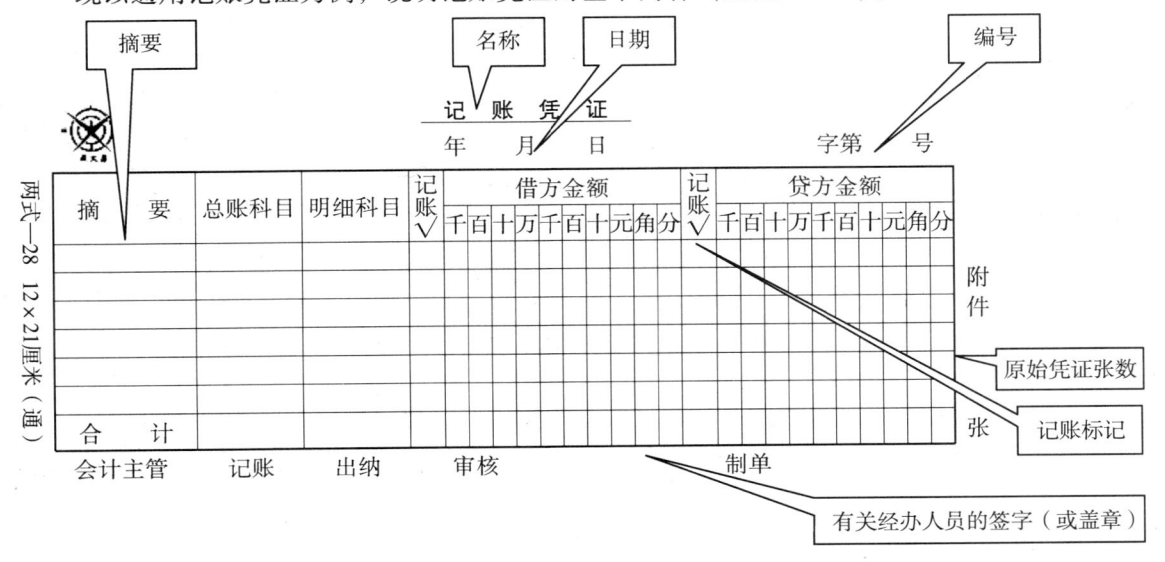

图 5-10　记账凭证的基本内容

五、记账凭证的填制

(一) 记账凭证的填制基本要求

填制记账凭证是会计核算工作的重要环节,是对原始凭证的整理和归类,要求会计人员将记账凭证要素按规定的方法填写齐全,便于账簿记录。具体要求如下:

1. 审核原始凭证。填制记账凭证所依据的必须是审核无误的原始凭证或汇总原始凭证。因此在填制记账凭证前必须对原始凭证进行审核。记账凭证可以根据每一张原始凭证填制,或根据若干张同类原始凭证汇总编制,也可以根据原始凭证汇总表填制。但不得将不同内容和类别的原始凭证汇总填制在一张记账凭证上。

2. 记账凭证各项内容必须完整。

3. 记账凭证应连续编号。一笔经济业务需要填制两张以上记账凭证的,可以采用分数编号法编号。如1号会计事项分录需要填制三张记账凭证,就可以编成1 (1/3)、1 (2/3)、1 (3/3) 号。

如果单位的经济业务采用统一格式(通用格式)的记账凭证,凭证的编号应采用顺序编号法,即按月编顺序号。业务极少的企业也可按年编顺序号(见图5-11)。

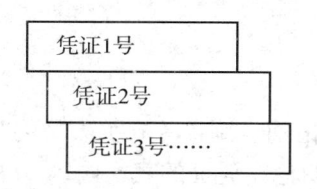

凭证1号
凭证2号
凭证3号……

图 5-11 凭证编号

如果单位的经济业务采用收、付、转格式的记账凭证,记账凭证的编号应采用字号顺序编号法,按现金收入、现金支出、银行存款收入、银行存款支出和转账五类进行顺序编号,具体编为"现收字××号"、"现付字××号"、"银收字××号"、"银付字××号"、"转字××号"(见图5-12)。

各单位应当根据本单位业务繁简程度、人员多寡和分工情况来选择便于记账、查账、内部稽核、简单严密的编号方法。无论采用哪一种编号方法,都应该顺序编号,即每月(每年)都从1日编起,顺序编至月末(年末)。

4. 凭证摘要简明。

5. 科目运用准确。必须按照会计制度统一规定的会计科目编制会计分录,以保证口径一致,便于分类汇总。

6. 附件数量完整。除结账和更正错误的记账凭证可以不附原始凭证外,其他记账凭证必须附有原始凭证,并在记账凭证上注明原始凭证的张数。

7. 空格画线注销。记账凭证填制完成经济业务事项后,如有空行,应当自金额栏最后一笔金额数字下的空行处至合计数上的空行处画线注销。如表5-15、表5-16、表5-17所示。

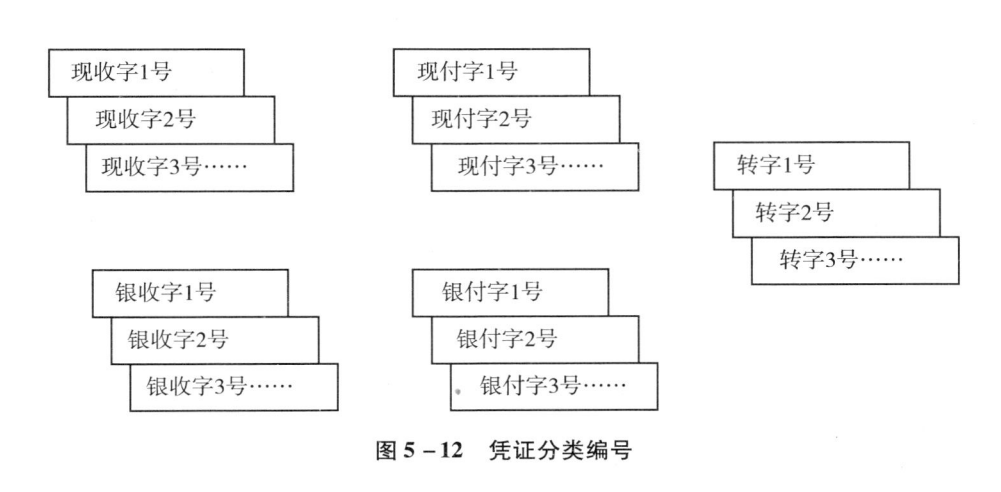

현收字1号　现收字2号　现收字3号……

现付字1号　现付字2号　现付字3号……

转字1号　转字2号　转字3号……

银收字1号　银收字2号　银收字3号……

银付字1号　银付字2号　银付字3号……

图 5-12　凭证分类编号

表 5-15　　　　　　　　　　　付　款　凭　证
贷方　库存
科目　现金　　　　　　　　　2013 年 11 月 16 日　　　　　　　　现付　字第 6 号

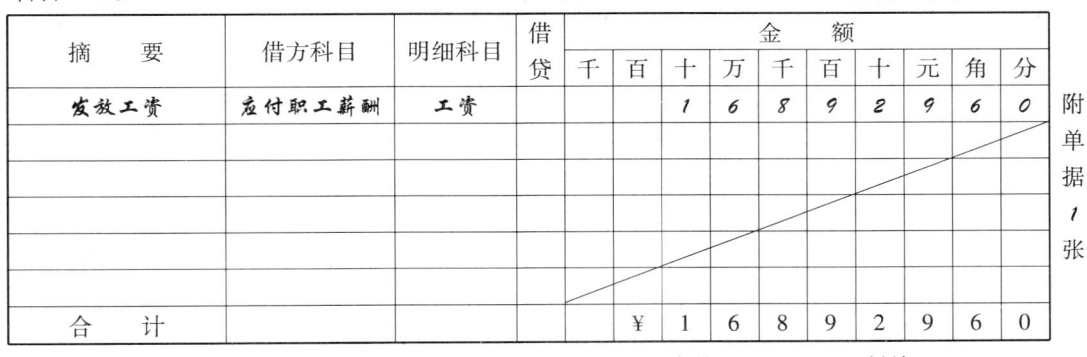

摘　　要	借方科目	明细科目	借贷	金　　额									附单据
				千	百	十	万	千	百	十	元	角	分
发放工资	应付职工薪酬	工资			1	6	8	9	2	9	6	0	1张
合　　计					¥	1	6	8	9	2	9	6	0

财务主管　　　　　记账　　　　　出纳　　　　　审核　　　　　制单

表 5-16　　　　　　　　　　　收　款　凭　证
借方　银行
科目　存款　　　　　　　　　2013 年 11 月 19 日　　　　　　　　银收　字第 3 号

摘　　要	贷方科目	明细科目	√	金　　额									附单据
				千	百	十	万	千	百	十	元	角	分
销售防爆灯	主营业务收入					1	5	0	0	0	0	0	2张
	应缴税费	应缴增值税（销项税额）					2	5	5	0	0	0	
合　　计					¥	1	7	5	5	0	0	0	

财务主管　　　　　记账　　　　　出纳　　　　　会计　　　　　制单

表 5-17   转 账 凭 证
                          2013 年 11 月 30 日   转字 29 号

摘 要	总账科目	明细科目	√	借方金额 千百十万千百十元角分	√	贷方金额 千百十万千百十元角分
本月固定资产折旧费	管理费用			1 8 3 0 0 0		
	制造费用			6 2 6 0 0 0		
	累计折旧					8 0 9 0 0 0
合 计				¥ 8 0 9 0 0 0		¥ 8 0 9 0 0 0

附单据 1 张

财务主管   记账   审核   制单

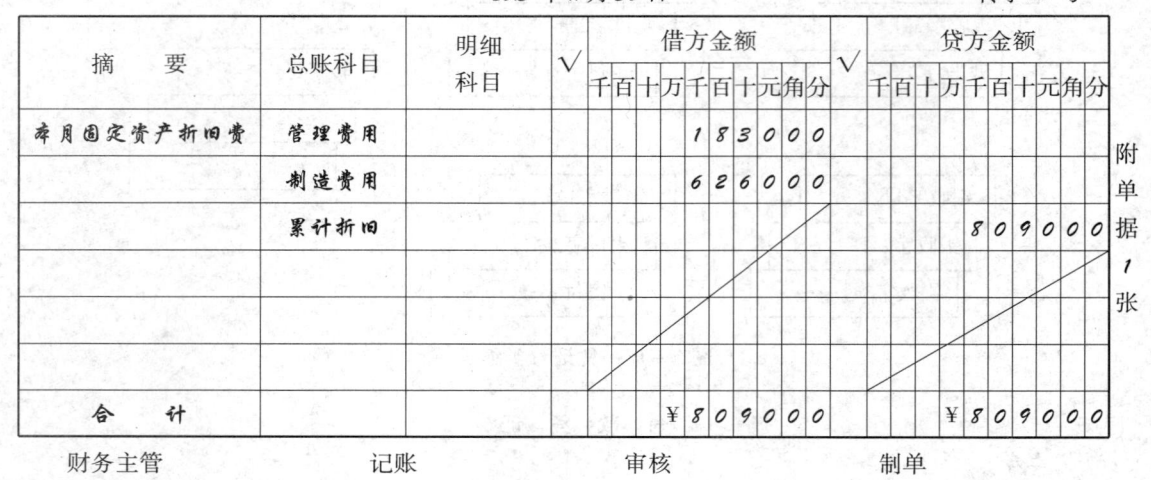

8. 记账符号（或过账）栏填写已记入有关的总分类账及其明细账的账页页码，或用"√"表示已经过账。

9. 有关人员在表格下面的相应项目签章，以明确经济责任。实行会计电算化的单位，其机制记账凭证应当符合对记账凭证的一般要求，并应认真审核，做到会计科目使用正确，数字准确无误。打印出来的机制记账凭证上，要加盖制单人员、审核人员、记账人员和会计主管人员印章或者签字，以明确责任。

10. 填制记账凭证时若发生错误应当重新填制。已登记入账的记账凭证在当年内发现填写错误时，可以用红字填写一张与原内容相同的记账凭证，在摘要栏注明"注销某年某月某日凭证"字样，同时再用蓝字重新填制一张正确的记账凭证，注明"订正某年某月某日凭证"字样。如果会计科目没有错误，只是金额错误，也可将正确数字与错误数字之间的差额，另编一张调整的记账凭证，调增金额用蓝字、调减金额用红字。发现以前年度记账凭证有错误的，应当用蓝字填制一张更正的记账凭证。

（二）记账凭证的编制方法

1. 专用记账凭证的填制方法。

（1）收款凭证的编制方法。收款凭证左上角的"借方科目"按收款的性质填写"库存现金"或"银行存款"；日期填写的是编制本凭证的日期；右上角填写编制收款凭证的顺序号；"摘要"填写对所记录的经济业务的简要说明；"贷方科目"填写与收入现金或银行存款相对应的会计科目；"记账"是指该凭证已登记账簿的标记，防止经济业务事项重记或漏记；"金额"是指该项经济业务事项的发生额；该凭证右边"附件××张"是指本记账凭证所附原始凭证的张数；最下边分别由有关人员签章，以明确经济责任。

（2）付款凭证的编制要求。付款凭证的编制方法与收款凭证基本相同，只是左上角由

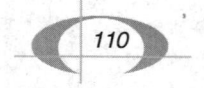

"借方科目"换为"贷方科目",凭证中间的"贷方科目"换为"借方科目"。

对于涉及"现金"和"银行存款"之间的经济业务,为避免重复一般只编制付款凭证,不编制收款凭证。在实际工作中,出纳人员在办理收款和付款业务后,应在凭证上加盖"收讫"或"付讫"的戳记,以避免重收重付。

(3) 转账凭证的编制要求。转账凭证将经济业务事项中所涉及全部会计科目,按照先借后贷的顺序计入"会计科目"栏中的"一级科目"和"二级及明细科目",并按应借、应贷方向分别计入"借方金额"或"贷方金额"栏。其他项目的填列与收、付款凭证相同。

(4) 编制专用记账凭证实例。例:根据上述方法和要求,编制 A 公司 2013 年下列经济业务的记账凭证:

① A 公司第六笔现金付款业务为:11 月 16 日以现金 168 929.60 元发放工资,原始凭证为"工资结算明细单"。

根据"工资结算明细单"原始凭证,填制付款凭证如表 5-15 所示。

② A 公司第三笔银行存款收款业务为:11 月 19 日销售给 B 公司防爆灯 100 支,单价 150 元,原始凭证"增值税专用发票"记账联及"银行存款记账单"。

根据"增值税专用发票"记账联及"银行存款记账单"两张原始凭证,编制收款凭证,如表 5-16 所示。

③ A 公司与货币资金无关的第 29 笔业务为:11 月 30 日计提本月的折旧费 8 090 元,其中车间折旧费 6 260 元,厂部折旧费 1 830 元,原始凭证为"折旧计算表"。

根据原始凭证"折旧计算表",编制转账凭证,如表 5-17 所示。

2. 通用记账凭证的填制。通用记账凭证的名称为"记账凭证"或"记账凭单"。它集收款、付款和转账凭证于一身,通用于收款、付款和转账等各种类型的经济业务。其格式及填制方法与转账凭证完全相同。

六、记账凭证的审核内容

1. 内容是否真实。审核是否按已审核无误的原始凭证填制记账凭证。记录的内容与所附原始凭证是否一致,金额是否相等;所附原始凭证的张数是否与记账凭证所列附件张数相符。

2. 项目是否齐全。审核记账凭证摘要是否填写清楚,日期、凭证编号、附件张数以及有关人员签章等各个项目填写是否齐全。若发现记账凭证的填制有差错或者填列不完整、签章不齐全,应查明原因,责令更正、补充或重填。只有经济审核无误的记账凭证,才能据以登记账簿。

3. 科目、金额是否正确。审核记账凭证所列会计科目(包括一级科目、明细科目)、应借、应贷方向和金额是否正确;借贷双方的金额是否平衡;明细科目金额之和与相应的总账科目的金额是否相等。

4. 书写是否正确。记账凭证的填制有特定的要求,编制记账凭证必须遵守这些规定。

第四节　会计凭证的传递与保管

一、会计凭证的传递

会计凭证的传递，是指各种会计凭证从填制、取得到归档保管为止的全部过程，即在企业、事业和行政单位内部有关人员和部门之间传送、交接的过程。

（一）会计凭证传递的作用

为了能够利用会计凭证，及时反映各项经济业务，提供会计信息，发挥会计监督的作用，必须正确、及时地进行会计凭证的传递，不得积压。正确组织会计凭证的传递，对于及时处理和登记经济业务，明确经济责任，实行会计监督，具有重要作用。从一定意义上说，会计凭证的传递起着在单位内部经营管理各环节之间协调和组织的作用。会计凭证传递程序是企业管理规章制度重要的组成部分，传递程序的科学与否，说明该企业管理的科学程序。其作用如下：

1. 有利于完善经济责任制度。经济业务的发生或完成及记录，是由若干责任人共同负责，分工完成的。会计凭证作为记录经济业务、明确经济责任的书面证明，体现了经济责任制度的执行情况。单位会计制度可以通过会计凭证传递程序和传递时间的规定，进一步完善经济责任制度，使各项业务的处理顺利进行。

2. 有利于及时进行会计记录。从经济业务的发生到账簿登记有一定的时间间隔，通过会计凭证的传递，使会计部门尽早了解经济业务发生和完成情况，并通过会计部门内部的凭证传递，及时记录经济业务，进行会计核算，实行会计监督。

（二）会计凭证传递的设计原则

合理组织会计凭证的传递，是会计管理制度的重要组成部分，也是企业经济管理的重要组成部分。会计凭证的传递关键在于会计凭证传递程序和传递时间的设计，设计时应遵循以下原则：

1. 内部牵制。会计凭证的传递要能满足内部控制制度的要求，必须遵循内部牵制原则。内部牵制原则是企业建立内部控制的基本原则，主要是指办理经济业务的各项工作要分解给不同的人去做，从而使不同人员的工作能够自动复核，达到相互制约、相互监督的目的，最终做到避免和发现错误与舞弊的目的。

2. 明确各种会计凭证的传递程序和方法。单位应根据具体情况制定每一种凭证的传递程序和方法。不同单位的机构设置和人员构成不尽相同，因此需要根据各单位经济业务的特点、企业内部机构组织、人员分工情况，以及经营管理的需要，从完善内部牵制制度的角度出发，规定各种会计凭证的传递流程，防止一人包办，尤其钱、物、账分管，同时建立复核查对制度。组织会计凭证传递，还必须根据办理业务手续所需的时间，规定会计凭证在各个环节的停留时间，保证经济业务及时记录。

二、会计凭证的保管

会计凭证是重要的会计档案和经济资料，每个单位都要建立保管制度，妥善保管。对各种会计凭证要分门别类、按照编号顺序整理，装订成册。封面上要注明会计凭证的名称、起讫号、时间以及有关人员的签章。原始凭证较多时可单独装订，但应在凭证封面上注明所述记账凭证的日期、编号和种类，同时在所属的记账凭证上应注明"附件另订"及原始凭证的名称和编号，以便查阅。要妥善保管好会计凭证，严格遵守会计凭证保管期限的要求，在保管期间会计凭证不得外借，期满前不得任意销毁，对超过所规定期限（一般是15年）的会计凭证，要严格依照有关程序销毁。需永久保留的有关会计凭证，不能销毁。

第五节 制造业经济业务应用实例

以制造业发生的经济业务为例，完成从原始凭证的识别、审核到填制记账凭证的整个过程。

景荣公司成立于2013年12月，由华景园公司与智达公司共同出资，各出资50%，注册资金600 000元，景荣公司的法人是朱甲兵，出纳为李平、会计为周红，会计主管是吕艳。

2013年12月发生以下经济业务：

【例5-1】12月1日，收到华景园公司投入的货币资金投资300 000元，款项存入银行。本业务的会计分录如下：

借：银行存款　　　　　　　　　　　　　　　　　　　　300 000
　　贷：实收资本——华景园公司　　　　　　　　　　　　　300 000

本业务涉及如下两张原始凭证（见表5-18、表5-19）：

表 5-18 中国工商银行进账单（收账通知）

2013 年 12 月 1 日　　　　　　　　　　　第 1 号

付款人	全称	华景园公司	收款人	全称	景荣公司
	账号或地址	63393378911		账号或地址	20010726056
	开户银行	工行永定路分理处		开户银行	工行北京分行昌平支行

人民币（大写）：叁拾万元整　　　￥300000.00（千百十万千百十元角分）

票据种类	转账支票
票据张数	1张

单位主管　　会计　　复核　　记账

中国工商银行北京分行昌平支行　2013.12.1　转　收款人开户银行盖章

此联是收款人开户银行给收款人的收账通知

表 5-19　　　　　　　　出 资 证 明　　　　　　　　编号：001

公司名称：景荣公司

登记日期：2013 年 12 月 10 日

注册资本：人民币陆拾万元整

股东名称：华景园公司

认缴的出资额：人民币叁拾万元整

出资日期：2013 年 12 月 1 日已全部缴足，全部为货币资金。

出资比例：注册资金的 50%

公司（盖章）　　　　　　　　　　　　　　法定代表人（签章）

核发日期：2013 年 12 月 1 日

根据上述的原始凭证，填制专用记账凭证如表 5-20 所示。

表 5-20　　　　　　　　　　　　收 款 凭 证

借方科目：银行存款　　　　　　2013 年 12 月 1 日　　　　　　银收 字第 1 号

摘　要	贷方科目	明细科目	√	金　额（千 百 十 万 千 百 十 元 角 分）
收到投资款	实收资本	华景园公司		3 0 0 0 0 0 0 0
合　计				￥ 3 0 0 0 0 0 0 0

附单据 2 张

财务主管 吕艳　记账 周红　出纳 李平　会计 吕艳　制单 周红

【例 5-2】12 月 2 日，智达公司以一栋厂房（资产评估机构评估确认价值为 200 000 元）和一项专有技术（经资产评估机构评估确认价值为 100 000 元）作为投资。本业务的会计分录如下：

　　借：固定资产　　　　　　　　　　　　　　　　　200 000
　　　　无形资产　　　　　　　　　　　　　　　　　100 000
　　　　贷：实收资本—智达公司　　　　　　　　　　　　　　300 000

本业务涉及如下三张原始凭证（见表 5-21、表 5-22、表 5-23）：

表 5-21　　　　　　　　　　　固定资产投资交接单

2013 年 12 月 2 日

名称	规格	单位	数量	预计使用年限	已使用年限	原值	已提折旧	评估价值
厂房		栋	1	50	10	250 000.00	50 000.00	200 000.00
调出单位	（签字有效） 财务主管：张拥 经办人：赵玉				调入单位	（签字有效） 财务主管：吕艳 经办人：李平		

115

表 5-22 　　　　　　　　　　　　　　无形资产投资交接单　　　　　　　　　　　2013 年 12 月 2 日

名称	规格	单位	数量	预计使用年限	评估价值
专有技术	ZL-001	项	1	10	100 000.00

调出单位	（签字有效） 财务主管：张 拥 经办人：赵 玉	调入单位	（签字有效） 财务主管：吕 艳 经办人：赵 平

表 5-23 　　　　　　　　　　　　　　　出 资 证 明　　　　　　　　　　　　　　　编号：002

公司名称：景荣公司
登记日期：2013 年 12 月 10 日
注册资本：人民币陆拾万元整
股东名称：智达公司
认缴的出资额：人民币叁拾万元整
出资日期：依合同投资一栋厂房出资（评估价值人民币贰拾万元）和一项专有技术投资（评估价值人民币壹拾万元），2013 年 12 月 2 日已全部缴足。
出资比例：注册资金的 50%

公司（盖章）　　　　　　　　　　　　　　　　　　法定代表人（签章）
核发日期：2013 年 12 月 1 日

根据上述的原始凭证，填制专用记账凭证如表 5-24 所示：

表 5-24 　　　　　　　　　　　　　　　转 账 凭 证　　　　　　　　　　　　　　　转字 1 号
　　　　　　　　　　　　　　　　　　　　2013 年 12 月 2 日

摘要	总账科目	明细科目	√	借方金额 千百十万千百十元角分	√	贷方金额 千百十万千百十元角分
收到智达公司投资	固定资产	厂房		2 0 0 0 0 0 0 0		
	无形资产	专有技术		1 0 0 0 0 0 0 0		
	实收资本	智达公司				3 0 0 0 0 0 0 0
合　计				¥ 3 0 0 0 0 0 0 0		¥ 3 0 0 0 0 0 0 0

附单据 3 张

财务主管 吕艳　　　记账 周红　　　审核 吕艳　　　制单 周红

【例 5-3】 12 月 3 日，从北京第一机床厂购入不需要安装的机器设备（机床）一台，买价 20 000 元，增值税 3 400 元，运杂费支出 1 600 元。全部支出已用银行存款支付。本业务的会计分录如下：

借：固定资产　　　　　　　　　　　　　　　　　　　　　　　　　21 600
　　应缴税费—应缴增值税（进项税额）　　　　　　　　　　　　　　3 400
　　贷：银行存款　　　　　　　　　　　　　　　　　　　　　　　　　　25 000

本业务涉及如下三张原始凭证（见图 5-13、表 5-25、表 5-26）：

```
中国工商银行转账支票存根
支票号码    100001110
科    目_____
对方科目_____
签发日期    2013 年 12 月 3 日
收款人：北京第一机床厂
金额：25 000 元
用途：设备款
单位主管 吕 艳   会计 李 平
```

图 5-13　转财支票存根

表 5-25　　　　　　　　　　北京市增值税专用发票
　　　　　　　　　　　　　　　　发　票　联

开票日期：2013 年 12 月 31 日　　　　　　　　　　　　　　　　　No 20023568

购货单位	名称	景荣公司	纳税人登记号	11011210210022O
	地址、电话	北京市昌平区马池口 22 号 6075××××	开户银行及账号	工行北京分行昌平支行 20010726056

货物或应税劳务名称	计量单位	数量	单价	金额 十万千百十元角分	税率(%)	税额 万千百十元角分
机床	台	1	20 000	2 0 0 0 0 0 0	17	3 4 0 0 0 0
合　计				¥ 2 0 0 0 0 0 0		¥ 3 4 0 0 0 0
价税合计（大写）	贰万参仟肆佰元整					¥ 23 400.00
销货单位	名称	北京第一机床厂	纳税人登记号	110106005566099	李 平
	地址、电话	北京市经济开发区	开户银行及账号	工行北京分行永达分理处	

（发票专用章：北京第一机床厂　税号：110106005566099）

收款人：张 亮　　　　　　　　　　　　　　　　　开票单位（未盖章无效）

表 5-26   运杂费结算收据
                         2013 年 12 月 3 日   第 1203 号

发货单位	北京第一机床厂			备注	
收货单位	景荣公司				
承运单位	北京第一机床厂	车号：蓝 N366		吨位	
货物件数	机床一台	运费：￥1 600.00		人民币（大写）	壹仟陆佰元整
收款单位	北京第一机床厂			经办人	陈强

根据上述的原始凭证，填制专用会计凭证如表 5-27 所示：

表 5-27   付 款 凭 证
贷方科目 银行存款   2013 年 12 月 3 日   银付 字第 1 号

摘要	借方科目	明细科目	√	金额 千 百 十 万 千 百 十 元 角 分	
购买车床一台	固定资产	车床		2 1 6 0 0 0 0	附单据3张
	应缴税费	应缴增值税（进项税额）		3 4 0 0 0 0	
合 计				￥ 2 5 0 0 0 0 0	

财务主管 吕艳   记账 周红   出纳 李平   审核 吕艳   制单 周红

【例 5-4】12 月 3 日向银行借款 150 000 元，期限 3 个月，年利率 5.2%，款项存入银行。本业务会计分录如下：
　　借：银行存款   150 000
　　　　贷：短期借款   150 000
本业务涉及如下一张原始凭证（见表 5-28）：

表 5-28　　　　　　　　中国工商银行借款借据（收账通知）

科目　　　　　　　　　　2013 年 12 月 3 日　　　银行编号　第 NO.2012034 号

借款人	景荣公司	年利率	5.2%	放款账号	
				结算账号	工行北京分行昌平支行 20010726056

借款金额（大写）：壹拾伍万元整　　　　￥ 1 5 0 0 0 0 0 0（千百十万千百十元角分）

借款用途	生产用款	约定还款日期	2014 年 3 月 2 日

上列款项已核准发放，并已转入账户。
　此致

中国工商银行北京分行昌平支行　2013.12.3
转
银行盖章（盖章有效）
2013 年 12 月 3 日

此联由银行盖章后退回借款单位收执

根据上述的原始凭证，填制专用会计凭证如表 5-29 所示：

表 5-29　　　　　　　　　　　收　款　凭　证

借方科目　**银行存款**　　　　2013 年 12 月 3 日　　　　　银收　字第 2 号

摘　　要	贷方科目	明细科目	√	金　　额（千百十万千百十元角分）
向银行借款	短期借款	工行		1 5 0 0 0 0 0 0
合　　计				￥ 1 5 0 0 0 0 0 0

附单据 1 张

财务主管 吕艳　记账 周红　出纳 李平　审核 吕艳　制单 周红

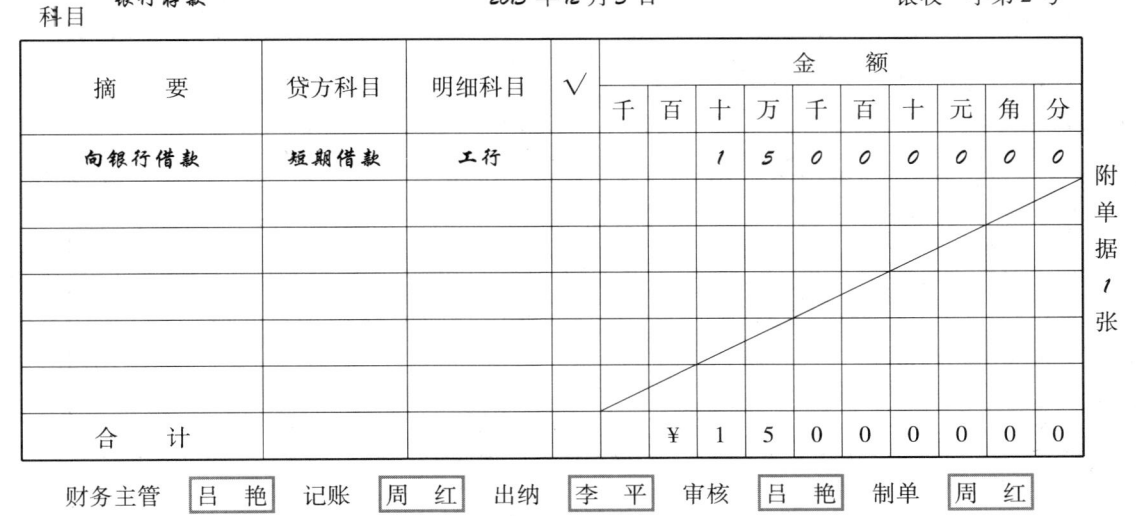

【例 5-5】12 月 11 日，景荣公司从工商银行借入两年期借款 120 000 元，年利率 9%，到期一次还本付息。本业务会计分录如下：

　　借：银行存款　　　　　　　　　　　　　　　　　　　　　120 000
　　　　贷：长期借款——本金　　　　　　　　　　　　　　　　　　120 000
本业务涉及如下一张原始凭证（见表 5-30）：

表 5-30　　　　　　　　　　中国工商银行借款借据（收账通知）
科目　　　　　　　　　　　　2013 年 12 月 11 日　　　银行编号　第 NO.2012036 号

借款人	景荣公司	年利率	9%	放款账号									
				结算账号	工行北京分行昌平支行20010726056								

借款金额（大写）：壹拾贰万元整	千	百	十	万	千	百	十	元	角	分
			¥	1	2	0	0	0	0	0

借款用途	生产用款	约定还款日期	2015 年 12 月 10 日

上列款项已核准发放，并已转入账户。
　　此致

中国工商银行北京分行昌平支行
2013.12.11
转
银行盖章（盖章有效）
2013 年 12 月 11 日

此联由银行盖章后退回借款单位收执

根据上述的原始凭证，填制专用会计凭证如表 5-31 所示：

表 5-31　　　　　　　　　　　　收　款　凭　证
借方
科目　*银行存款*　　　　　　2013 年 12 月 11 日　　　　　　银收　字第 3 号

摘　要	贷方科目	明细科目	√	金　额
				千 百 十 万 千 百 十 元 角 分
向银行借款	长期借款	工行（本金）		1 2 0 0 0 0 0 0
合　　计				¥ 1 2 0 0 0 0 0 0

附单据 1 张

财务主管 吕艳　　记账 周红　　出纳 李平　　审核 吕艳　　制单 周红

【例 5-6】12 月 11 日从银行提取现金 5 000 元备用。本业务会计分录如下：
　　借：库存现金　　　　　　　　　　　　　　　　　　　　　　　　5 000
　　　　贷：银行存款　　　　　　　　　　　　　　　　　　　　　　　　5 000
本业务涉及如下一张原始凭证（见图 5-14）：

第五章　会计凭证

```
中国工商银行现金支票存根
支票号码    000002116
科    目_____
对方科目_____
签发日期  2013 年 12 月 11 日
收款人：景荣公司
金额：5 000 元
用　途：备用金
单位主管 吕艳   会计 李平
```

图 5-14　现金支票存根

根据上述的原始凭证，填制专用会计凭证如表 5-32 所示：

表 5-32　　　　　　　　　　付　款　凭　证

贷方科目：银行存款　　　　2013 年 12 月 11 日　　　　银付　字第 2 号

摘　要	借方科目	明细科目	√	金　额（千百十万千百十元角分）
提备用金	库存现金			5 0 0 0 0 0
合　计				¥ 5 0 0 0 0 0

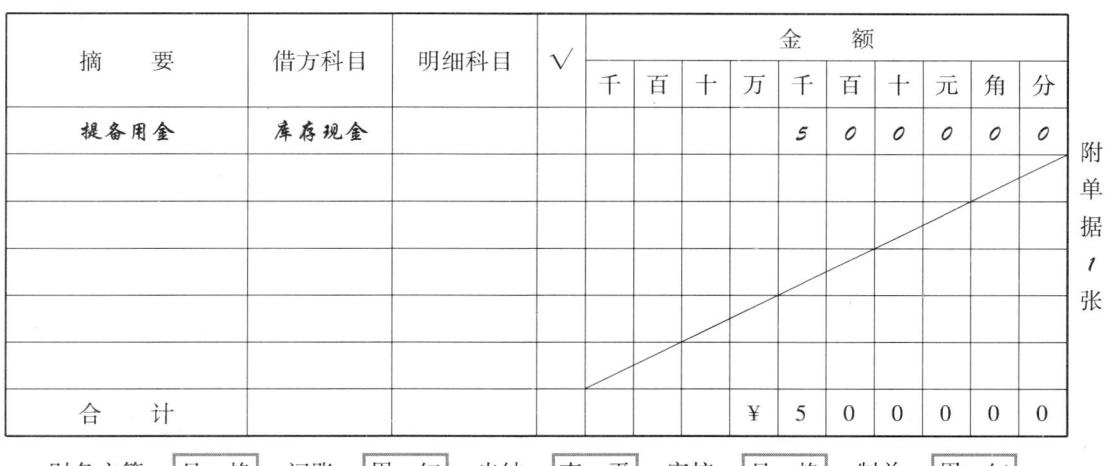

附单据 1 张

财务主管 吕艳　记账 周红　出纳 李平　审核 吕艳　制单 周红

注意：对于涉及"现金"和"银行存款"之间的经济业务，为避免重复一般只编制付款凭证，不编收款凭证。

【例 5-7】12 月 11 日采购员王玉出差预借差旅费 1 400 元。本业务会计分录如下：
　　借：其他应收款—王玉　　　　　　　　　　　　　　　1 400
　　　　贷：库存现金　　　　　　　　　　　　　　　　　　　　　1 400
本业务涉及如下一张原始凭证（见表 5-33）：

121

表 5－33　　　　　　　　　　　　　借 款 单
　　　　　　　　　　　　　　　2013 年 12 月 11 日　　　　　　　　　　　　　　部门：采购部

借款人姓名	王 玉	职务	采购员
借款理由	差旅费	借款方式	现金
人民币（大写）	壹仟肆佰元整	￥1 400.00	
核准	兵朱印甲	会计	吕 艳	出纳	李 平	借款人	王 玉

根据上述的原始凭证，填制专用会计凭证如表 5－34 所示：

表 5－34　　　　　　　　　　　　　付 款 凭 证

贷方科目　库存现金　　　　　　　2013 年 12 月 11 日　　　　　　现付　字第 1 号

摘 要	借方科目	明细科目	√	金 额 (千 百 十 万 千 百 十 元 角 分)
王玉借差旅费	其他应收款	王 玉		1 4 0 0 0 0
合 计				￥ 1 4 0 0 0 0

附单据 1 张

财务主管 吕 艳　记账 周 红　出纳 李 平　审核 吕 艳　制单 周 红

【例 5－8】12 月 11 日，从北京星光公司购进丙材料 500 千克，单价 60 元，计 30 000 元，增值税进项税额 5 100（30 000×17%）元，款项已通过银行存款支付，材料尚未到达。本业务会计分录如下：

　　借：在途物资—丙材料　　　　　　　　　　　　　30 000
　　　　应缴税费—应缴增值税（进项税额）　　　　　 5 100
　　　　贷：银行存款　　　　　　　　　　　　　　　35 100
本业务涉及如下两张原始凭证（见图 5－15、表 5－35）：

第五章 会计凭证

```
中国工商银行转账支票存根
支票号码    100001111
科    目_____
对方科目_____
签发日期  2013 年 12 月 11 日
┌─────────────────────────────┐
│ 收款人： 北京星光公司           │
├─────────────────────────────┤
│ 金额： 35 100 元                │
├─────────────────────────────┤
│ 用  途： 材料款                 │
└─────────────────────────────┘
单位主管 吕 艳   会计 李 平
```

图 5-15 转账支票存根

表 5-35　　　　　　　　　北京市增值税专用发票
发　票　联

开票日期：2013 年 12 月 11 日　　　　　　　　　　　　　　　　　　　　　　　No 2012899

购货单位	名 称	景荣公司			纳税人登记号					11011210210 0220							
	地址、电话	北京市昌平区马池口 22号 6075××××			开户银行及账号					工行北京分行昌平支行 20010726056							

货物或应税劳务名称	计量单位	数量	单价	金　额									税率(%)	税　额						
				十	万	千	百	十	元	角	分			万	千	百	十	元	角	分
丙材料	千克	500	60		3	0	0	0	0	0	0	17			5	1	0	0	0	0
合　计				¥	3	0	0	0	0	0	0				5	1	0	0	0	0
价税合计（大写）	叁万伍仟壹佰元整											¥：35 100.00							

销货单位	名 称	北京星光公司	纳税人登记号	110106005463579
	地址、电话	北京市经济开发区	开户银行及账号	工行北京分行昌平分理处

收款人：付小娟　　　　　　　　　　　　　　　　　　　开票单位（未盖章无效）

（印章：北京星光公司 税号：110106005463579 发票专用章）

第二联 发票联

根据上述的原始凭证，填制专用会计凭证如表 5-36 所示：

表 5-36   付 款 凭 证

贷方科目 银行存款   2013年12月11日   银付 字第 3 号

摘要	借方科目	明细科目	√	金额 千 百 十 万 千 百 十 元 角 分	
购买丙材料	在途物资	丙材料		3 0 0 0 0 0 0	附单据2张
	应缴税费	应缴增值税（进项税额）		5 1 0 0 0 0	
合　　计				¥ 3 5 1 0 0 0 0	

财务主管 吕艳　　记账 周红　　出纳 李平　　审核 吕艳　　制单 周红

【例 5-9】12 月 12 日，用银行存款支付丙材料运杂费 1 200 元。本业务会计分录如下：
借：在途物资—丙材料　　　　　　　　　　　　　　　　　　　1 200
　　贷：银行存款　　　　　　　　　　　　　　　　　　　　　　　　　1 200
本业务涉及如下两张原始凭证（见图 5-16、表 5-37）：

中国工商银行转账支票存根
支票号码　100001112
科　　目 _____
对方科目 _____
签发日期　2013 年 12 月 12 日
收款人：北京星光公司
金额：1 200 元
用　途：运杂款
单位主管 吕艳　会计 李平

图 5-16　转账支票存根

表 5-37　　　　　　　　　　　　　　运杂费结算收据
2013 年 12 月 12 日　　　　　　　　　　　　　　　　第 1122 号

发货单位	北京星光公司		备注	
收货单位	景荣公司			
承运单位	北京星光公司	车号：黄 N257	吨位	
货物件数	丙材料 5 件	运费：￥1 200.00	人民币（大写）	壹仟贰佰元整
收款单位	北京星光公司		经办人	张建

根据上述的原始凭证，填制专用会计凭证如表 5-38 所示：

表 5-38　　　　　　　　　　　　　　付　款　凭　证

贷方科目　*银行存款*　　　　　　2013 年 12 月 12 日　　　　　　　银付　字第 4 号

摘　　要	借方科目	明细科目	√	金　　额 千 百 十 万 千 百 十 元 角 分
支付丙材料运费	在途物资	丙材料		1 2 0 0 0 0
合　　计				￥ 1 2 0 0 0 0

附单据 2 张

财务主管　吕 艳　　记账　周 红　　出纳　李 平　　审核　吕 艳　　制单　周 红

【例 5-10】 12 月 13 日，丙材料运抵景荣公司，并办理的入库手续。本业务会计分录如下：

借：原材料—丙材料　　　　　　　　　　　　　　　　　　　　　　　　31 200
　　贷：在途物资—丙材料　　　　　　　　　　　　　　　　　　　　　　　　31 200

本业务涉及如下一张原始凭证（见表 5-39）：

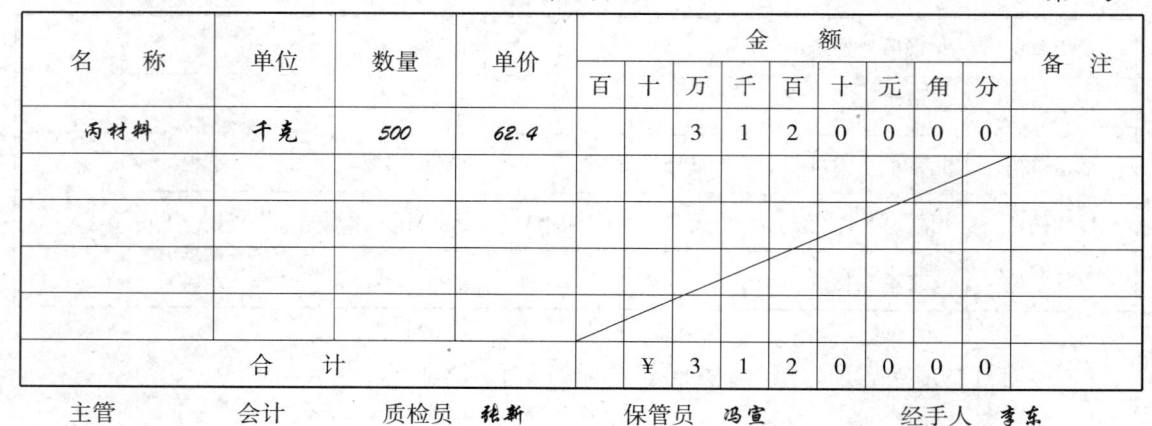

表 5-39   收 料 单
                         2013 年 12 月 13 日   第 1 号

名称	单位	数量	单价	金额 百 十 万 千 百 十 元 角 分	备注
丙材料	千克	500	62.4	3 1 2 0 0 0 0	
	合 计			¥ 3 1 2 0 0 0 0	

主管   会计   质检员 张新   保管员 冯宣   经手人 李东

根据上述的原始凭证，填制专用记账凭证如表 5-40 所示：

表 5-40   转 账 凭 证
                         2013 年 12 月 13 日   转字 2 号

摘要	总账科目	明细科目	√	借方金额 千百十万千百十元角分	√	贷方金额 千百十万千百十元角分
丙材料验收入库	原材料	丙材料		3 1 2 0 0 0 0		
	在途物资	丙材料				3 1 2 0 0 0 0
				¥ 3 1 2 0 0 0 0		¥ 3 1 2 0 0 0 0

附单据 1 张

财务主管 吕艳   记账 周红   审核 吕艳   制单 周红

【例 5-11】12 月 14 日，景荣公司从大兴宇宙公司购入甲、乙两种材料。甲材料 1 000 千克，单价 50 元，计 50 000 元；乙材料 1 300 千克，单价 100 元，计 130 000 元。买价共计 180 000 元，增值税进项税额 30 600（180 000×17%）元。两种材料的运费共计 5 520 元，上述款项采用商业承兑汇票结算，企业开出并承兑 6 个月商业承兑汇票一张，材料验收入库。

甲材料分担的运费 = 5 520×1 000/(1 000+1 300) = 2 400（元）
乙材料分担的运费 = 5 520×1 300/(1 000+1 300) = 3 120（元）
甲材料的成本 = 50 000+2 400 = 52 400（元）
乙材料的成本 = 130 000+3 120 = 133 120（元）

本业务会计分录如下：

借：原材料——甲材料　　　　　　　　　　　　　　52 400
　　　　　——乙材料　　　　　　　　　　　　　　133 120
　　应缴税费——应缴增值税（进项税额）　　　　　30 600
　　贷：应付票据——大兴宇宙公司　　　　　　　　216 120

本业务涉及如下四张原始凭证（见表5-41、表5-42、表5-43、表5-44）：

表5-41　　　　　　　　　　北京市增值税专用发票
　　　　　　　　　　　　　　　发　票　联

开票日期：2013年12月14日　　　　　　　　　　　　　　　　№ 2012669

购货单位	名称	景荣公司	纳税人登记号	11011210210O220
	地址、电话	北京市昌平区马池口22号 6075××××	开户银行及账号	工行北京分行昌平支行 2001O726056

货物或应税劳务名称	计量单位	数量	单价	金额	税率(%)	税额
甲材料	千克	1 000	50	5 0 0 0 0 0 0	17	8 5 0 0 0 0
乙材料	千克	1 300	100	1 3 0 0 0 0 0 0	17	2 2 1 0 0 0 0
合　计				1 8 0 0 0 0 0 0		3 0 6 0 0 0 0

价税合计（大写）　贰拾壹万陆仟壹佰贰拾元整　　　　　　　　￥216 120.00

销货单位	名称	大兴宇宙公司	纳税人登记号	110106005650624
	地址、电话	北京市经济开发区	开户银行及账号	工行北京昌平支行

收款人：王红　　　　　　　　　　　　　　　开票单位（未盖章无效）

表5-42　　　　　　　　　　运杂费结算收据
　　　　　　　　　　　　2013年12月14日　　　　　　　　　　　第1122号

发货单位	大兴宇宙公司		备注	
收货单位	景荣公司			
承运单位	大兴宇宙公司	车号：黄N257	吨位	
货物件数	10件	运费：￥5 520.00	人民币（大写）	伍仟伍佰贰拾元整
收款单位	大兴宇宙公司		经办人	石星

表 5-43

商业承兑汇票

出票日期（大写）贰零壹参年壹拾贰月壹拾肆日　　　号码：3027

付款人	全 称	景荣公司	收款人	全 称	大兴宇宙公司
	账 号	20010726056		账 号	60078217046
	开户行	工行北京昌平支行 行号		开户行	工行北京大兴支行 行号

汇票金额	人民币 贰拾壹万陆仟壹佰贰拾元整	千 百 十 万 千 百 十 元 角 分 ¥ 2 1 6 1 2 0 0

| 汇票到期日（大写） | 贰零壹零年陆月壹拾肆日 | 付款行 | 行号 | |
| 交易合同编码 | 066 | | 地址 | 工行北京昌平支行 |

备注：

中国工商银行北京分行昌平支行　转讫

表 5-44

收 料 单

2009年12月14日　　　　第2号

名 称	单位	数量	单价	金　　额 百 十 万 千 百 十 元 角 分	备注
甲材料	千克	1000	52.4	5 2 4 0 0 0 0	
乙材料	千克	1300	102.4	1 3 3 1 2 0 0 0	
合　　计				¥ 1 8 5 5 2 0 0 0	

主管　　　会计　　　质检员 张新　　　保管员 冯宣　　　经手人 李东

根据上述的原始凭证，填制专用记账凭证如表 5-45 所示：

表 5-45

转 账 凭 证

2013年12月14日　　　　转字3号

摘 要	总账科目	明细科目	√	借方金额 千百十万千百十元角分	√	贷方金额 千百十万千百十元角分
购买甲乙材料	原材料	甲材料		5 2 4 0 0 0 0		
		乙材料		1 3 3 1 2 0 0 0		
	应缴税费	应缴增值税（进项税额）		3 0 6 0 0 0 0		
	应付票据	大兴宇宙公司				2 1 6 1 2 0 0 0
				¥ 2 1 6 1 2 0 0 0		¥ 2 1 6 1 2 0 0 0

附单据 4 张

财务主管 吕艳　　　记账 周红　　　审核 吕艳　　　制单 周红

【例5-12】12月14日，以银行存款40 000元向北京星光公司预付购买丙材料货款。本业务会计分录如下：

　　借：预付账款—北京星光公司　　　　　　　　　　　　　40 000
　　　　贷：银行存款　　　　　　　　　　　　　　　　　　　　　　40 000

本业务涉及如下一张原始凭证（见图5-17）：

```
中国工商银行转账支票存根
支票号码    100001113
科    目 _____
对方科目 _____
签发日期  2013 年 12 月 14 日
收款人：北京星光公司
金　额：40 000 元
用　途：预付材料款
单位主管 吕 艳    会计 李 平
```

图5-17　转账支票存根

根据上述的原始凭证，填制专用会计凭证如表5-46所示：

表5-46　　　　　　　　　付　款　凭　证

贷方科目：银行存款　　　2013年12月14日　　　　银付　字第5号

摘　要	借方科目	明细科目	√	金　额（千百十万千百十元角分）
预付购料款	预付账款	星光公司		￥ 4 0 0 0 0 0 0
合　计				￥ 4 0 0 0 0 0 0

附单据 1 张

财务主管 吕艳　　记账 周红　　出纳 李平　　审核 吕艳　　制单 周红

【例5-13】12月15日，景荣公司又从大兴宇宙公司购入甲材料600千克，单价50元，计30 000元，增值税进项税额5 100（30 000×17%），运费1 440元，款项尚未支付，材料验收入库。

本业务会计分录如下：

借：原材料—甲材料　　　　　　　　　　　　　　　　　　　31 440
　　应缴税费—应缴增值税（进项税额）　　　　　　　　　　　5 100
　　　贷：应付账款—大兴宇宙公司　　　　　　　　　　　　　　　　36 540

本业务涉及如下三张原始凭证（见表5-47、表5-48、表5-49）：

表5-47　　　　　　　　　　　　　运杂费结算收据
　　　　　　　　　　　　　　　　　2013年12月15日　　　　　　　　　　　　　第1122号

发货单位	大兴宇宙公司		备注	
收货单位	景荣公司			
承运单位	大兴宇宙公司	车号：黄N257	吨位	
货物件数	3件	运费：¥1 440.00	人民币（大写）	壹仟肆佰肆拾元整
收款单位	大兴宇宙公司		经办人	石星

表5-48　　　　　　　　　　　　　北京市增值税专用发票

开票日期：2013年12月15日　　　　　　　　　　　　　　　　　　　　　No 2012676

购货单位	名称	景荣公司		纳税人登记号	11011210210022							
	地址、电话	北京市昌平区马池口22号6075××××		开户银行及账号	工行北京分行昌平支行20010726056							

货物或应税劳务名称	计量单位	数量	单价	金额 十万千百十元角分	税率(%)	税额 万千百十元角分
甲材料	千克	600	50	3 0 0 0 0 0 0	17	5 1 0 0 0 0
合计				¥3 0 0 0 0 0 0		¥5 1 0 0 0 0
价税合计（大写）		叁万伍仟壹佰元整				¥35 100.00

销货单位	名称	大兴宇宙公司	纳税人登记号	110106005650624
	地址、电话	北京市经济开发区	开户银行及账号	工行北京昌平支行

收款人：王红　　　　　　　　　　　　　　　　　　　　　开票单位（未盖章无效）

表 5-49　　　　　　　　　　　　　收 料 单

2013 年 12 月 15 日　　　　　　　　　　　　　　第 3 号

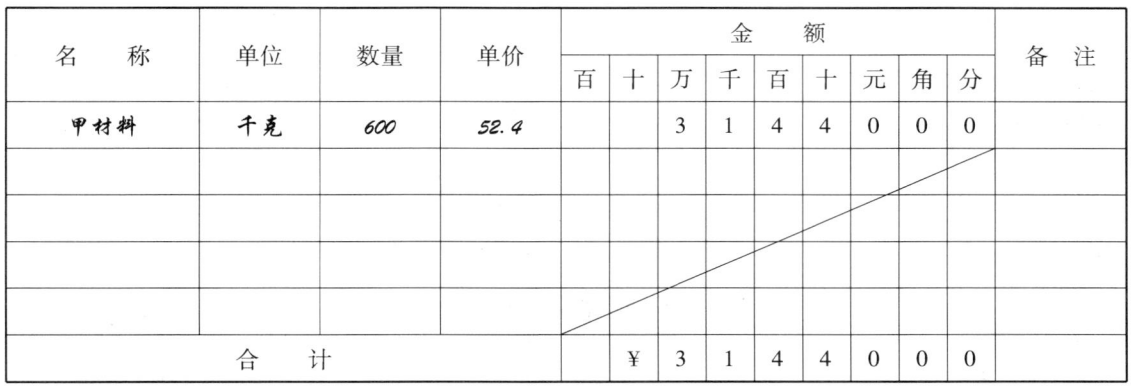

名 称	单位	数量	单价	金　额										备 注
				百	十	万	千	百	十	元	角	分	
甲材料	千克	600	52.4			3	1	4	4	0	0	0	
合　　　　计				¥		3	1	4	4	0	0	0	

主管　　　会计　　　质检员 **张新**　　　保管员 **冯宣**　　　经手人 **李东**

根据上述的原始凭证，填制专用记账凭证如表 5-50 所示：

表 5-50　　　　　　　　　　　　　转 账 凭 证

2013 年 12 月 15 日　　　　　　　　　　　　　　转字 4 号

摘　要	总账科目	明细科目	√	借方金额										√	贷方金额										
				千	百	十	万	千	百	十	元	角	分		千	百	十	万	千	百	十	元	角	分
购买甲材料	原材料	甲材料					3	1	4	4	0	0	0											
	应缴税费	应缴增值税（进项税额）						5	1	0	0	0	0											
	应付账款	大兴宇宙公司																	3	6	5	4	0	0	0
							¥	3	6	5	4	0	0	0				¥	3	6	5	4	0	0	0

附单据 3 张

财务主管 吕艳　　　记账 周红　　　审核 吕艳　　　制单 周红

【例 5-14】 12 月 20 日，收到星光公司发运来的丙材料 500 千克，单价 60 元，计价款 30 000 元，增值税进项税额 5 100 元，运杂费 1 200 元，材料验收入库，货款冲销原预付账款 40 000 元。

本业务会计分录如下：

借：原材料—丙材料　　　　　　　　　　　　　　　　　　　　　31 200
　　应缴税费—应缴增值税（进项税额）　　　　　　　　　　　　　5 100
　　贷：预付账款—星光公司　　　　　　　　　　　　　　　　　　36 300

本业务涉及如下三张原始凭证（见表 5-51、表 5-52、表 5-53）：

表 5-51　　　　　　　　　　　运杂费结算收据　　　　　　　　　　　　　　　第 1128 号
　　　　　　　　　　　　　　　　2013 年 12 月 20 日

发货单位	北京星光公司		备注	
收货单位	景荣公司			
承运单位	北京星光公司	车号：黄 N257	吨位	里程
货物件数	丙材料 5 件	运费：￥1 200.00	人民币（大写）壹仟贰佰元整	
收款单位	北京星光公司		经办人	张建

表 5-52　　　　　　　　　　　北京市增值税专用发票

开票日期：2013 年 12 月 20 日　　　　　　　　　　　　　　　　　　No 2012923

购货单位	名　称	景荣公司	纳税人登记号	11011210210220
	地址、电话	北京市昌平区马池口22 号 6075××××	开户银行及账号	工行北京分行昌平支行 20010726056

货物或应税劳务名称	计量单位	数量	单价	金额 十万千百十元角分	税率（%）	税额 万千百十元角分
丙材料	千克	500	60	3 0 0 0 0 0 0	17	5 1 0 0 0 0
合　　计				￥3 0 0 0 0 0 0		5 1 0 0 0 0

价税合计（大写）　叁万伍仟壹佰元整　　　　　　　　　￥35 100.00

销货单位	名　称	北京星光公司	纳税人登记号	110106005463579
	地址、电话	北京市经济开发区	开户银行及账号	工行北京分行昌平分理处

收款人：付小娟　　　　　　　　　　　　　　　　　　开票单位（未盖章无效）

表 5-53　　　　　　　　　　　　收 料 单　　　　　　　　　　　　　　　第 4 号
　　　　　　　　　　　　　　　　2013 年 12 月 20 日

名　称	单位	数量	单价	金额 百十万千百十元角分	备注
丙材料	千克	500	62.4	3 1 2 0 0 0 0	
合　　计				￥3 1 2 0 0 0 0	

主管　　　　会计　　　　质检员 张新　　　　保管员 冯宣　　　　经手人 李东

根据上述的原始凭证，填制专用记账凭证如表5-54所示：

表 5-54　　　　　　　　　　　转　账　凭　证

2013 年 12 月 20 日　　　　　　　　　　　　　　　　　转字 5 号

摘　要	总账科目	明细科目	√	借方金额 千百十万千百十元角分	√	贷方金额 千百十万千百十元角分
收到丙材料	原材料	丙材料		3 1 2 0 0 0 0		
	应缴税费	应缴增值税 （进项税额）		5 1 0 0 0 0		
	预付账款	北京星光公司				3 6 3 0 0 0 0
				￥3 6 3 0 0 0 0		￥3 6 3 0 0 0 0

附单据 3 张

财务主管　吕　艳　　　记账　周　红　　　审核　吕　艳　　　制单　周　红

【例 5-15】12 月 25 日，收到星光公司退回剩余的预付款项。本业务会计分录如下：
借：银行存款　　　　　　　　　　　　　　　　　　　　　　　　　　3 700
　　贷：预付账款——北京星光公司　　　　　　　　　　　　　　　　　　3 700

本业务涉及如下一张原始凭证（见表 5-55）：

表 5-55　　　　　　　中国工商银行进账单（收账通知）

2013 年 12 月 25 日　　　　　　　　　　　　　　　　　第 2 号

付款人	全称	北京星光公司	收款人	全称	景荣公司
	账号或地址	2001073403		账号或地址	2001072605
	开户银行	工行北京分行昌平支行		开户银行	工行北京分行昌平支行

人民币（大写）：叁仟柒佰元整	千百十万千百十元角分 ￥　　　　　3 7 0 0 0 0

票据种类	转账支票	中国工商银行北京分行 昌平支行 2013.12.25 转 收款人开户银行盖章
票据张数	1 张	
单位主管　　会计　　复核　　记账		

此联是收款人开户银行给收款人的收账通知

根据上述的原始凭证，填制专用会计凭证如表 5-56 所示：

表 5-56　　　　　　　　　　　收　款　凭　证

借方科目　银行存款　　　　　2013 年 12 月 25 日　　　　　银收　字第 4 号

摘　要	贷方科目	明细科目	√	金额（千百十万千百十元角分）
收到多付的预付款	预付账款	北京星光公司		3 7 0 0 0 0
合　计				¥ 3 7 0 0 0 0

附单据 1 张

财务主管　吕 艳　　记账　周 红　　出纳　李 平　　审核　吕 艳　　制单　周 红

【例 5-16】12 月 30 日，结算本月应发工资总额为 60 000 元，其中生产 A 产品的生产工人的工资 30 000 元，生产 B 产品的生产工人的工资 20 000 元，车间管理人员的工资 4 000 元，厂部管理人员的工资 6 000 元。

本业务会计分录如下：

借：生产成本——A 产品　　　　　　　　　　　　　　　　30 000
　　　　　　　——B 产品　　　　　　　　　　　　　　　　20 000
　　制造费用　　　　　　　　　　　　　　　　　　　　　　4 000
　　管理费用　　　　　　　　　　　　　　　　　　　　　　6 000
　　贷：应付职工薪酬——工资　　　　　　　　　　　　　　60 000

本业务涉及如下一张原始凭证（见表 5-57）：

表 5-57　　　　　　　　　　　工资结算汇总表

2013 年 12 月 30 日　　　　　　　　　　　　　　　　　　单位：元

		生产工人	管理人员	合计
车间	生产工人——A	30 000		30 000
	生产工人——B	20 000		20 000
	管理人员		4 000	4 000
厂部	管理人员		6 000	6 000
合计		50 000	10 000	60 000

审核：吕 艳　　　　　　　　制单：李 平

根据上述的原始凭证,填制专用记账凭证如表 5-58 所示:

表 5-58　　　　　　　　　　　　　转　账　凭　证
　　　　　　　　　　　　　　　　　2013 年 12 月 30 日　　　　　　　　　　　　　　　转字 6 号

摘　　要	总账科目	明细科目	√	借方金额 千百十万千百十元角分	√	贷方金额 千百十万千百十元角分	
结算本月工资	生产成本	A 产品		3 0 0 0 0 0			附 单 据 1 张
		B 产品		2 0 0 0 0 0			
	制造费用	工资		4 0 0 0 0			
	管理费用	工资		6 0 0 0 0			
	应付职工薪酬	工资				6 0 0 0 0 0	
				¥ 6 0 0 0 0 0		¥ 6 0 0 0 0 0	

财务主管 吕 艳　　　记账 周 红　　　审核 吕 艳　　　制单 周 红

【例 5-17】12 月 31 日(月末),根据本月发料凭证汇总表,共耗用甲材料 70 000 元,其中,A 产品耗 40 000 元,B 产品耗用 30 000 元;共耗用乙材料 40 000 元,其中,A 产品耗用 20 000 元,B 产品耗用 20 000 元;车间一般耗用丙材料 10 000 元。本业务会计分录如下:

　　借:生产成本—A 产品　　　　　　　　　　　　　　　　　　　60 000
　　　　　　　　—B 产品　　　　　　　　　　　　　　　　　　　50 000
　　　　制造费用　　　　　　　　　　　　　　　　　　　　　　　10 000
　　　贷:原材料—甲材料　　　　　　　　　　　　　　　　　　　　70 000
　　　　　　　　—乙材料　　　　　　　　　　　　　　　　　　　40 000
　　　　　　　　—丙材料　　　　　　　　　　　　　　　　　　　10 000

本业务涉及如下四张原始凭证(见表 5-59、表 5-60、表 5-61、表 5-62):

表 5-59　　　　　　　　　　　　　　发料凭证汇总表
　　　　　　　　　　　　　　　　　2013 年 12 月 31 日　　　　　　　　　　　　　　单位:元

	甲材料	乙材料	丙材料	合计
A 产品	40 000	20 000		60 000
B 产品	30 000	20 000		50 000
车间			10 000	10 000
合计	70 000	40 000	10 000	120 000

审核: 吕 艳　　　　　　　　制单: 李 平

表 5-60

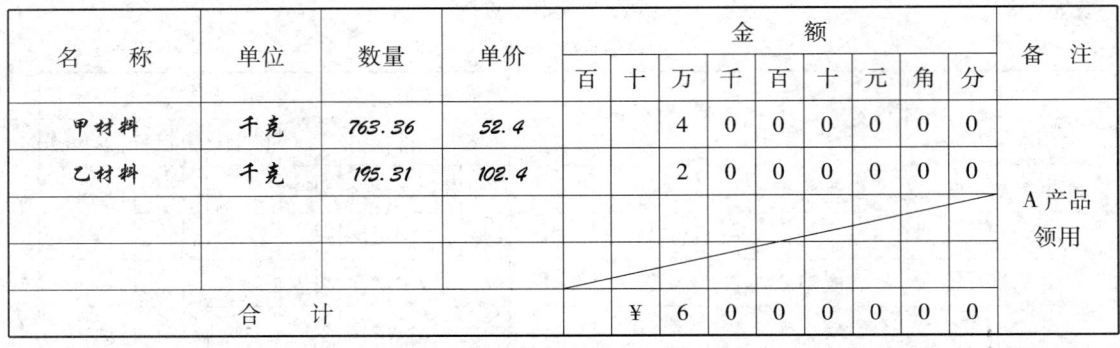

领 料 单

2013 年 12 月 31 日　　　　　　　　　　　　　　　　　　　　第 1 号

名　称	单位	数量	单价	金　额 百 十 万 千 百 十 元 角 分	备 注
甲材料	千克	763.36	52.4	4 0 0 0 0 0 0	A 产品领用
乙材料	千克	195.31	102.4	2 0 0 0 0 0 0	
合　计				¥ 6 0 0 0 0 0 0	

主管　　　　　会计　　　　质检员 张新　　　保管员 冯宣　　　经手人 刘鑫

表 5-61

领 料 单

2013 年 12 月 31 日　　　　　　　　　　　　　　　　　　　　第 2 号

名　称	单位	数量	单价	金　额 百 十 万 千 百 十 元 角 分	备 注
甲材料	千克	572.52	52.4	3 0 0 0 0 0 0	B 产品领用
乙材料	千克	195.31	102.4	2 0 0 0 0 0 0	
合　计				¥ 5 0 0 0 0 0 0	

主管　　　　　会计　　　　质检员 张新　　　保管员 冯宣　　　经手人 刘鑫

表 5-62

领 料 单

2013 年 12 月 31 日　　　　　　　　　　　　　　　　　　　　第 3 号

名　称	单位	数量	单价	金　额 百 十 万 千 百 十 元 角 分	备 注
丙材料	千克	160.26	62.4	1 0 0 0 0 0 0	车间领用
合　计				¥ 1 0 0 0 0 0 0	

主管　　　　　会计　　　　质检员 张新　　　保管员 冯宣　　　经手人 刘鑫

根据上述的原始凭证，填制专用记账凭证如表 5-63 所示：

表 5-63　　　　　　　　　　　转　账　凭　证
　　　　　　　　　　　　　　2013 年 12 月 31 日　　　　　　　　　　　　　　转字 7 号

摘　要	总账科目	明细科目	借方金额 千百十万千百十元角分	贷方金额 千百十万千百十元角分
领用材料	生产成本	A产品	6 0 0 0 0 0	
		B产品	5 0 0 0 0 0	
	制造费用	物料消耗	1 0 0 0 0 0	
	原材料	甲材料		7 0 0 0 0 0
		乙材料		4 0 0 0 0 0
		丙材料		1 0 0 0 0 0
			￥1 2 0 0 0 0 0	￥1 2 0 0 0 0 0

附单据 4 张

财务主管 吕 艳　　　记账 周 红　　　审核 吕 艳　　　制单 周 红

【例 5-18】12 月 31 日，计算本月应提折旧 2 624 元，其中，车间用固定资产应提 2 274 元，厂部用固定资产应提 350 元。

本业务会计分录如下：
借：制造费用—折旧费　　　　　　　　　　　　　　　　　　　　　　2 274
　　管理费用—折旧费　　　　　　　　　　　　　　　　　　　　　　　350
　　贷：累计折旧　　　　　　　　　　　　　　　　　　　　　　　　2 624

本业务涉及如下一张原始凭证（见表 5-64）：

表 5-64　　　　　　　　　　　固定资产折旧计算单
　　　　　　　　　　　　　　2013 年 12 月 31 日　　　　　　　　　　　　　　单位：元

固定资产类别	月折旧率 （%）	车间		厂部		合计
		原值	月折旧额	原值	月折旧额	月折旧额
机器设备	1.5	151 600	2 274			2 274
办公设备	0.5			70 000	350	350
合计		151 600	2 274	70 000	350	2 624

审核：吕 艳　　　　　　　　　　　　　　　　　　　　　　　　　　制单：李 平

根据上述的原始凭证，填制专用记账凭证如表 5-65 所示：

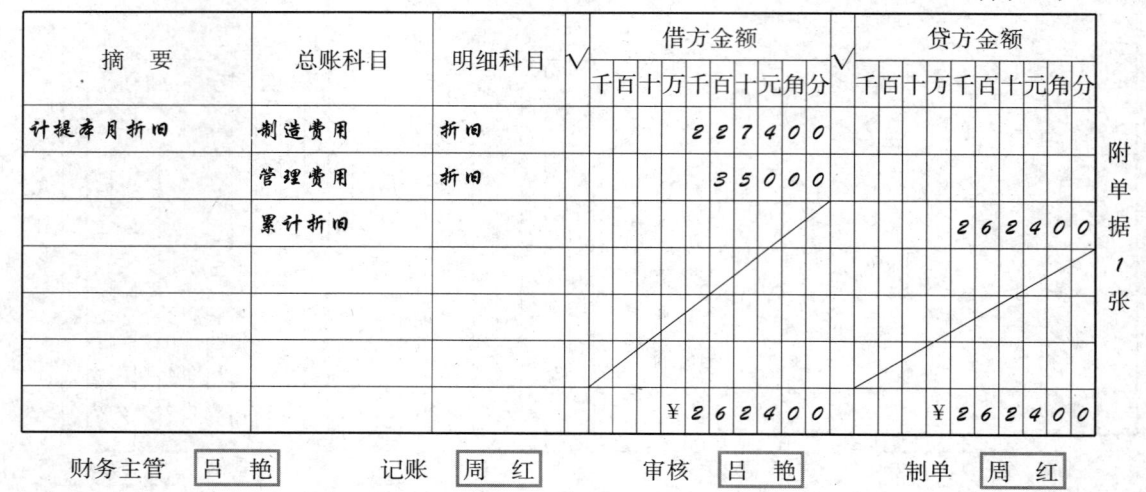

表 5-65   转 账 凭 证
                          2013 年 12 月 31 日   转字 8 号

摘要	总账科目	明细科目	√	借方金额 千百十万千百十元角分	√	贷方金额 千百十万千百十元角分
计提本月折旧	制造费用	折旧		2 2 7 4 0 0		
	管理费用	折旧		3 5 0 0 0		
	累计折旧					2 6 2 4 0 0
				¥2 6 2 4 0 0		¥2 6 2 4 0 0

附单据 1 张

财务主管 吕艳   记账 周红   审核 吕艳   制单 周红

【例 5-19】12 月 31 日，以银行存款预付 3 个月的车间排污费 6 000 元。
本业务会计分录如下：
借：其他应收款—排污费   6 000
　　贷：银行存款   6 000
本业务涉及如下一张原始凭证（见图 5-18）：

```
中国工商银行转账支票存根
支票号码  100001114
科　目＿＿＿＿＿＿＿
对方科目＿＿＿＿＿＿
签发日期  2013 年 12 月 31 日
收款人：北京市环保局城
　　　　市排水管理局
金额：6 000 元
用　途：付 3 个月排污费
单位主管 吕艳   会计 李平
```

图 5-18 转账支票存根

根据上述的原始凭证，填制专用会计凭证如表 5-66 所示：

表 5-66　　　　　　　　　　　　付 款 凭 证

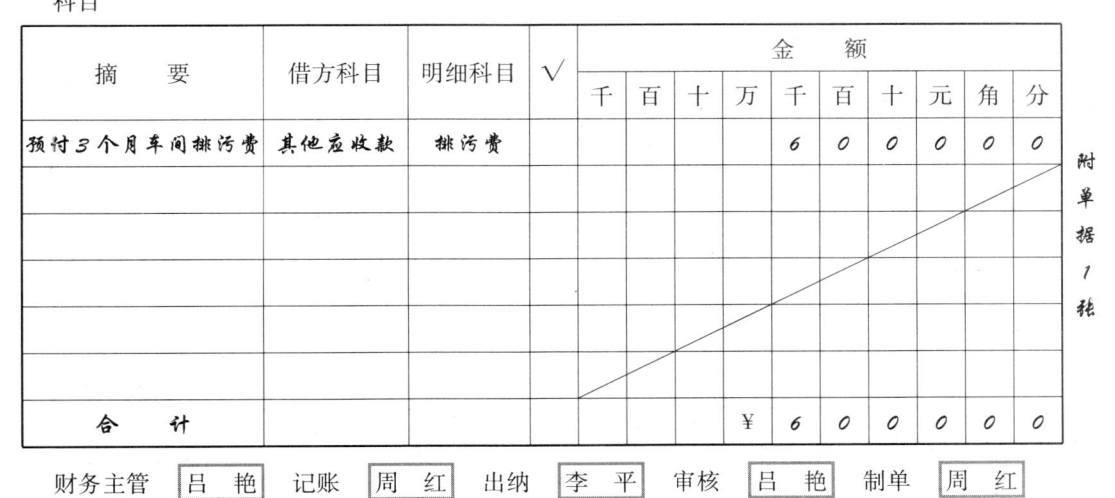

贷方科目：银行存款　　　　　　2013 年 12 月 31 日　　　　　　银付 字第 6 号

摘　要	借方科目	明细科目	√	金　额 千 百 十 万 千 百 十 元 角 分
预付 3 个月车间排污费	其他应收款	排污费		6 0 0 0 0 0
合　计				¥ 　　6 0 0 0 0 0

附单据 1 张

财务主管 吕艳　　记账 周红　　出纳 李平　　审核 吕艳　　制单 周红

【例 5-20】月末，摊销本月的车间排污费。本业务会计分录如下：

借：制造费用　　　　　　　　　　　　　　　　　　　　　　　2 000
　　贷：其他应收款—排污费　　　　　　　　　　　　　　　　　　　2 000

本业务涉及如下一张原始凭证（见表 5-67）：

表 5-67　　　　　　　　北京市企业事业单位统一收据
　　　　　　　　　　　　　　收 据 联

　　　　　　　　　　　　　　　　　　　　　　　　　　　　No 2012234

交款单位：景荣公司　　　　　　　　　　　　　　2013 年 12 月 31 日

收款内容	单位金额	总合金额 十 万 千 百 十 元 角 分	备注
排污费		2 0 0 0 0 0	
合计	人民币贰仟元整	¥ 2 0 0 0 0 0	

第二联收据联

开票单位：北京市环保局城市排水管理局　　地址：北京　　　　收款人：李白萍

根据上述的原始凭证，填制专用记账凭证如表 5-68 所示：

139

表 5-68   转 账 凭 证
                         2013 年 12 月 31 日   转字 9 号

摘 要	总账科目	明细科目	√	借方金额 千百十万千百十元角分	√	贷方金额 千百十万千百十元角分
摊销本月车间排污费	制造费用	排污费		2 0 0 0 0 0		
	其他应收款	排污费				2 0 0 0 0 0
				¥ 2 0 0 0 0 0		¥ 2 0 0 0 0 0

附单据 1 张

财务主管 吕艳   记账 周红   审核 吕艳   制单 周红

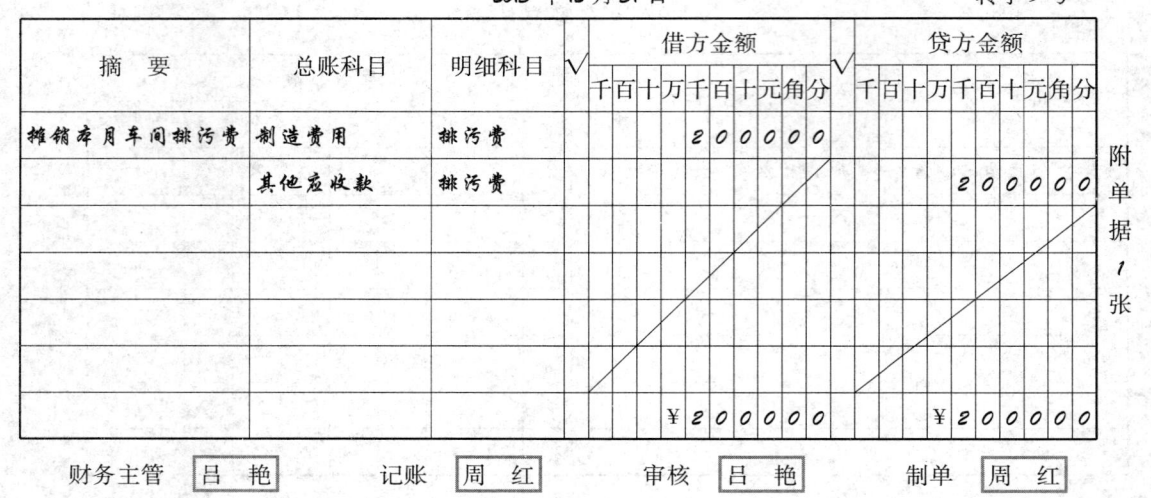

【例 5-21】 12 月 31 日，用现金支付车间用办公用品费 740 元。
本业务会计分录如下：
借：制造费用——办公费　　　　　　　　　　　　　　　　740
　　贷：库存现金　　　　　　　　　　　　　　　　　　　　740
本业务涉及如下一张原始凭证（见表 5-69）：

表 5-69   北京市商业企业统一发票
                              发 票 联
                                                        No 201267
客户：景荣公司   2013 年 12 月 31 日

项目	摘要	单位	数量	单价	总合金额 十万千百十元角分	备注
办公用品					7 4 0 0 0	
合计	人民币柒佰肆拾元整				¥ 7 4 0 0 0	

第二联 收据联

企业（盖章）　　　　　　　财务 王雪　　　　　开票 章艳

根据上述的原始凭证，填制专用会计凭证如表 5-70 所示：

表5-70   付　款　凭　证

贷方科目　库存现金   2013年12月31日   现付　字第2号

摘　要	借方科目	明细科目	√	金额 千 百 十 万 千 百 十 元 角 分	
购车间办公用品	制造费用	办公费		7 4 0 0 0	附单据1张
合　计				¥　　　　　7 4 0 0 0	

财务主管 吕艳　记账 周红　出纳 李平　审核 吕艳　制单 周红

【例5-22】12月31日，将本月发生的制造费用总额分配转入"生产成本"账户，制造费用采用按生产工人的工资比例予以分配。

制造费用 = 4 000 + 10 000 + 2 274 + 2 000 + 740 = 19 014（元）
A产品分担的制造费用 = 19 014 × 30 000/(30 000 + 20 000) = 11 408.40（元）
B产品分担的制造费用 = 19 014 × 20 000/(30 000 + 20 000) = 7 605.60（元）

本业务会计分录如下：

借：生产成本—A产品　　　　　　　　　　　　　　　　　　　　11 408.40
　　　　　　—B产品　　　　　　　　　　　　　　　　　　　　 7 605.60
　　贷：制造费用　　　　　　　　　　　　　　　　　　　　　　　　　　19 014

本业务涉及如下一张原始凭证（见表5-71）：

表5-71   制造费用分配表
                         2013年12月31日

产品名称	单位工资分配率	生产工人工资（元）	分配费用（元）
A产品	0.38028	30 000	11 408.40
B产品	0.38028	20 000	7 605.60
合计	0.38028	50 000	19 014.00

审核：吕艳　　　　　　　　　　　　　　　　　　　　　　制单：李平

根据上述的原始凭证，填制专用记账凭证如表5-72所示：

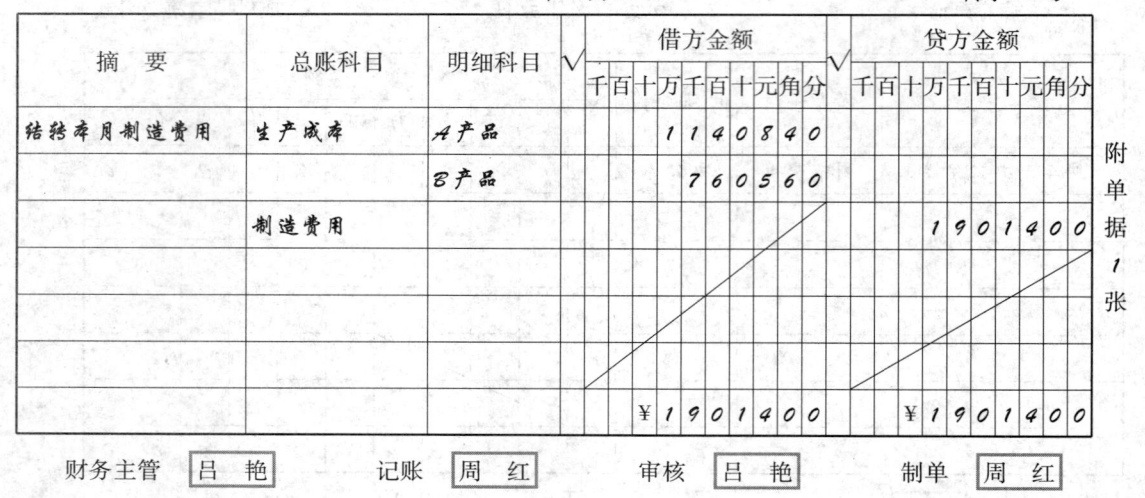

表 5-72   转 账 凭 证
                            2013 年 12 月 31 日   转字 10 号

摘 要	总账科目	明细科目	借方金额 千百十万千百十元角分	贷方金额 千百十万千百十元角分
结转本月制造费用	生产成本	A 产品	1 1 4 0 8 4 0	
		B 产品	7 6 0 5 6 0	
	制造费用			1 9 0 1 4 0 0
			¥ 1 9 0 1 4 0 0	¥ 1 9 0 1 4 0 0

附单据 1 张

财务主管 吕 艳   记账 周 红   审核 吕 艳   制单 周 红

【例 5-23】 12 月 31 日，计算并结转已完工验收入库产成品的生产成本。该企业本月生产 A、B 两种产品均已完工，其中：A 产品本月完工 150 件，B 产品本月完工 100 件。

产品成本 = 直接材料 + 直接人工 + 结转的制造费用

A 产品的成本 = 60 000 + 30 000 + 11 408.40 = 101 408.40（元）

B 产品的成本 = 50 000 + 20 000 + 7 605.60 = 77 605.60（元）

本业务会计分录如下：

借：库存商品——A 产品   101 408.40
         ——B 产品   77 605.60
    贷：生产成本——A 产品   101 408.40
                ——B 产品   77 605.60

本业务涉及如下两张原始凭证（见表 5-73、表 5-74）：

表 5-73   产品成本计算汇总表
              2013 年 12 月 31 日   完工程度 100%

产品	成本项目			总成本 （元）	完工产品 （件）	单位成本 （元）
	直接材料 （元）	直接人工 （元）	制造费用 （元）			
A 产品	60 000	30 000	11 408.40	101 408.40	150	676.056
B 产品	50 000	20 000	7 605.60	77 605.60	100	776.056

审核：吕 艳   制单：李 平

表 5-74　　　　　　　　　　　　　入　库　单
2013 年 12 月 31 日　　　　　　　　　　　　　第 5 号

名　称	单位	数量	单价	金额（百/十/万/千/百/十/元/角/分）	备注
A 产品	件	150	676.056	1 0 1 4 0 8 4 0	
B 产品	件	100	776.056	7 7 6 0 5 6 0	
			合计	¥ 1 7 9 0 1 4 0 0	

主管　　　会计　　　质检员 **张新**　　　保管员 **冯宣**　　　经手人 **李东**

根据上述的原始凭证，填制专用记账凭证如表 5-75 所示：

表 5-75　　　　　　　　　　　　　转　账　凭　证
2013 年 12 月 31 日　　　　　　　　　　　　　转字 11 号

摘　要	总账科目	明细科目	借方金额（千百十万千百十元角分）	贷方金额（千百十万千百十元角分）
结转本月完工产品成本	库存商品	A 产品	1 0 1 4 0 8 4 0	
		B 产品	7 7 6 0 5 6 0	
	生产成本	A 产品		1 0 1 4 0 8 4 0
		B 产品		7 7 6 0 5 6 0
			¥ 1 7 9 0 1 4 0 0	¥ 1 7 9 0 1 4 0 0

附单据 2 张

财务主管 **吕艳**　　　记账 **周红**　　　审核 **吕艳**　　　制单 **周红**

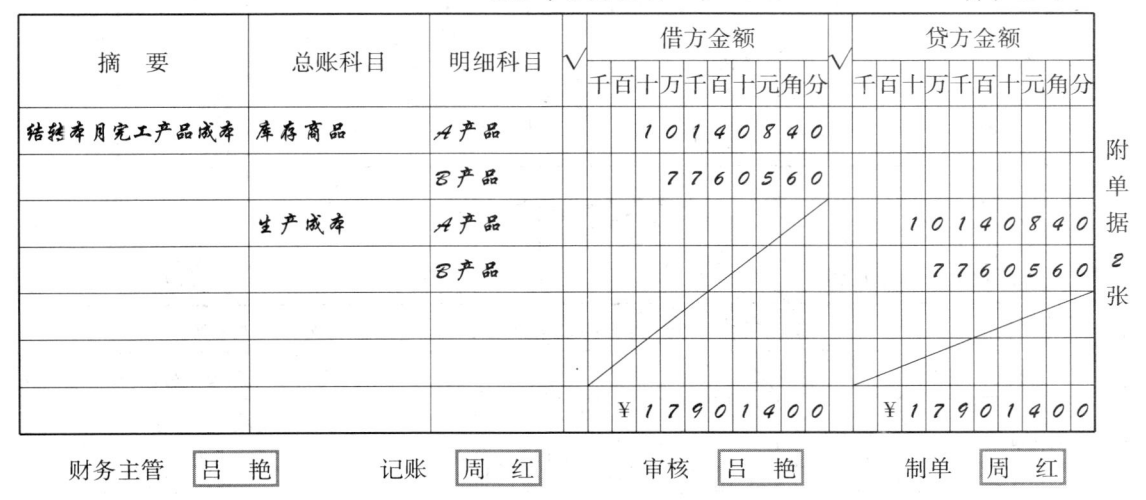

【例 5-24】12 月 31 日，向名人公司销售 A 产品 100 件，单价 1 000 元，增值税发票上注明价款 100 000 元，增值税 17 000 元；销售 B 产品 30 件，单价 2 000 元，增值税发票上注明价款 60 000 元，增值税 10 200 元。货已发出，款项已通过银行转账收讫。

本业务确认销售收入的会计分录如下：

　　借：银行存款　　　　　　　　　　　　　　　　　　　　　187 200
　　　　贷：主营业务收入——A 产品　　　　　　　　　　　　　100 000
　　　　　　　　　　　　——B 产品　　　　　　　　　　　　　 60 000
　　　　　　应缴税费——应缴增值税（销项税额）　　　　　　　 27 200

本业务结转销售成本的会计分录如下：

借：主营业务成本——A 产品　　　　　　　　　　　　　　　　　67 605.60
　　　　　　　　——B 产品　　　　　　　　　　　　　　　　　23 281.68
　　贷：库存商品——A 产品　　　　　　　　　　　　　　　　　67 605.60
　　　　　　　　——B 产品　　　　　　　　　　　　　　　　　23 281.68

本业务涉及如下三张原始凭证（见表 5-76、表 5-77、表 5-78）：

表 5-76　　　　　　　　　中国工商银行进账单（收账通知）

2013 年 12 月 31 日　　　　　　　　　　　第 3 号

付款人	全称	名人公司	收款人	全称	景荣公司
	账号或地址	20010737883		账号或地址	20010726056
	开户银行	工行北京分行昌平支行		开户银行	工行北京分行昌平支行

人民币（大写）：壹拾捌万柒仟贰佰元整　　　千百十万千百十元角分
　　　　　　　　　　　　　　　　　　　　　　　1 8 7 2 0 0 0 0

| 票据种类 | 转账支票 |
| 票据张数 | 1 张 |

收款人开户银行盖章：中国工商银行北京分行昌平支行　2013.12.26　转讫

单位主管　会计　复核　记账

此联是收款人开户银行给收款人的收账通知

表 5-77　　　　　　　　　北京市增值税专用发票

发票联

开票日期：2013 年 12 月 31 日　　　　　　　　　No 2012653

购货单位	名称	名人公司	纳税人登记号	110112102130621
	地址、电话	北京	开户银行及账号	工行北京昌平支行 20010737833

货物或应税劳务名称	计量单位	数量	单价	金额（十万千百十元角分）	税率（%）	税额（万千百十元角分）
A 产品	件	100	1 000	1 0 0 0 0 0 0 0	17	1 7 0 0 0 0 0
B 产品	件	30	2 000	6 0 0 0 0 0 0	17	1 0 2 0 0 0 0
合计				1 6 0 0 0 0 0 0		2 7 2 0 0 0 0

价税合计（大写）：壹拾捌万柒仟贰佰元整　　　　　　¥ 187 200.00

销货单位	名称	景荣公司	纳税人登记号	110112102100220
	地址、电话	北京市昌平区马池口	开户银行及账号	工行北京分行昌平支行

收款人：李平　　　　　　　　　　　　　　开票单位（未盖章无效）

第二联　记账联

表 5-78　　　　　　　　　　　　　　　出　库　单
2013 年 12 月 31 日　　　　　　　　　　　　　　　　　　　　第 1 号

名　称	单位	数量	单价	金　额 百 十 万 千 百 十 元 角 分	备注
A 产品	件	100	676.056	6 7 6 0 5 6 0	
B 产品	件	30	776.056	2 3 2 8 1 6 8	
		合　计		￥　9 0 8 8 7 2 8	

主管　　　　　会计　　　　　质检员 张新　　　　保管员 冯宣　　　　经手人 王刚

根据上述进账单和销售发票记账联两张原始凭证，填制确认销售收入专用记账凭证如表 5-79 所示：

表 5-79　　　　　　　　　　　　　　　收　款　凭　证
借方　
科目　银行存款　　　　　　　　2013 年 12 月 31 日　　　　　　　　　银收　字第 5 号

摘　要	贷方科目	明细科目	√	金　额 千 百 十 万 千 百 十 元 角 分	
销售产品	主营业务收入	A 产品		1 0 0 0 0 0 0	附单据2张
		B 产品		6 0 0 0 0 0	
	应缴税费	应缴增值税（销项税额）		2 7 2 0 0 0	
合　计				￥ 1 8 7 2 0 0 0	

财务主管 吕艳　　记账 周红　　出纳 李平　　审核 吕艳　　制单 周红

根据上述出库单一张原始凭证，填制结转销售成本的专用记账凭证如表 5-80 所示：

表 5-80　　　　　　　　　　　　　转 账 凭 证
2013 年 12 月 31 日　　　　　　　　　　　转字 12 号

摘　要	总账科目	明细科目	借方金额	贷方金额
结转已销售产品成本	主营业务成本	A 产品	6 760 5 60	
		B 产品	2 328 1 68	
	库存商品	A 产品		6 760 5 60
		B 产品		2 328 1 68
			¥ 9 088 7 28	¥ 9 088 7 28

附单据 1 张

财务主管　吕 艳　　　记账　周 红　　　审核　吕 艳　　　制单　周 红

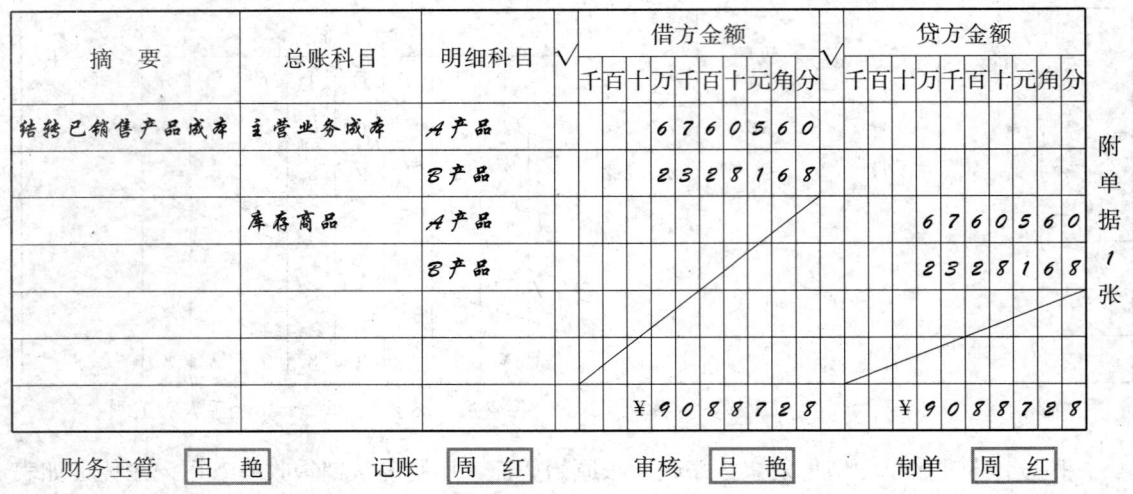

【例 5-25】12 月 31 日，向蓝岛公司销售 A 产品 40 件，单价 1 000 元，增值税发票上注明的价款 40 000 元，增值税 6 800 元；向蓝岛公司销售 B 产品 20 件，单价 2 000 元，增值税发票上注明的价款 40 000 元，增值税 6 800 元。货已发出并办妥托收手续，款项尚未收到。

本业务确认销售收入的会计分录如下：
借：应收账款——蓝岛公司　　　　　　　　　　　　　　　　　　93 600
　　贷：主营业务收入——A 产品　　　　　　　　　　　　　　　　40 000
　　　　　　　　　　——B 产品　　　　　　　　　　　　　　　　40 000
　　　　应缴税费——应缴增值税（销项税额）　　　　　　　　　　13 600
本业务结转销售成本的会计分录如下：
借：主营业务成本——A 产品　　　　　　　　　　　　　　　　　27 042.24
　　　　　　　　——B 产品　　　　　　　　　　　　　　　　　15 521.12
　　贷：库存商品——A 产品　　　　　　　　　　　　　　　　　　27 042.24
　　　　　　　　——B 产品　　　　　　　　　　　　　　　　　15 521.12
本业务涉及如下三张原始凭证（见表 5-81、表 5-82、表 5-83）：

表 5-81　　　　　　　　　　　　　北京市增值税专用发票
　　　　　　　　　　　　　　　　　　　发 票 联

开票日期：2013 年 12 月 31 日　　　　　　　　　　　　　　　　　№ 2012653

购货单位	名　称	蓝岛公司			纳税人登记号								110121021503 93						
	地址、电话	北京			开户银行及账号								工行北京昌平支行 20010765421						
货物或应税劳务名称		计量单位	数量	单价	金　额								税率(%)	税　额					
					十	万	千	百	十	元	角	分		万	千	百	十	元	角	分
A产品		件	40	1 000		4	0	0	0	0	0	0	17		6	8	0	0	0	0
B产品		件	20	2 000		4	0	0	0	0	0	0			6	8	0	0	0	0
合　计					¥	8	0	0	0	0	0	0		1	3	6	0	0	0	0
价税合计（大写）		玖万叁仟陆佰元整											¥：93 600.00							
销货单位	名　称	景荣公司			纳税人登记号								110112102100220							
	地址、电话	北京市昌平区马池口			开户银行及账号								工行北京分行昌平支行							

收款人：李 平　　　　　　　　　　　　　　　　　　开票单位（未盖章无效）

第二联　记账联

表 5-82　　　　　　　　　　　　　　　出　库　单
　　　　　　　　　　　　　　　　　2013 年 12 月 31 日　　　　　　　　　　　　　第 2 号

名　称	单位	数量	单价	金　额								备　注
				百	十	万	千	百	十	元	角	分	
A产品	件	40	676.056			2	7	0	4	2	2	4	
B产品	件	20	776.056			1	5	5	2	1	1	2	
合计				¥	4	2	5	6	3	3	6		

主管　　　　会计　　　　质检员 张新　　　保管员 冯宣　　　经手人 李琦

表 5-83　　　　　　　　　ICBC 中国工商银行　　　　托收凭证（受理回单）
委托日期　2013 年 12 月 31 日　　　　　NO：000863

委托业务	委托收款（√）	托收承付（　）		
付款人	全称	蓝岛公司	收款人 全称	景荣公司
	账号或地址	20010765421	账号或地址	20010726056
	开户银行	工行北京分行昌平支行	开户银行	工行北京分行昌平支行

人民币（大写）：玖万叁仟陆佰元整	千	百	十	万	千	百	十	元	角	分
				9	3	6	0	0	0	0

票据种类	销售商品
合同号	2378
单位主管　　会计　　复核　　记账	

中国工商银行北京分行昌平支行　收款人开户银行盖章　2013.12.31　转讫

此联是收款人开户银行给收款人的收账通知

根据上述销售发票记账联和委托收款受理回单两张原始凭证，填制确认销售收入专用记账凭证如表 5-84 所示：

表 5-84　　　　　　　　　　　转　账　凭　证
2013 年 12 月 31 日　　　　　　　　　转字 13 号

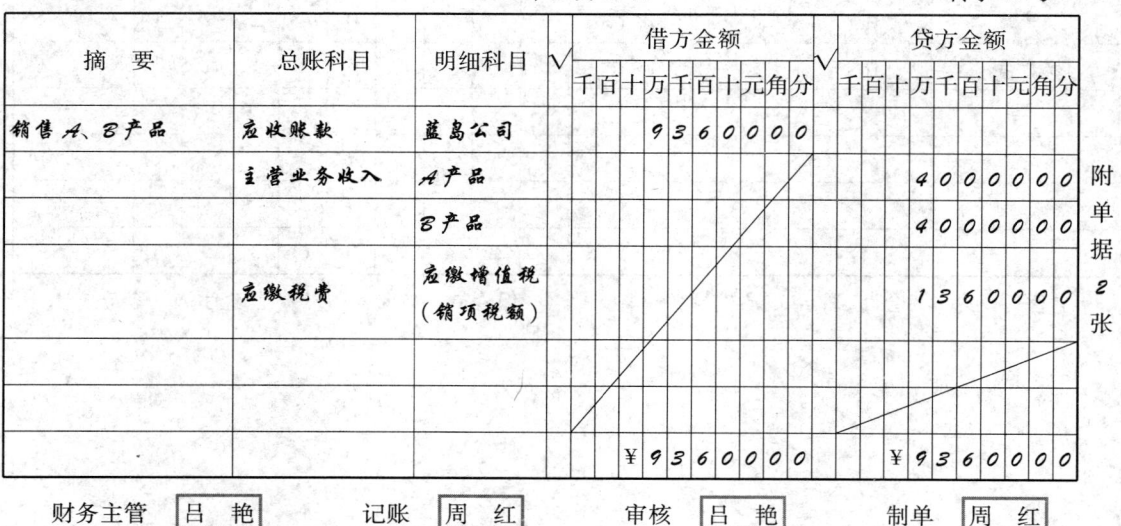

摘要	总账科目	明细科目	借方金额 千百十万千百十元角分	贷方金额 千百十万千百十元角分
销售 A、B 产品	应收账款	蓝岛公司	9 3 6 0 0 0 0	
	主营业务收入	A 产品		4 0 0 0 0 0 0
		B 产品		4 0 0 0 0 0 0
	应缴税费	应缴增值税（销项税额）		1 3 6 0 0 0 0
			￥9 3 6 0 0 0 0	￥9 3 6 0 0 0 0

财务主管　吕艳　　记账　周红　　审核　吕艳　　制单　周红

附单据 2 张

根据上述出库单 1 张原始凭证,填制结转销售成本的专用记账凭证如表 5-85 所示:

表 5-85　　　　　　　　　　　转　账　凭　证
2013 年 12 月 31 日　　　　　　　　　　　　　　　转字 14 号

摘　要	总账科目	明细科目	借方金额 千百十万千百十元角分	贷方金额 千百十万千百十元角分
结转已销售产品成本	主营业务成本	A 产品	2 7 0 4 2 2 4	
		B 产品	1 5 5 2 1 1 2	
	库存商品	A 产品		2 7 0 4 2 2 4
		B 产品		1 5 5 2 1 1 2
			¥ 4 2 5 6 3 3 6	¥ 4 2 5 6 3 3 6

附单据 1 张

财务主管 吕 艳　　　　记账 周 红　　　　审核 吕 艳　　　　制单 周 红

【例 5-26】12 月 31 日向福宁公司销售 B 产品 50 件,单价 2 000 元,增值税发票上注明的价款 100 000 元,增值税 17 000 元,另以银行存款代垫运杂费 3 000 元,共计 120 000 元,收到福宁公司按应付金额签发并承兑的银行承兑汇票,货已发出,汇票 6 个月以后到期。

本业务确认销售收入的会计分录如下:
借:应收票据—福宁公司　　　　　　　　　　　　　　　　　　117 000
　　贷:主营业务收入—B 产品　　　　　　　　　　　　　　　　　　100 000
　　　　应缴税费—应缴增值税(销项税额)　　　　　　　　　　　　17 000
本业务代垫运费的会计分录如下:
借:应收票据—福宁公司　　　　　　　　　　　　　　　　　　3 000
　　贷:银行存款　　　　　　　　　　　　　　　　　　　　　　　　3 000
本业务结转销售成本的会计分录如下:
借:主营业务成本—B 产品　　　　　　　　　　　　　　　　　38 802.80
　　贷:库存商品—B 产品　　　　　　　　　　　　　　　　　　　　38 802.80
本业务涉及如下四张原始凭证(见表 5-86、表 5-87、图 5-19、表 5-88):

表5-86

银行承兑汇票

出票日期：贰零壹叁年壹拾贰月叁拾壹日

汇票号码：033

付款人	全称	福宁公司	收款人	全称	景荣公司
	账号	20010764389		账号	20010726056
	开户银行	工行北京昌平支行		开户银行	工行北京分行昌平支行

汇票金额（大写）	人民币壹拾贰万元整	千 百 十 万 千 百 十 元 角 分 ¥ 1 2 0 0 0 0 0 0
汇票到期日（大写）	贰零壹零年陆月贰拾捌日	交易合同号码　201206
本汇票请你行承兑，到期如无条件付款。 出票人签章		本汇票已经承兑，到期由本行付款。 承兑行签章

表5-87

北京市增值税专用发票

发票联

开票日期：2013年12月31日　　　　　　　　　　　No 2012654

购货单位	名称	福宁公司	纳税人登记号	11012102173053
	地址、电话	北京	开户银行及账号	工行北京昌平支行20010764389

货物或应税劳务名称	计量单位	数量	单价	金额 十万千百十元角分	税率（%）	税额 万千百十元角分
B产品	件	50	2 000	1 0 0 0 0 0 0 0	17	1 7 0 0 0 0 0
合计				1 0 0 0 0 0 0 0		1 7 0 0 0 0 0

第二联 记账联

价税合计（大写）	壹拾壹万柒仟元整	税号：11011210210220　　¥：117 000.00

销货单位	名称	景荣公司	纳税人登记号	11011202100220
	地址、电话	北京市昌平区马池口	开户银行及账号	工行北京分行昌平支行

收款人：李 平　　　　　　　　　　　　　　　　　开票单位（未盖章无效）

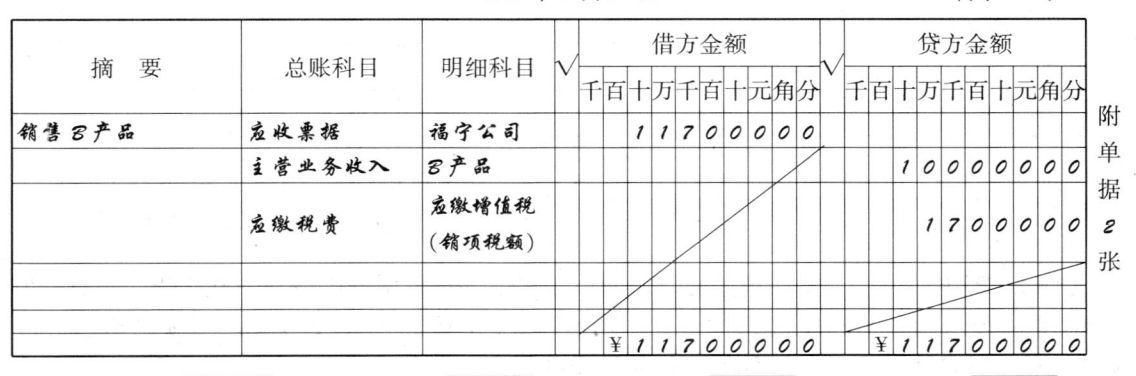

```
        中国工商银行转账支票存根
        支票号码    100001115
        科    目_____
        对方科目_____
        签发日期  2013 年 12 月 31 日
        收款人： 运输公司
        金  额： 3 000 元
        用  途： 代垫运费
        单位主管 吕 艳    会计 李 平
```

图 5-19　转账支票存根

表 5-88　　　　　　　　　　　　出　库　单

2013 年 12 月 31 日　　　　　　　　　　　　　　　　　　　　　　　　　　第 3 号

名　称	单位	数量	单价	金　额 百 十 万 千 百 十 元 角 分	备注
B 产品	件	50	776.056	3 8 8 0 2 8 0	
			合计	¥ 3 8 8 0 2 8 0	

主管　　　　会计　　　　质检员 张新　　　保管员 冯宣　　　经手人 李琦

根据上述销售发票记账联、银行承兑汇票两张原始凭证，填制确认销售收入专用记账凭证如表 5-89 所示：

表 5-89　　　　　　　　　　　　转　账　凭　证

2013 年 12 月 31 日　　　　　　　　　　　　　　　　　　　　　　　　　转字 15 号

摘　要	总账科目	明细科目	√	借方金额 千百十万千百十元角分	√	贷方金额 千百十万千百十元角分	
销售 B 产品	应收票据	福宁公司		1 1 7 0 0 0 0 0			附单据 2 张
	主营业务收入	B 产品				1 0 0 0 0 0 0 0	
	应缴税费	应缴增值税 （销项税额）				1 7 0 0 0 0 0	
				¥ 1 1 7 0 0 0 0 0		¥ 1 1 7 0 0 0 0 0	

财务主管 吕艳　　　记账 周红　　　审核 吕艳　　　制单 周红

据代垫运费的转账支票存根联原始凭证 1 张和附在转字 15 号后的银行承兑汇票原始凭证，填写代垫运费的专用记账如表 5-90 所示：

表 5-90   付 款 凭 证

贷方科目　银行存款　　　2013 年 12 月 31 日　　　　银付 字第 7 号

摘　要	借方科目	明细科目	√	金　额（千百十万千百十元角分）
为福宁公司代垫运费	应收票据	福宁公司		3 0 0 0 0 0
（应收票据附件附在转字 15 号凭证后）				
合　计				¥ 3 0 0 0 0 0

附单据 1 张

财务主管 吕艳　记账 周红　出纳 李平　审核 吕艳　制单 周红

根据上述出库单一张原始凭证，填制结转销售成本的专用记账凭证如表 5-91 所示：

表 5-91   转 账 凭 证

2013 年 12 月 31 日　　　　　　　　　　　转字 16 号

摘　要	总账科目	明细科目	√	借方金额	√	贷方金额
结转已销销售产品成本	主营业务成本	B 产品		3 8 8 0 2 8 0		
	库存商品	B 产品				3 8 8 0 2 8 0
				¥ 3 8 8 0 2 8 0		¥ 3 8 8 0 2 8 0

附单据 1 张

财务主管 吕艳　记账 周红　审核 吕艳　制单 周红

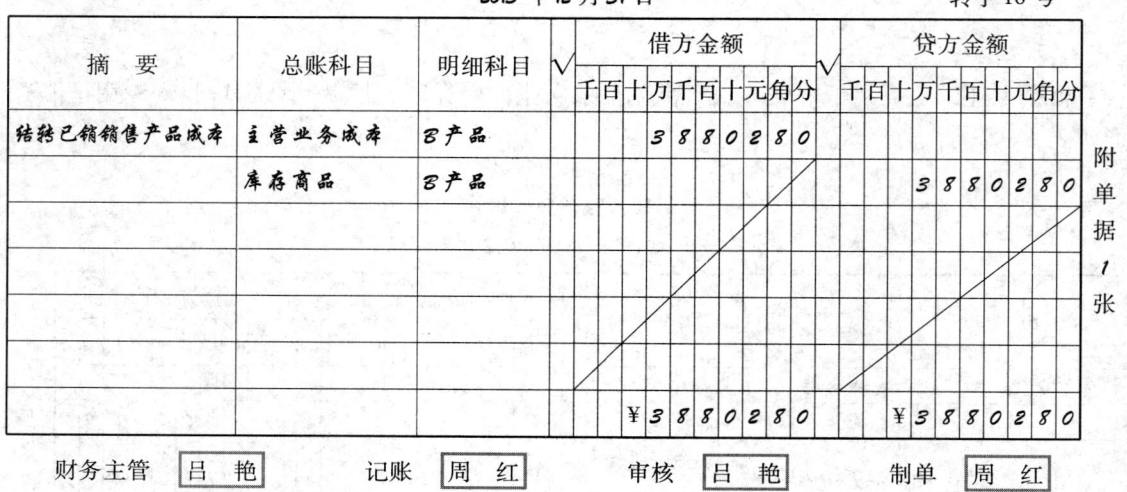

【例 5-27】12 月 31 日，企业向北京宏远公司出售不需用的丙材料 500 千克，单价 100 元，增值税发票上注明的价款 50 000 元，增值税 8 500 元，计 58 500 元。款项已通过银行收取。所销售的材料已发出，实际成本为 31 200 元。

本业务确认销售收入的会计分录如下：

借：银行存款　　　　　　　　　　　　　　　　　　　　　　　　58 500
　　贷：其他业务收入　　　　　　　　　　　　　　　　　　　　50 000
　　　　应缴税费—应缴增值税（销项税额）　　　　　　　　　　 8 500
本业务结转销售成本的会计分录如下：
借：其他业务成本　　　　　　　　　　　　　　　　　　　　　　31 200
　　贷：原材料—丙材料　　　　　　　　　　　　　　　　　　　31 200
本业务涉及如下三张原始凭证（见表5-92、表5-93、表5-94）：

表5-92　　　　　　　　　中国工商银行进账单（收账通知）
2013年12月31日

付款人	全称	北京宏远公司	收款人	全称	景荣公司
	账号或地址	20010765487		账号或地址	20010726056
	开户银行	工行北京分行昌平支行		开户银行	工行北京分行昌平支行
人民币（大写）：伍万捌仟伍佰元整			千百十万千百十元角分		
			5 8 5 0 0 0 0		
票据种类	转账支票		中国工商银行北京分行昌平支行 收款人开户银行盖章 转讫		
票据张数	1张				
单位主管　　会计　　复核　　记账					

此联是收款人开户银行给收款人的收账通知

表5-93　　　　　　　　　　　　　出　库　单
2013年12月31日　　　　　　　　　　　　　　　　　　　　　　第4号

名　称	单位	数量	单价	金　额	备注
				百十万千百十元角分	
丙材料	千克	500	62.4	3 1 2 0 0 0 0	
		合计		¥ 3 1 2 0 0 0 0	

主管　　　　会计　　　　质检员　张新　　　　保管员　冯宣　　　　经手人　张媛

表 5-94   北京市增值税专用发票

发 票 联

开票日期：2013 年 12 月 31 日   No 2012654

购货单位	名称	北京宏远公司	纳税人登记号	1101210341091
	地址、电话	北京	开户银行及账号	工行北京昌平支行 20010743297

货物或应税劳务名称	计量单位	数量	单价	金额 十万千百十元角分	税率（%）	税额 万千百十元角分
丙材料	千克	500	100	5 0 0 0 0 0 0	17	8 5 0 0 0 0
合计				¥ 5 0 0 0 0 0 0		¥ 8 5 0 0 0 0

价税合计（大写） 伍万捌仟伍佰元整   ¥：58 500.00

销货单位	名称	景荣公司	纳税人登记号	1101121021002200
	地址、电话	北京市昌平区马池口	开户银行及账号	工行北京分行昌平支行

收款人：李 平   开票单位（未盖章无效）

根据上述进账单和销售发票记账联 2 张原始凭证，填制确认销售收入专用记账凭证如表 5-95 所示：

表 5-95   收 款 凭 证

借方科目：银行存款   2013 年 12 月 31 日   银收 字第 6 号

摘要	贷方科目	明细科目	√	金额 千百十万千百十元角分
销售丙材料	其他业务收入	丙材料		5 0 0 0 0 0 0
	应缴税费	应缴增值税（销项税额）		8 5 0 0 0 0
合计				¥ 5 8 5 0 0 0 0

附单据 2 张

财务主管 吕 艳   记账 周 红   出纳 李 平   审核 吕 艳   制单 周 红

根据上述出库单 1 张原始凭证，填制结转销售成本的专用记账凭证如表 5-96 所示：

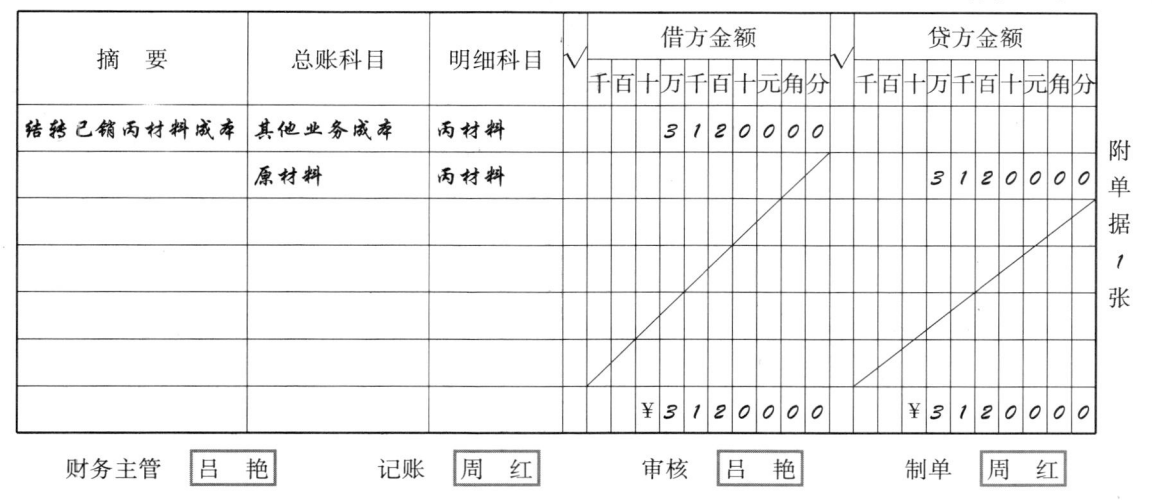

表 5-96　　　　　　　　　　　转 账 凭 证
2013 年 12 月 31 日　　　　　　　　　　　转字 17 号

摘　要	总账科目	明细科目	√	借方金额 千百十万千百十元角分	√	贷方金额 千百十万千百十元角分
结转已销丙材料成本	其他业务成本	丙材料		3 1 2 0 0 0 0		
	原材料	丙材料				3 1 2 0 0 0 0
				¥ 3 1 2 0 0 0 0		¥ 3 1 2 0 0 0 0

附单据 1 张

财务主管 吕艳　　记账 周红　　审核 吕艳　　制单 周红

【例 5-28】 月末，按本月应纳增值税税额的 7% 和 3% 计算并结转本月应缴的城市维护建设税和教育费附加。

本月发生的增值税进项税额 = 3 400 + 5 100 + 30 600 + 5 100 + 5 100 = 49 300（元）
本月发生的增值税销项税额 = 27 200 + 13 600 + 17 000 + 8 500 = 66 300（元）
计税依据 = 销项税额 - 进项税额 = 66 300 - 49 300 = 17 000（元）
应缴城市维护建设税 = 17 000 × 7% = 1 190（元）
应缴教育费附加 = 17 000 × 3% = 510（元）
本业务会计分录如下：

借：营业税金及附加　　　　　　　　　　　　　　　　　　　　　1 700
　　贷：应缴税费—应缴城建税　　　　　　　　　　　　　　　　　　1 190
　　　　　　—应缴教育费附加　　　　　　　　　　　　　　　　　　510

本业务涉及如下一张原始凭证（见表 5-97）：

表 5-97　　　　　　　　　　应交税金及附加计算表
2013 年 12 月 31 日　　　　　　　　　　　单位：元

项目	城建税		教育费附加	
	计税额	提取比例	提取额	提取比例	提取额
	17 000	7%	1 190	3%	510

审核 吕艳　　　　　　　　　　　　　　　　　　　　　制单 李平

根据上述原始凭证，填制专用记账凭证如表 5-98 所示：

表5-98   转 账 凭 证
                              2013年12月31日   转字18号

摘 要	总账科目	明细科目	√	借方金额 千百十万千百十元角分	√	贷方金额 千百十万千百十元角分
应缴纳的城建税和教育费附加	营业税金及附加			1 7 0 0 0 0		
	应缴税费	城建税				1 1 9 0 0 0
		教育费附加				5 1 0 0 0
				¥ 1 7 0 0 0 0		¥ 1 7 0 0 0 0

附单据 1 张

财务主管 吕 艳   记账 周 红   审核 吕 艳   制单 周 红

【例5-29】12月31日,用银行存款支付阿里巴巴公司广告费5 000元。
本业务会计分录如下：
借：销售费用—广告费   5 000
    贷：银行存款   5 000
本业务涉及如下两张原始凭证（见图5-20、表5-99）：

中国工商银行转账支票存根
支票号码   100001116
科   目_____
对方科目_____
签发日期 2013年12月31日
收款人： 阿里巴巴公司
金　额： 5 000元
用　途： 广告费
单位主管 吕 艳   会计 李 平

图5-20 转账支票存根

156

表 5-99　　　　　　　　　　　北京市广告业专用发票　　　　　　发票号：NO. 11010563
客户：景荣公司　　　　　　　　　　　　　　　　　　　　　　　　2013 年 12 月 31 日

项目	单位	数量	单价	金额 百 十 万 千 百 十 元 角 分
广告费				5 0 0 0 0 0
合计（大写） 人民币伍仟元整				¥ 5 0 0 0 0 0

企业（盖章）　　　　　　　　　　　　　财务　王小露　　　　　　　开票　张　欣

根据上述原始凭证，填制专用记账凭证如表 5-100 所示：

表 5-100　　　　　　　　　　　　付　款　凭　证
贷方科目　银行存款　　　　　　　2013 年 12 月 31 日　　　　　　　银付　字第 8 号

摘　　要	借方科目	明细科目	√	金　　额 千 百 十 万 千 百 十 元 角 分
付广告费	销售费用	广告费		5 0 0 0 0 0
合　　计				¥ 5 0 0 0 0 0

附单据 2 张

财务主管　吕艳　　记账　周红　　出纳　李平　　审核　吕艳　　制单　周红

【例 5-30】12 月 31 日，以银行存款 1 300 元购买厂部用办公用品。
本业务会计分录如下：
借：管理费用—办公费　　　　　　　　　　　　　　　　　　　　　1 300
　　贷：银行存款　　　　　　　　　　　　　　　　　　　　　　　　　　　1 300
本业务涉及如下两张原始凭证（见图 5-21、表 5-101）：

```
中国工商银行转账支票存根
支票号码  100001117
科    目_____
对方科目_____
签发日期 2013 年 12 月 31 日
收款人： 美廉美公司
金  额： 1300元
用  途： 购办公用品
单位主管 吕艳    会计 李平
```

图 5-21 转账支票存根

表 5-101　　　　　北京市商业企业统一发票　　　发票号：NO.32010479
客户：景荣公司　　　　　　　　　　　　　　　　　　2013 年 12 月 31 日

项目	单位	数量	单价	金额(百十万千百十元角分)
办公用品				1 3 0 0 0 0

合计（大写）人民币壹仟叁佰元整　　　　　　　¥ 1 3 0 0 0 0

企业（盖章）　　　　　财务 肖平　　　　开票 赫征

（美廉美公司　税号：110112102478926　发票专用章）

根据上述原始凭证，填制专用记账凭证如表 5-102 所示：

表 5-102　　　　　　付 款 凭 证
贷方科目：银行存款　　2013 年 12 月 31 日　　银付 字第 9 号

摘要	借方科目	明细科目	√	金额(千百十万千百十元角分)
购买办公用品	管理费用	办公费		1 3 0 0 0 0
合计				¥ 1 3 0 0 0 0

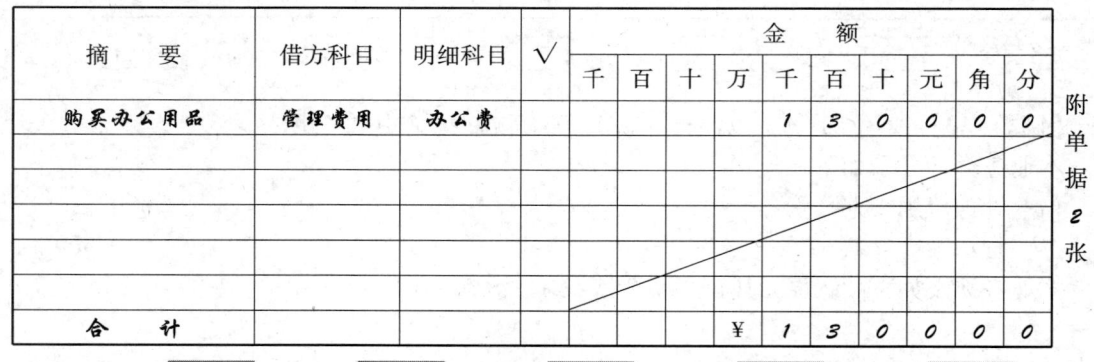

附单据 2 张

财务主管 吕艳　记账 周红　出纳 李平　审核 吕艳　制单 周红

【例5-31】12月31日，计提本月应负担的短期借款利息（前例5-4）。

利息 = 150 000 × 5.2% ÷ 12 = 650（元）

本业务会计分录如下：

借：财务费用　　　　　　　　　　　　　　　　　　　　　　　650
　　贷：应付利息　　　　　　　　　　　　　　　　　　　　　　　650

本业务涉及如下一张原始凭证（见表5-103）：

表5-103　　　　　　　　　　　　应付利息计算表

2013年12月31日　　　　　　　　　　　　　　　　　　　　　单位：元

贷款银行	借款种类	借款金额	月利率	利息额
中国工商银行昌平支行	短期借款	150 000	5.2% ÷ 12	650
合计（大写）	人民币陆佰伍拾元整			￥650.00

审核　吕　艳　　　　　　　　　　　　　　　　　　　　　制单　李　平

根据上述原始凭证，填制专用记账凭证如表5-104所示：

表5-104　　　　　　　　　　　　转　账　凭　证

2013年12月31日　　　　　　　　　　　　　　　　　　　　转字19号

摘　要	总账科目	明细科目	√	借方金额 千百十万千百十元角分	√	贷方金额 千百十万千百十元角分
计提本月应负担短期借款利息	财务费用	利息		6 5 0 0 0		
	应付利息					6 5 0 0 0
				￥6 5 0 0 0		￥6 5 0 0 0

附单据1张

财务主管　吕艳　　　记账　周红　　　审核　吕艳　　　制单　周红

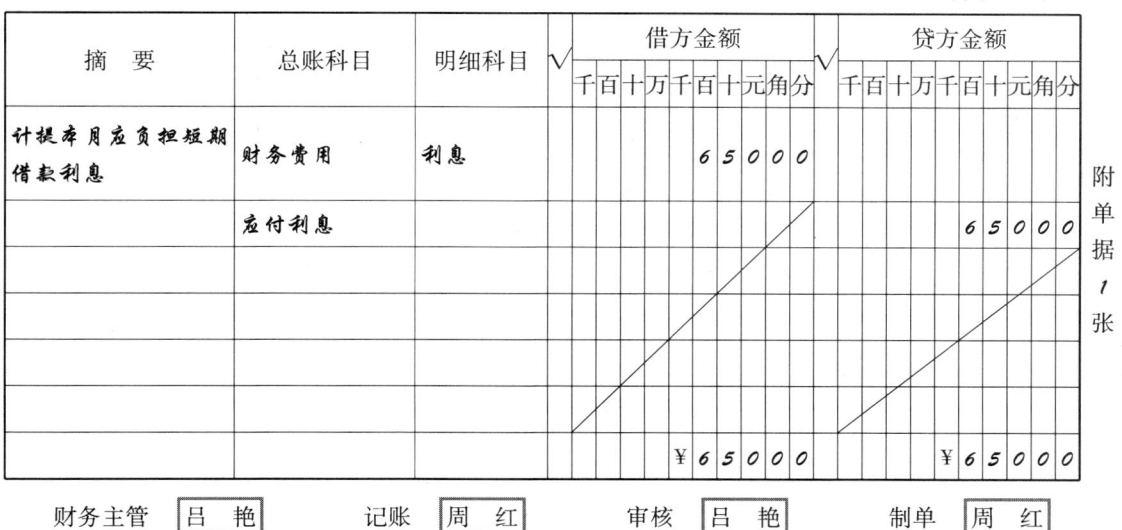

【例5-32】12月31日，采购员王玉出差归来，报销差旅费1 600元（其中，扣除原借款1 400元后，差额以现金支付）。

本业务会计分录如下：

借：管理费用　　　　　　　　　　　　　　　　　　　　　　　1 600
　　贷：其他应收款—王玉　　　　　　　　　　　　　　　　　　　1 400
　　　　库存现金　　　　　　　　　　　　　　　　　　　　　　　200

注意：因在实际工作中要编制专用记账凭证，所以本业务的会计分录应分解成如下两个会计分录：

借：管理费用　　　　　　　　　　　　　　　　　　　1 600
　　贷：库存现金　　　　　　　　　　　　　　　　　　1 600
借：库存现金　　　　　　　　　　　　　　　　　　　1 400
　　贷：其他应收款——王玉　　　　　　　　　　　　1 400

本业务涉及如下两张原始凭证（见表5－105、表5－106）：

表5－105

收　据
2013年12月31日　　　　　　　　　　　　　　　第　3　联

今收到　　　　　职工王玉归还出差借款
人民币（大写）　　壹仟肆佰元整　　　　　　　￥1 400.00
收款事由　　　　差旅费冲销借款
收款单位：　　　　　收款人：　李　平　　付款人：王玉

记账联

表5－106　　　　　　　　　　差旅费报销单
单位：景荣公司　　　　填报日期：2013年12月31日　　　　附：单据10张

部门：采购部			经费出处：业务经费			出差性质及事由		郑州出差洽谈业务		
出差日期：2013年12月20日至2013年12月26日　共6天										
途中						住宿		其他费用		
起止日期		起止地点	飞机	火车（船）	硬座补助	长途汽车	起止日期	地点	住宿费	项目	金额	备注
月	日	月	日					月	日	月	日					
12	20			北京至郑州	618.00				12	20	12	25		600.00	短程车票	82.00	
														保险费		
														存包候车订票费		
		小　计						小计			小计		
伙食补助标准：60元/天			交通补助标准：			食宿报销标准：		差旅补助小计	300.00	
报销合计：1 600.00			大写：⊗佰⊗拾⊗万壹仟陆佰零拾零元零角零分					预借金额		应交或补付款

单位负责人：朱甲兵　　主管领导：杨　志　　财务审核：吕　艳　　经营负责人：李　平　　报销人：王玉

根据上述差旅费报销单 1 张原始凭证，填写专用记账凭证如表 5-107 所示：

表 5-107　　　　　　　　　　　　付　款　凭　证

贷方科目：库存现金　　　　2013 年 12 月 31 日　　　　现付　字第 3 号

摘　要	借方科目	明细科目	√	金　额								
				千	百	十	万	千	百	十	元	角	分
王玉报销差旅费	管理费用	差旅费					1	6	0	0	0	0
合　计							¥1	6	0	0	0	0

附单据 1 张

财务主管 吕艳　记账 周红　出纳 李平　审核 吕艳　制单 周红

根据上述归还出差借款收据 1 张原始凭证，填写专用记账凭证如表 5-108 所示：

表 5-108　　　　　　　　　　　　收　款　凭　证

借方科目：库存现金　　　　2013 年 12 月 31 日　　　　现收　字第 1 号

摘　要	贷方科目	明细科目	√	金　额								
				千	百	十	万	千	百	十	元	角	分
收回出差借款	其他应收款	王玉					1	4	0	0	0	0
合　计							¥1	4	0	0	0	0

附单据 1 张

财务主管 吕艳　记账 周红　出纳 李平　审核 吕艳　制单 周红

注：归还借款时，因原差旅费借据已入账，故不能退回，冲销借款时应开具收据退还给原借款人。

【例 5-33】12 月 31 日，通过中国红十字会用银行存款对灾区捐款 5 000 元。

本业务会计分录如下：

借：营业外支出　　　　　　　　　　　　　　　　　　　　　　5 000
　　贷：银行存款　　　　　　　　　　　　　　　　　　　　　　　　5 000
本业务涉及如下两张原始凭证（见图5-22、表5-109）：

```
中国工商银行转账支票存根
支票号码　100001118
科　　目_____
对方科目_____
签发日期　2013年12月31日
收款人：中国红十字会
金　额：5 000元
用　途：灾区捐款
单位主管 吕艳　　会计 李平
```

图5-22　转账支票存根

表5-109　　　　　　公益性单位接受捐赠统一收据
国财　00 201　　　　　　2013年12月31日　　　　　　　　N0 0087113

捐赠者	景荣公司
捐赠项目	甘肃特困地区
捐赠金额（大写）	人民币伍仟元整
（小写）	￥5 000.00
货币（实物）种类	人民币

（中国红十字会总会　捐赠收据专用）

接受单位（盖章）　　审核：王鑫　　　经手人：王亮　　　支票号 100001117

根据上述原始凭证，填制专用记账凭证如表5-110所示：

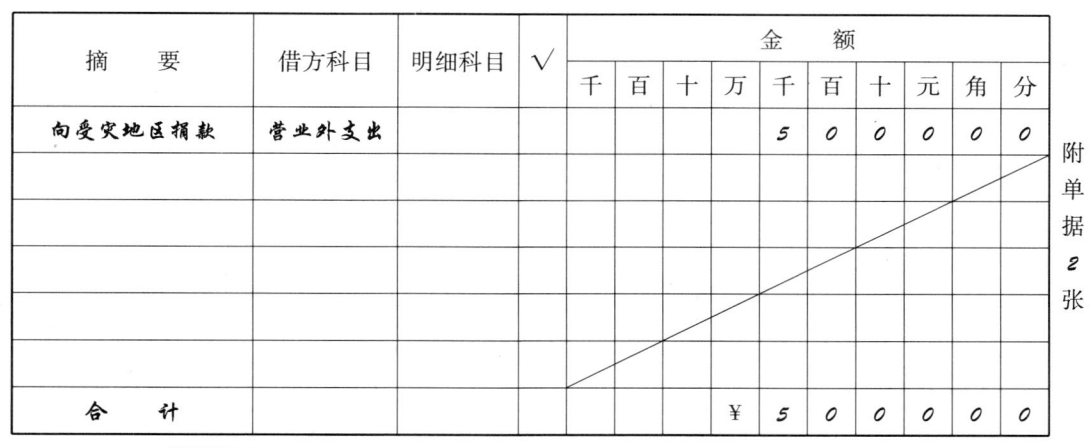

表5-110   付　款　凭　证

| 贷方科目 | 银行存款 | | | 2013 年 12 月 31 日 | | | | | 银付　字第 10 号 | | | | |

摘　　要	借方科目	明细科目	√	金　　额									
				千	百	十	万	千	百	十	元	角	分
向受灾地区捐款	营业外支出						5	0	0	0	0	0	
合　　计						¥	5	0	0	0	0	0	

附单据 2 张

财务主管 吕艳　记账 周红　出纳 李平　审核 吕艳　制单 周红

【例5-34】12月31日，收到员工张三违纪罚款现金1 000元。
本业务会计分录如下：
借：库存现金　　　　　　　　　　　　　　　　　　　　　　　　1 000
　　贷：营业外收入　　　　　　　　　　　　　　　　　　　　　　　1 000
本业务涉及如下一张原始凭证（见表5-111）：

表5-111   收　　据
　　　　　　　　　　　　　　　　　2013 年 12 月 31 日　　　　　　　　　第 3 联

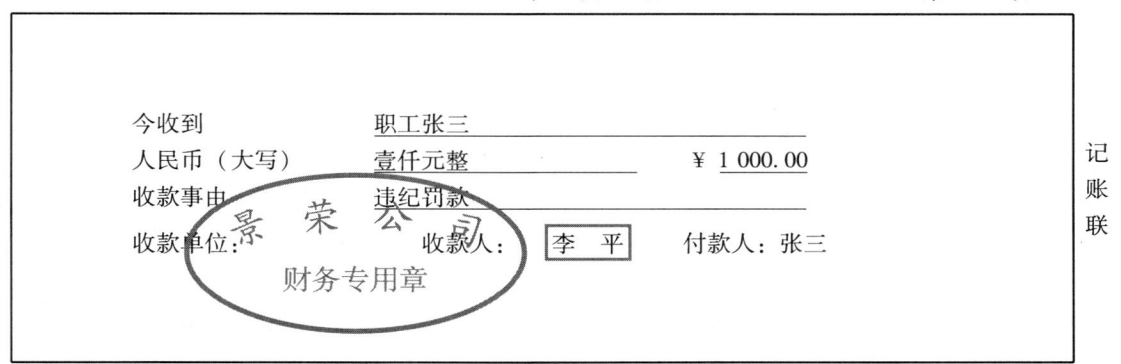

今收到　　　　职工张三
人民币（大写）　壹仟元整　　　　　　　　¥ 1 000.00
收款事由　　　　违纪罚款
收款单位：景荣公司（财务专用章）　收款人：李平　　付款人：张三

记账联

根据上述原始凭证，填写专用记账凭证如表5-112所示：

表 5-112   收 款 凭 证

借方科目 库存现金   2013年12月31日   现收 字第2号

摘 要	贷方科目	明细科目	√	金 额 千 百 十 万 千 百 十 元 角 分
违纪罚款	营业外收入	罚款		1 0 0 0 0 0
合 计				¥ 1 0 0 0 0 0

附单据 1 张

财务主管 吕艳   记账 周红   出纳 李平   审核 吕艳   制单 周红

【例 5-35】 月末，计提本月应负担的长期借款利息 600 元（业务 5）。

利息 = 120 000 × 9% / 360 × 20 = 600（元）

本业务会计分录如下：

借：财务费用　　　　　　　　　　　　　　　　　　　　　　600
　　贷：长期借款—应计利息　　　　　　　　　　　　　　　　　　600

本业务涉及如下一张原始凭证（见表 5-113）：

表 5-113   应付利息计算表

2013年12月31日   单位：元

贷款银行	借款种类	借款金额	月利率	月利息
中国工商银行昌平支行	长期借款	120 000	9% ÷ 12	600
合计（大写）	人民币陆佰元整			¥600.00

审核 吕艳   制单 李平

根据上述原始凭证，填制专用记账凭证如表 5-114 所示：

表 5-114　　　　　　　　　　转 账 凭 证

2013 年 12 月 31 日　　　　　　转字 20 号

摘　要	总账科目	明细科目	借方金额 千百十万千百十元角分	贷方金额 千百十万千百十元角分
计提本月应负担长期	财务费用	利息	6 0 0 0 0	
借款利息	长期借款	应计利息		6 0 0 0 0
			¥ 6 0 0 0 0	¥ 6 0 0 0 0

附单据 1 张

财务主管 吕艳　　　记账 周红　　　审核 吕艳　　　制单 周红

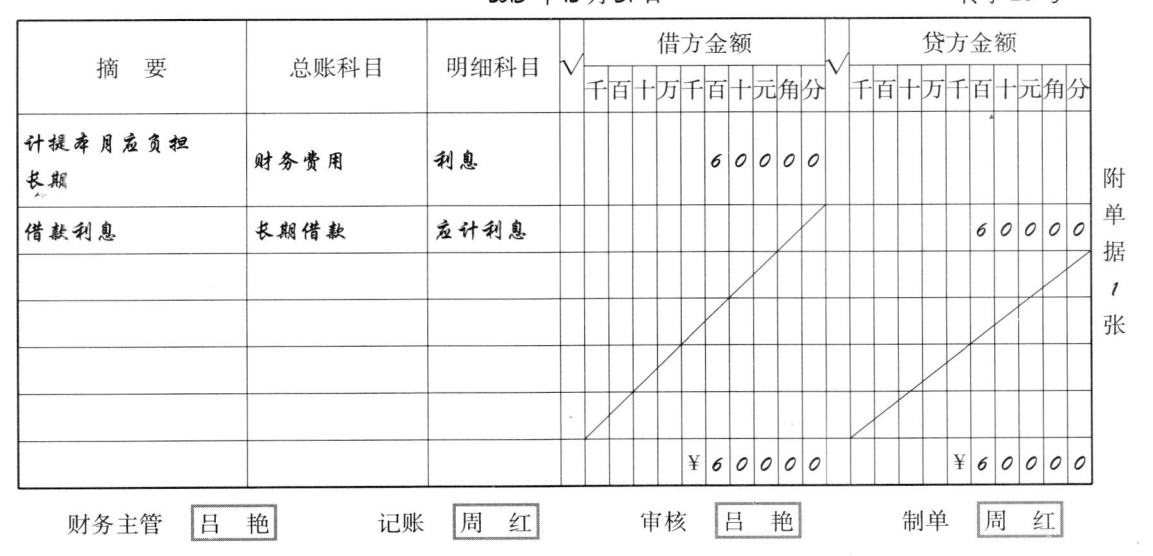

【例 5-36】结转本期各损益类账户（除"所得税费用"账户）余额至"本年利润"账户。

结转前各损益类账户余额分别为：主营业务收入 340 000 元、其他业务收入 50 000 元、营业外收入 1 000 元；主营业务成本 172 253.44 元、营业税金及附加 1 700 元、销售费用 5 000 元、其他业务成本 31 200 元、管理费用 9 250 元、财务费用 1 250 元、营业外支出 5 000 元（T 形账如图 5-23 所示）。

借　主营业务收入　贷		借　营业外收入　贷	
	160 000		1 000
	80 000		1 000
	100 000		
	340 000		

借　其他业务收入　贷		借　营业税金及附加　贷	
	50 000	1 700	
	50 000	1 700	

借 主营业务成本 贷	借 其他业务成本 贷
67 605.60	31 200
23 281.68	31 200
27 042.24	
15 521.12	
38 802.80	
172 253.44	

借 营业外支出 贷	借 财务费用 贷
5 000	650
	600
5 000	1 250

借 管理费用 贷	借 销售费用 贷
6 000	5 000
350	
1 300	
1 600	5 000
9 250	

图 5-23 T 形账户

本业务会计分录如下：

借：主营业务收入—A 产品　　　　　　　　　　　　　　　140 000
　　　　　　　—B 产品　　　　　　　　　　　　　　　200 000
　其他业务收入—丙材料　　　　　　　　　　　　　　　　50 000
　营业外收入—罚款　　　　　　　　　　　　　　　　　　 1 000
　　贷：本年利润　　　　　　　　　　　　　　　　　　　391 000
借：本年利润　　　　　　　　　　　　　　　　　　　 225 653.44
　　贷：主营业务成本—A 产品　　　　　　　　　　　　 94 647.84
　　　　　　　　　—B 产品　　　　　　　　　　　　　77 605.60
　　其他业务成本—丙材料　　　　　　　　　　　　　　　31 200
　　营业税金及附加　　　　　　　　　　　　　　　　　　 1 700
　　销售费用　　　　　　　　　　　　　　　　　　　　　 5 000

管理费用	9 250
财务费用	1 250
营业外支出	5 000

本月实现的利润总额为 165 346.56（391 000 - 225 653.44）元。

结账的业务可以不附原始凭证。

期末，根据账簿中收入类账户的期末余额，填制结转收入的专用记账凭证如表5-115所示：

表5-115

转 账 凭 证

2013年12月31日　　　　　　　　　　　　　转字19号

摘 要	总账科目	明细科目	√	借方金额 千百十万千百十元角分	√	贷方金额 千百十万千百十元角分
将收入类账户的余额转入本年利润	主营业务收入	A产品		1 4 0 0 0 0 0 0		
		B产品		2 0 0 0 0 0 0 0		
	其他业务收入	丙材料		5 0 0 0 0 0 0		
	营业外收入			1 0 0 0 0 0		
	本年利润					3 9 1 0 0 0 0 0
				¥ 3 9 1 0 0 0 0 0		¥ 3 9 1 0 0 0 0 0

财务主管 吕艳　　记账 周红　　审核 吕艳　　制单 周红

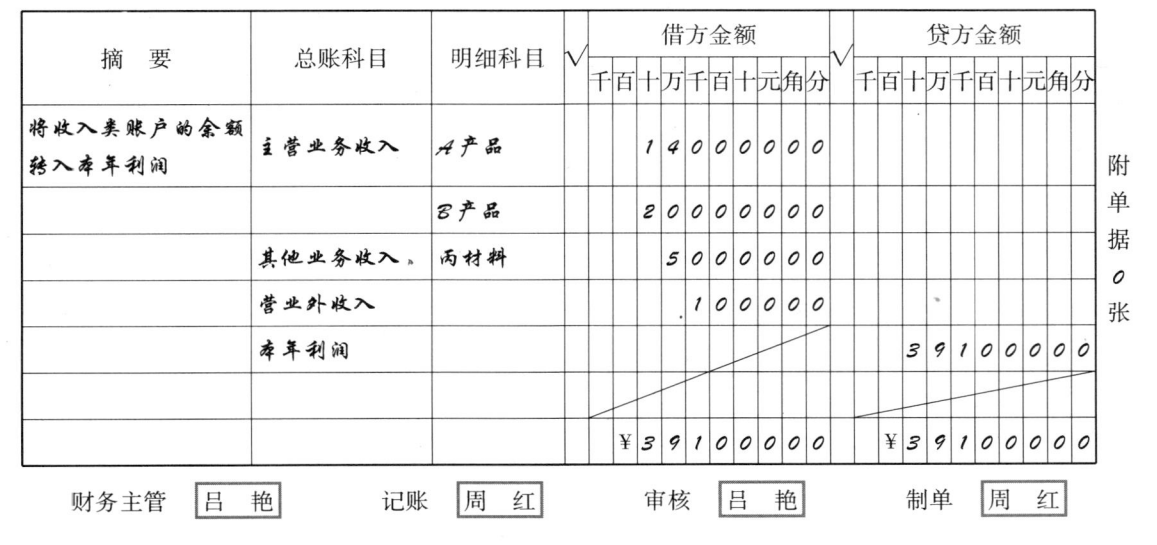

附单据 0 张

期末，根据账簿中费用类账户的期末余额，填制结转费用的专用记账凭证如表5-116、表5-117所示：

表5-116

转 账 凭 证

2013年12月31日　　　　　　　　　　　　　转字22 $\frac{1}{2}$ 号

摘 要	总账科目	明细科目	√	借方金额 千百十万千百十元角分	√	贷方金额 千百十万千百十元角分
将费用类账户的余额转入本年利润	本年利润			2 1 0 1 5 3 4 4		
	主营业务成本	A产品				9 4 6 4 7 8 4
		B产品				7 7 6 0 5 6 0
	其他业务成本	丙材料				3 1 2 0 0 0 0
	营业税金及附加					1 7 0 0 0 0
	销售费用					5 0 0 0 0 0
				¥ 2 1 0 1 5 3 4 4		¥ 2 1 0 1 5 3 4 4

财务主管 吕艳　　记账 周红　　审核 吕艳　　制单 周红

附单据 0 张

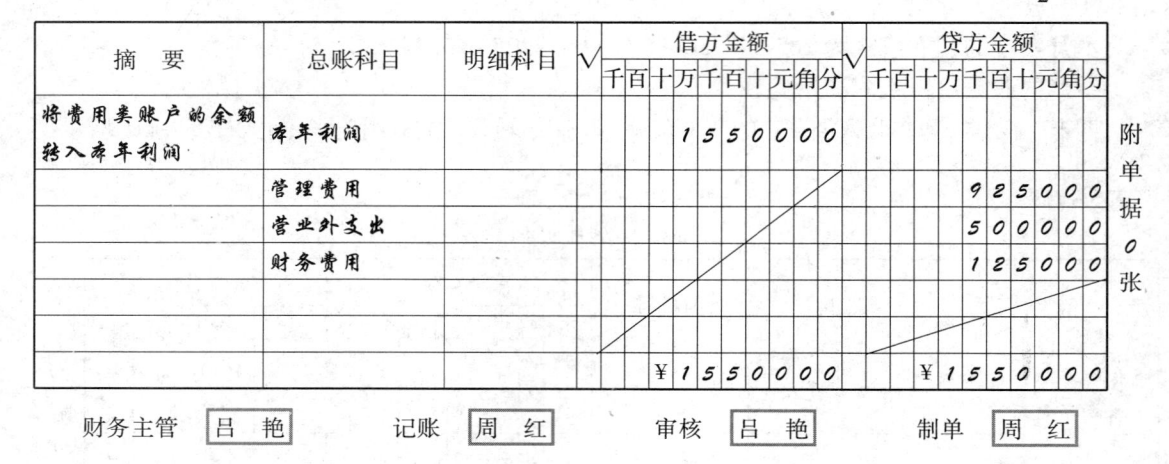

表 5-117   转 账 凭 证

2013 年 12 月 31 日   转字 22 $\frac{2}{2}$ 号

摘 要	总账科目	明细科目	√	借方金额 千百十万千百十元角分	√	贷方金额 千百十万千百十元角分
将费用类账户的余额转入本年利润	本年利润			1 5 5 0 0 0 0		
	管理费用					9 2 5 0 0 0
	营业外支出					5 0 0 0 0 0
	财务费用					1 2 5 0 0 0
				¥ 1 5 5 0 0 0 0		¥ 1 5 5 0 0 0 0

附单据 0 张

财务主管 吕艳   记账 周红   审核 吕艳   制单 周红

注意：一笔经济业务需要填制两张以上记账凭证的，可以采用分数编号法编号。如 22 号会计事项需要填制二张记账凭证，就可以编成 22 $\frac{1}{2}$ 号、22 $\frac{2}{2}$ 号。

【例 5-37】 计算并结转本月应缴所得税，所得税税率 25%，无税收调整项目。

因公司 12 月成立，1~11 月利润为 0，12 月利润总额为 165 346.56（391 000 - 225 653.44）元。即本年利润总额为 165 346.56 元。

因无税收调整项目，因此本年利润总额 = 本年应纳税所得额 = 165 346.56（元）
本年应缴所得税额 = 应纳税所得额 × 25% = 165 346.56 × 25% = 41 336.64（元）
本业务会计分录如下：
借：所得税费用   41 336.64
　　贷：应缴税费——应缴所得税   41 336.64
本业务涉及如下一张原始凭证（见表 5-118）：

表 5-118   所得税纳税调整计算表

2013 年 12 月 31 日   单位：元

项 目	金 额
1-11 月份利润总额	0
加：12 月份利润总额	165 346.56
全年利润总额	165 346.56
纳税调整项目	0
全年应纳税所得额	165 346.56
适用税率	25%
全年应缴所得税	41 336.64

审核：吕艳   制单：周红

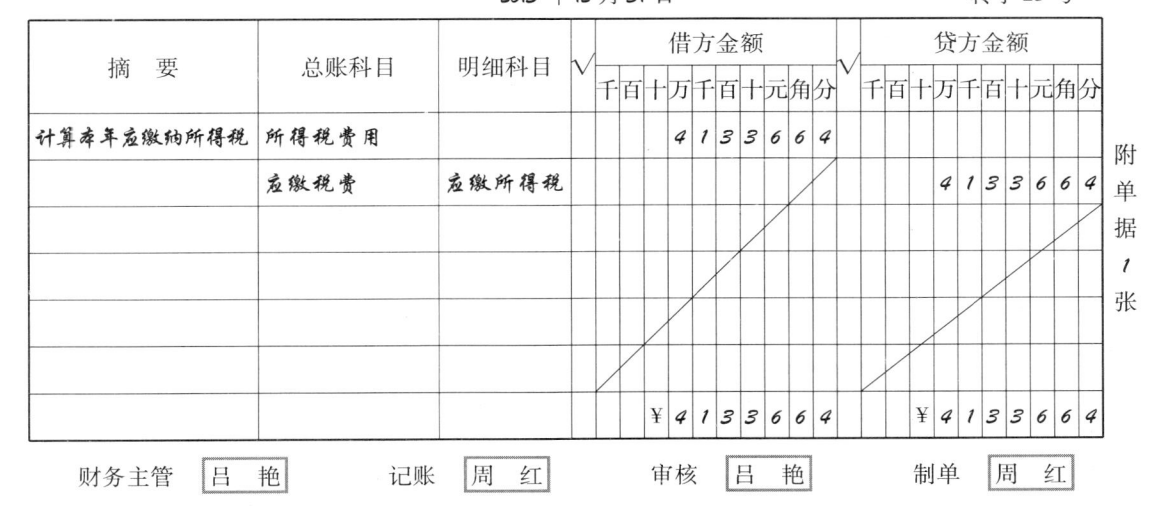

根据上述原始凭证，填制专用记账凭证如表 5-119 所示：

表 5-119　　　　　　　　　　转　账　凭　证
　　　　　　　　　　　　　　　2013 年 12 月 31 日　　　　　　　　　　　　　转字 23 号

摘　要	总账科目	明细科目	√	借方金额 千百十万千百十元角分	√	贷方金额 千百十万千百十元角分
计算本年应缴纳所得税	所得税费用			4 1 3 3 6 6 4		
	应缴税费	应缴所得税				4 1 3 3 6 6 4
				¥ 4 1 3 3 6 6 4		¥ 4 1 3 3 6 6 4

附单据 1 张

财务主管 吕艳　　记账 周红　　审核 吕艳　　制单 周红

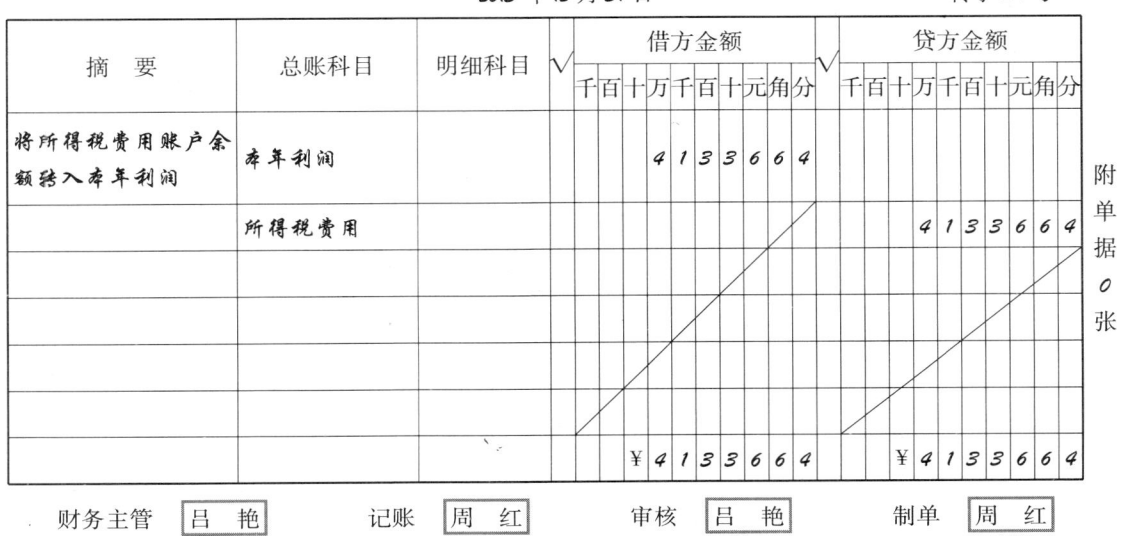

【例 5-38】年末，结转本期"所得税费用"账户余额至"本年利润"账户。
本业务会计分录如下：
　　借：本年利润　　　　　　　　　　　　　　　　　　　　　　41 336.64
　　　　贷：所得税费用　　　　　　　　　　　　　　　　　　　　　41 336.64
本业务属结账业务，可以不附原始凭证。
期末，根据所得税费用账户的期末余额，填制专用记账凭证如表 5-120 所示：

表 5-120　　　　　　　　　　转　账　凭　证
　　　　　　　　　　　　　　　2013 年 12 月 31 日　　　　　　　　　　　　　转字 24 号

摘　要	总账科目	明细科目	√	借方金额 千百十万千百十元角分	√	贷方金额 千百十万千百十元角分
将所得税费用账户余额转入本年利润	本年利润			4 1 3 3 6 6 4		
	所得税费用					4 1 3 3 6 6 4
				¥ 4 1 3 3 6 6 4		¥ 4 1 3 3 6 6 4

附单据 0 张

财务主管 吕艳　　记账 周红　　审核 吕艳　　制单 周红

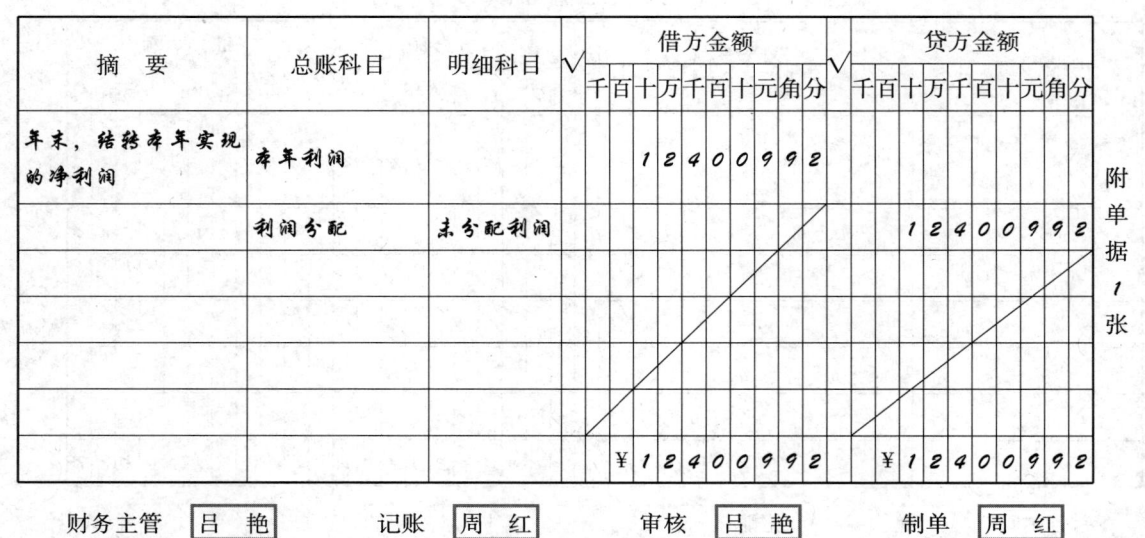

【例 5–39】 年末,结转本年实现的净利润。

净利润 = 165 346.56 – 41 336.64 = 124 009.92(元)

本业务会计分录如下:

借:本年利润　　　　　　　　　　　　　　　　　　　　124 009.92
　　贷:利润分配—未分配利润　　　　　　　　　　　　　　124 009.92

本业务涉及如下一张原始凭证(见表 5–121):

表 5–121　　　　　　　　　　净利润计算表
　　　　　　　　　　　　　2013 年 12 月 31 日　　　　　　　　　　　　　单位:元

项　目	金　额
全年利润总额	165 346.56
纳税调整项目	0
全年应纳税所得额	165 346.56
适用税率	25%
全年应缴所得税	41 336.64
本年实现的净利润	124 009.92

审核:吕 艳　　　　　　　　　　　　　　　　　　　制单:周 红

根据上述原始凭证,填制专用记账凭证如表 5–122 所示:

表 5–122　　　　　　　　　　转　账　凭　证
　　　　　　　　　　　　　2013 年 12 月 31 日　　　　　　　　　　　转字 25 号

摘　要	总账科目	明细科目	借方金额 千百十万千百十元角分	贷方金额 千百十万千百十元角分
年末,结转本年实现的净利润	本年利润		1 2 4 0 0 9 9 2	
	利润分配	未分配利润		1 2 4 0 0 9 9 2
			¥1 2 4 0 0 9 9 2	¥1 2 4 0 0 9 9 2

附单据 1 张

财务主管 吕 艳　　　记账 周 红　　　审核 吕 艳　　　制单 周 红

【例 5－40】年末，按净利润的 10% 提取盈余公积。
本业务会计分录如下：
借：利润分配—提取盈余公积　　　　　　　　　　　　　　　　12 400.99
　　贷：盈余公积　　　　　　　　　　　　　　　　　　　　　　12 400.99
本业务涉及如下一张原始凭证（见表 5－123）：

表 5－123　　　　　　　　　　　　提取盈余公积计算表
　　　　　　　　　　　　　　　　2013 年 12 月 31 日　　　　　　　　　　　　　单位：元

项　目	金额
净利润	124 009.92
减：弥补以前年度亏损	0
计提盈余公积的基数	124 009.92
本期应提取法定盈余公积金比例	10%
本期应提取法定盈余公积金	12 400.99

审核：吕 艳　　　　　　　　　　　　　　　　　　　　　　制单：周 红

根据上述原始凭证，填制专用记账凭证如表 5－124 所示：

表 5－124　　　　　　　　　　　　转　账　凭　证
　　　　　　　　　　　　　　　　2013 年 12 月 31 日　　　　　　　　　　　　转字 26 号

摘　要	总账科目	明细科目	√	借方金额 千百十万千百十元角分	√	贷方金额 千百十万千百十元角分
提取法定盈余公积金	利润分配	提取法定盈余公积		1 2 4 0 0 9 9		
	盈余公积	法定盈余公积				1 2 4 0 0 9 9
				¥ 1 2 4 0 0 9 9		¥ 1 2 4 0 0 9 9

附单据 1 张

财务主管 吕 艳　　　记账 周 红　　　审核 吕 艳　　　制单 周 红

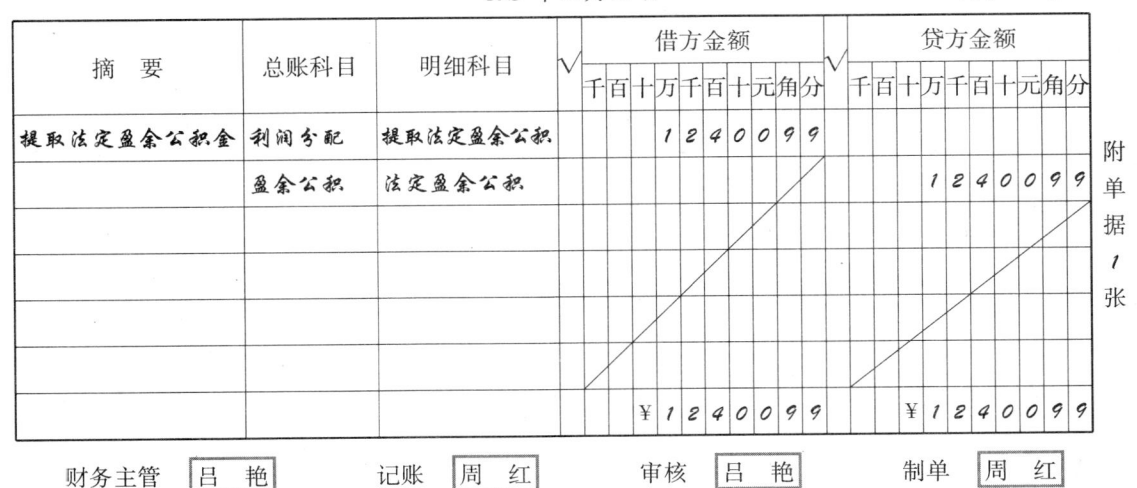

【例 5－41】经股东会决定，按投资比例向投资者分配利润 60 000 元。
华景园公司分得的利润 = 60 000 × 50% = 30 000（元）
智达公司分得的利润 = 60 000 × 50% = 30 000（元）
本业务会计分录如下：

借：利润分配——应付股利　　　　　　　　　　　　　　　　　　　　　　　60 000
　　贷：应付股利——华景园公司　　　　　　　　　　　　　　　　　　　　　30 000
　　　　　　　　——智达公司　　　　　　　　　　　　　　　　　　　　　　30 000
本业务涉及如下一张原始凭证（见表5-125）：

表5-125　　　　　　　　　　　　　通　知

　　根据公司股东会（09）88号决议，决定我公司2009年分配方案，将60 000元按投资比例分配给投资者，其中：华景园公司分配股利30 000元，智达公司分配股利30 000元，请财务部按此计提，文件已归档。

　　此致

　　　　　　　　　　　　　　　　　　　　　　　　　　　景荣公司
　　　　　　　　　　　　　　　　　　　　　　　　　　　总经理办公室
　　　　　　　　　　　　　　　　　　　　　　　　　　　2013年12月31日

根据上述原始凭证，填制专用记账凭证如表5-126所示：

表5-126　　　　　　　　　　　转　账　凭　证

2013年12月31日　　　　　　　　　　　　　　　　　　　　　　　转字24号

摘　要	总账科目	明细科目	借方金额（千百十万千百十元角分）	贷方金额（千百十万千百十元角分）
宣布股利分配方案	利润分配	应付股利	6 0 0 0 0 00	
	应付股利	华景园公司		3 0 0 0 0 00
		智达公司		3 0 0 0 0 00
			￥6 0 0 0 0 00	￥6 0 0 0 0 00

附单据1张

财务主管　吕艳　　记账　周红　　审核　吕艳　　制单　周红

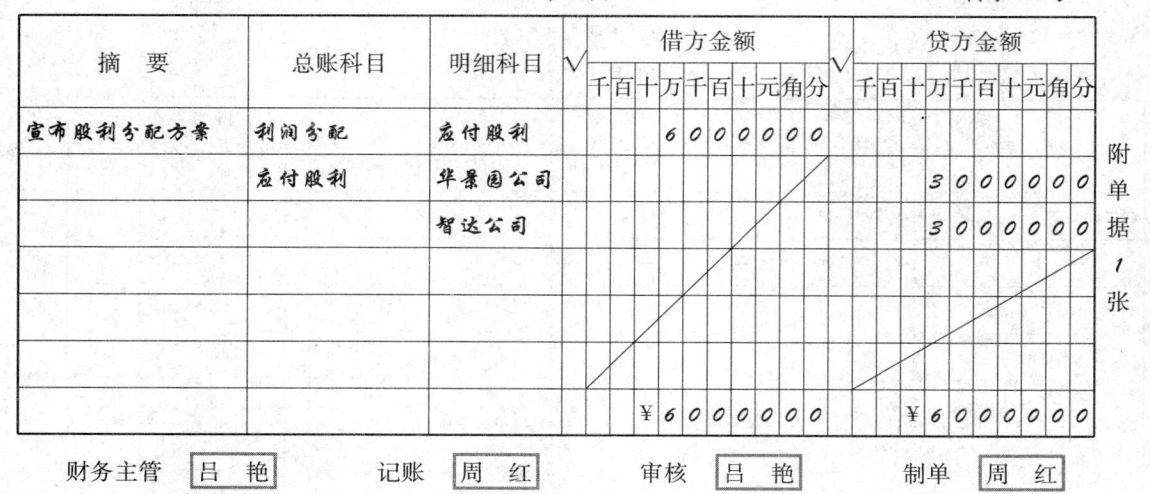

【例5-42】 用银行存款向投资者发放股利。
本业务会计分录如下：
借：应付股利——华景园公司　　　　　　　　　　　　　　　　　　　　　30 000
　　　　　　——智达公司　　　　　　　　　　　　　　　　　　　　　　　30 000
　　贷：银行存款　　　　　　　　　　　　　　　　　　　　　　　　　　　60 000
本业务涉及如下两张原始凭证（见图5-24、图5-25）：

```
┌─────────────────────────────────┐      ┌─────────────────────────────────┐
│  中国工商银行转账支票存根       │      │  中国工商银行转账支票存根       │
│  支票号码    100001119          │      │  支票号码    100001120          │
│  科  目_____            │      │  科  目_____            │
│  对方科目_____            │      │  对方科目_____            │
│  签发日期  2013 年 12 月 31 日  │      │  签发日期  2013 年 12 月 31 日  │
│  收款人：华景园公司             │      │  收款人：智达公司               │
│  金  额：30 000 元              │      │  金  额：30 000 元              │
│  用  途：支付股利               │      │  用  途：支付股利               │
│  单位主管 吕艳  会计 李平       │      │  单位主管 吕艳  会计 李平       │
└─────────────────────────────────┘      └─────────────────────────────────┘
```

图 5-24 转账支票存根　　　　　　　　图 5-25 转账支票存根

根据上述原始凭证，填制专用记账凭证如表 5-127 所示：

表 5-127　　　　　　　　　付　款　凭　证

贷方科目　银行存款　　　2013 年 12 月 31 日　　　银付 字第 11 号

摘　要	借方科目	明细科目	√	千	百	十	万	千	百	十	元	角	分
支付股利	应付股利	华景园公司					3	0	0	0	0	0	0
		智达公司					3	0	0	0	0	0	0
合　计						¥	6	0	0	0	0	0	0

附单据 2 张

财务主管 吕艳　记账 周红　出纳 李平　审核 吕艳　制单 周红

【例 5-43】年末，结转本年已分配的利润 72 400.99（12 400.99 + 60 000）元。

这笔转账业务，就是将原计入"利润分配—提取盈余公积"借方金额 12 400.99 元和原计入"利润分配—应付股利"借方金额 60 000 元，分别从"利润分配—提取盈余公积"和"利润分配—应付股利"账户的贷方，转入"利润分配—未分配利润"账户的借方，结转之后"利润分配—提取盈余公积"和"利润分配—应付股利"两个明细账户余额为零，"利润分配—未分配利润"明细账户的借方发生额为 72 400.99 元，贷方发生额为 124 009.92 元，期末贷方余额为 51 608.93 元，即为截至本年末企业累计结余的未分配利润（T 形账如下所示）。

本业务会计分录如下：

借：利润分配——未分配利润　　　　　　　　　　　　　72 400.99
　　贷：利润分配——提取盈余公积　　　　　　　　　　　　12 400.99
　　　　——应付股利　　　　　　　　　　　　　　　　　60 000.00

借	利润分配——提取法定盈余公积	贷
12 400.99		12 400.99

借	利润分配——未分配利润	贷
72 400.99		124 009.92
		51 608.93

借	利润分配——应付股利	贷
60 000		60 000

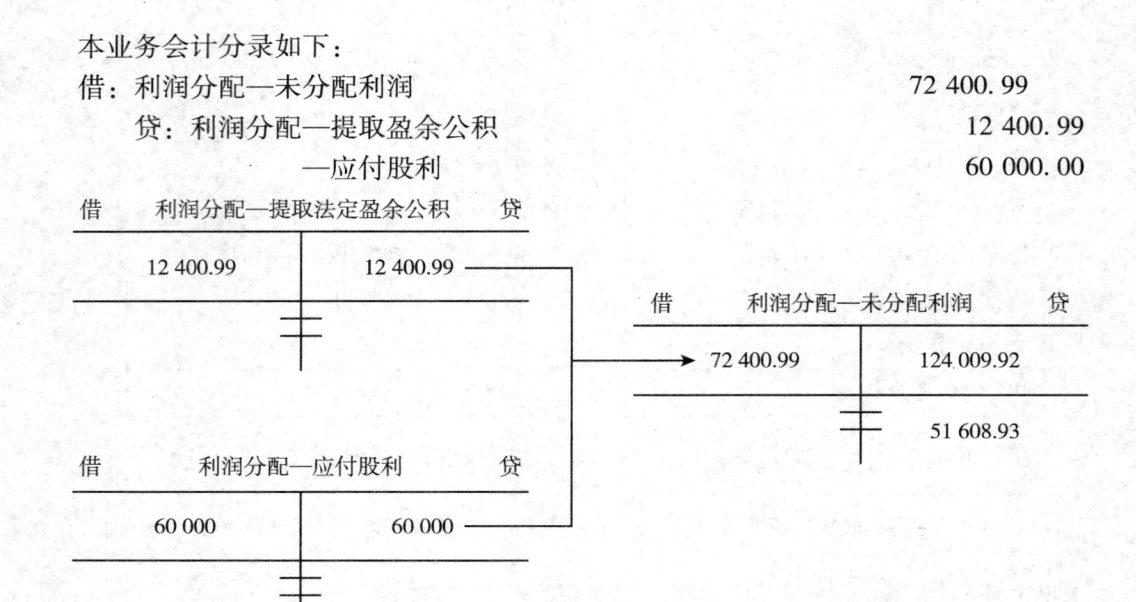

本业务涉及的原始凭证如下：因本业务是结账业务可以不附原始凭证。填制专用记账凭证如表5-128所示：

表5-128　　　　　　　　　　　转　账　凭　证
2013年12月31日　　　　　　　　　　　　　　　　　　　　　　转字28号

摘　要	总账科目	明细科目	借方金额 千百十万千百十元角分	贷方金额 千百十万千百十元角分
结转本年已分配的利润	利润分配	未分配利润	7 2 4 0 0 9 9	
	利润分配	提取法定盈余公积		1 2 4 0 0 9 9
		应付股利		6 0 0 0 0 0 0
			¥ 7 2 4 0 0 9 9	¥ 7 2 4 0 0 9 9

附单据 0 张

财务主管　吕 艳　　　　记账　周 红　　　　审核　吕 艳　　　　制单　周 红

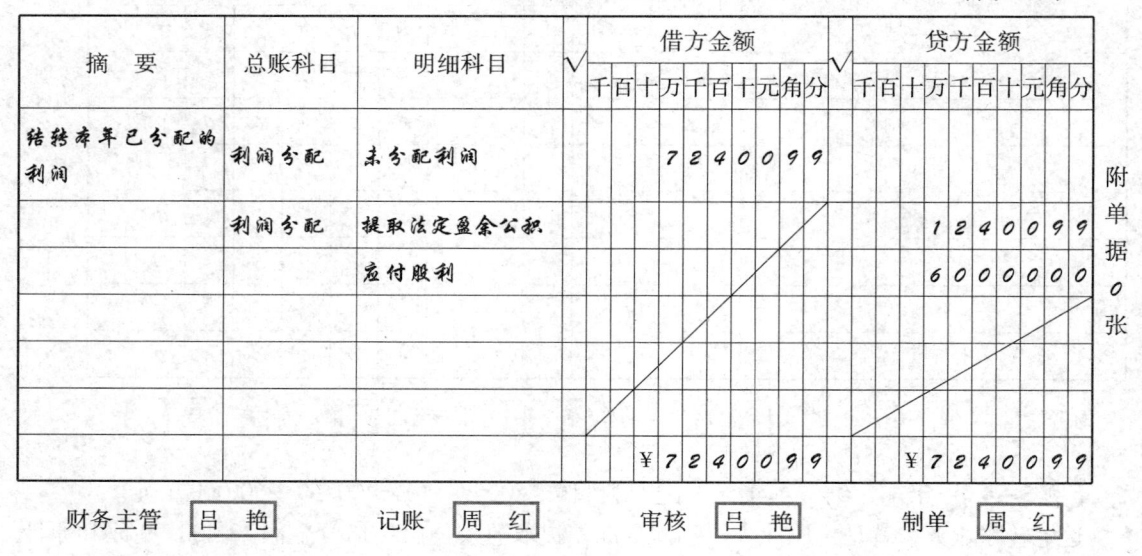

【思考题】

1. 什么是会计凭证、原始凭证、记账凭证？它们之间有何联系？
2. 常用的原始凭证有哪几种？记账凭证有哪几种？
3. 收款凭证、付款凭证和转账凭证的用途各是什么？当现金存入银行或从银行提取现金时，使用什么凭证？为什么？

4. 说一说记账凭证如何进行编号？

5. 什么是会计凭证传递？科学的会计凭证传递程序有何作用？

【技能训练1】

目的：编制某单位2011年下列经济业务专用记账凭证，掌握填制专用记账凭证的方法。

（1）6月2日，甲产品销售收入3 500元，增值税17%，价税合计收到现金4 095元，全部存入银行。

（2）6月3日，收到甲公司偿还前欠货款5 500元，存入银行。

（3）6月5日，从银行提取现金10 000元。

（4）6月6日，业务员张三出差回来报销差旅费350元，交回现金50元。

（5）6月7日，车间领用甲材料15 000元，用于生产甲产品。

【技能训练2】

目的：编制本章第五节制造业经济业务应用实例，即2013年12月公司的发生所有经济业务的通用记账凭证，掌握填制通用记账凭证的方法。

第六章

会计账簿

【知识点】
1. 了解会计账簿种类和适用范围；
2. 掌握账簿的设置与登记；
3. 理解账簿与会计凭证的关系。

【技能点】
1. 设置、启用、登记会计账簿的能力；
2. 用恰当的方法更正错账的能力；
3. 会计期末对账、结账的能力。

第一节 会计账簿作用及种类

一、账簿与账簿的作用

（一）账簿

账簿就是由具有一定格式的账页联结在一起的，用来序时、连续、系统、全面地记录和反映经济业务的簿籍。账簿是依据会计凭证登记的。根据会计凭证，按照一定的程序，在账簿中登记各项经济业务，叫做记账。

（二）账簿的作用

在会计核算工作中，对每一项经济业务，首先必须取得和填制会计凭证，以便及时反映和监督企业所发生的每一笔经济业务情况。但由于会计凭证的数量很多，又很分散，无法满足管理所要求的会计信息。因此，为了满足信息使用者对会计信息的要求，必须通过设置账簿这一会计载体，把分散在会计凭证上的全部信息，加以集中和分类汇总。设置和登记账簿是会计工作的一个重要环节，为企业管理部门提供详尽的会计信息，保证会计工作的质量都具有重要的意义。

1. 账簿是对会计凭证上资料的归类、总结。通过账簿的设置和登记，可以把分散在会计凭证上的资料加以归类整理，以全面、连续地提供有关企业成本费用、财务状况和经营成果的总括和明细的核算资料，以便正确计算企业在各会计期间的成本、费用和收入成果。

2. 账簿有利于保护财产物资的安全、完整。会计账簿既是汇集、加工会计信息的工具，也是积累、储存经济活动情况的数据库。企业的一切财务收支、经营过程和结果都体现在账簿中。因此，利用账簿提供的资料，可以有效地开展会计检查和会计分析，加强会计监督，保护财产的安全和完整，提高企业的经营管理水平。

3. 账簿为编制会计报表提供资料。会计报表所需要的数据资料，绝大部分来源于会计账簿。账簿的记录是否及时、详尽，数字是否真实、可靠，直接关系到会计报表的质量。所以说，正确设置并登记账簿，为会计报表的及时准确编制提供了依据和保障。

二、账簿的种类

（一）按账簿的用途分类

账簿按其用途的不同，可以分为序时账簿、分类账簿和备查账簿三种。

1. 序时账簿。序时账簿，也称日记账，是按照经济业务发生的时间先后顺序，逐日逐笔登记经济业务的账簿。日记账按其记录内容的不同又分为普通日记账和特种日记账。普通日记账是按照每日所发生的经济业务的先后顺序，编制会计分录记入账簿；特种日记账是用来专门记录某一特定类型的经济业务发生情况的日记账。在账簿中，将该类经济业务，按其发生的先后顺序逐日逐笔登记。企业必须设置的特种日记账是现金日记账和银行存款日记账。

2. 分类账簿。分类账簿是指对全部经济业务按总分类账和明细分类账进行分类登记的账簿。按照总分类账户进行分类登记的账簿叫做总分类账，简称总账，总账是用来反映经济业务的总括内容的；按照明细分类账户进行分类登记的账簿叫做明细分类账，简称明细账，明细账则是用来提供详细经济业务内容的。

3. 备查账簿。备查账簿是指对某些在日记账和分类账中未能记载或记载不全的经济业务进行补充登记的账簿，对日记账和分类账起补充作用。相对于日记账和分类账而言，备查账属于辅助性账簿，如代销商品登记簿、租入固定资产登记簿等。

（二）按账簿的外表形式分类

各种账簿都具有一定的外表形式，按其外表形式的不同可分为订本式账簿、活页式账簿和卡片式账簿。

1. 订本账。订本账是指在启用前就将许多张账页装订成册，并进行连续编号的账簿。订本账能够避免账页散失和人为的抽换账页，保证账簿记录资料的安全性。但这种账簿不能根据需要增减账页，不便于分工记账。因此，一般情况下，比较重要的、账户数量变化不大的账簿使用订本式，如总账、现金日记账和银行存款日记账。

2. 活页账。活页账是指平时将零散账页用账夹夹起来，可以随时取放的账簿。活页账便于记账分工，节省账页，且登记方便。但账页容易散失和被人为抽换，需加强管理监督。一般明细账采用活页账。

3. 卡片账。卡片账是将印有记账格式的卡片作为账页，用以登记经济业务的账簿。实际是一种特殊的活页账，不需经常更换，可以跨年度使用，如固定资产明细账、低值易耗品明细账等，可采用卡片式账簿。

（三）按账簿的账页格式分类

账簿按账页格式的不同，可以分为三栏式账、多栏式账和数量金额式账等。

1. 三栏式账。三栏式账簿是将账页中登记金额的部分分为三个栏目，即借方、贷方和余额三栏。这种格式适用于只提供价值核算信息，不需要提供数量核算信息的账簿，如总账、现金日记账、银行存款日记账及债权、债务类明细账等账户。

2. 多栏式账。多栏式账簿是在借方和贷方的某一方或两方下面分设若干栏目，详细反映借贷方金额的组成情况。这种格式适用于核算项目较多，且管理上要求提供各核算项目详细信息的账簿，如收入、成本、费用、利润和利润分配等明细账。

3. 数量金额式账。数量金额式账簿是在借方、贷方和余额栏下分别分设三个栏目，用以登记财产物资的数量、单价和总金额。这种格式适用于既需要提供数量信息，又需要提供金额信息的账簿。如原材料明细账和库存商品明细账等。

第二节　账簿的设置与登记

一、账簿的设置原则

每一个会计主体都应当根据本单位经济业务的特点和经营管理的需要，设置一套适合自己需要的会计账簿。设置账簿应当遵循下列原则：

1. 全面系统。账簿的设置要能保证全面、系统地反映和监督各单位的经济活动情况，为经营管理提供系统、分类的核算资料。

2. 节约。设置账簿要在满足实际需要的前提下，考虑人力和物力的节约，力求避免重复设账。

3. 简便实用。账簿的格式，要按照所记录的经济业务的内容和需要提供的核算指标进行设计，要力求简便实用，避免繁琐重复。

二、日记账的设置与登记

日记账按其记录内容的不同又分为普通日记账和特种日记账。

(一) 普通日记账的设置和登记

1. 普通日记账的设置。设置普通日记账的单位，一般不再使用记账凭证，而是在经济业务发生后，根据原始凭证或汇总原始凭证，以会计分录的形式，按发生经济业务的先后顺序登记普通日记账。表6-1是根据第五章第五节景荣公司12月经济业务登记的普通日记账。

表6-1　　　　　　　　　　　　普通日记账

2013年		原始凭证	摘要	会计科目	过账	借方	贷方
月	日						
12	1	进账单	收到华景园投资款	银行存款		300 000.00	
		出资证明		实收资本			300 000.00
12	2	无形资产交接单	收到智达公司投资	无形资产		100 000.00	
		固定资产交接单		固定资产		200 000.00	
		出资证明		实收资本			300 000.00
12	3	增值税发票	购买车床	固定资产		21 600.00	
				应缴税费		3 400.00	
		转账支票		银行存款			25 000.00
		……					

2. 普通日记账的登记方法。经济业务发生后，应根据原始凭证或汇总原始凭证，登记普通日记账，将经济业务发生的时间登记在"日期栏"内；在"摘要栏"填写经济业务的内容；将应借应贷会计科目填写在"会计科目"栏内，先填写借方科目，后填写贷方科目；将应借金额计入"借方"栏内，将贷方金额计入"贷方"栏内。

(二) 特种日记账的设置和登记

常用的特种日记账主要有现金日记账和银行存款日记账。

1. 现金日记账的设置和登记。

(1) 现金日记账的设置。现金日记账,是由出纳人员根据现金收款凭证、现金付款凭证和银行存款付款凭证(记录从银行提取现金的业务),序时逐日逐笔进行登记现金收、付款业务的账簿。现金日记账一般采用订本式账簿。

(2) 现金日记账的登记方法。日期栏:是指记账凭证的日期,应与现金实际收付日期一致;

凭证栏:是指登记入账的收付款凭证的种类和编号,以便于查账和核对。现金收款凭证简称"现收"、现金付款凭证简称"现付"、银行存款付款凭证简称"银付"。

摘要栏:简要说明登记入账的经济业务的内容。文字要求简练,但必须能说明问题。

对方科目栏:是指与现金发生对应关系的账户的名称,其作用是揭示企业现金收入的来源和支出的用途,是否符合国家规定。

收入、支出栏:是指企业现金实际收付的金额。在每日终了后,应结出本日的余额,计入"余额"栏,并将余额与出纳员的库存现金核对,即通常所说的"日清"。如账款不符应查明原因,并记录备案。月终,要计算本月现金收入、支出的合计数,并结出本月末余额,这项工作,通常称为"月结"。

(3) 现金日记账应用实例。表 6-2 所示的现金日记账的内容,是根据第五章第五节景荣公司 12 月经济业务所编制的记账凭证登记的现金日记账。

表 6-2　　　　　　　　　现　金　日　记　账

2013年 月	日	凭证编号	摘要	对应科目	借方	贷方	余额
12	11	银付2	提现	银行存款	500000		500000
	11	现付1	王玉借差旅费	其他应收款		140000	360000
	31	现付2	购车间办公用品	制造费用		74000	286000
	31	现付3	王玉报销差旅费	管理费用		160000	126000
	31	现收1	王玉归还借款	其他应收款	140000		266000
	31	现收2	收违纪罚款	营业外收入	100000		366000
	31		本月合计		740000	374000	366000

2. 银行存款日记账的设置和登记。

(1) 银行存款日记账的设置。银行存款日记账是由出纳员根据银行存款付款凭证、银行存款收款凭证和现金付款凭证(记录将现金存入银行业务),序时逐日逐笔登记银行收、付款业务的账簿。银行存款日记账一般采用订本式账簿。其格式和内容如表 6-3 所示。

(2) 银行存款日记账的登记方法。

日期栏:是指记账凭证的日期。

凭证栏:是指登记入账的收付款凭证的种类和编号(与现金日记账的登记方法一致)。

摘要栏:简要说明登记入账的经济业务的内容,文字要求简练,但要能说明问题。

结算凭证栏:如果经济业务是以支票结算的,应在栏内填明支票的种类(现金支票和转账支票）和号码。

对方科目栏：是指与银行存款账户发生对应关系的账户的名称，表明银行存款收入的来源和支出的用途，其作用在于了解经济业务的来龙去脉。

收入、支出栏：是指银行存款实际收付的金额。每日结束后，应分别计算本日银行存款的收入合计数和支出合计数，并结算出余额，计入"余额"栏，做到日清。并定期与银行对账单进行核对，以保证银行存款日记账记录的正确性。月终，应计算出银行存款全月的收入合计数和支出合计数，并结算出月末余额，进行月结。

（3）银行存款日记账应用举例。表6-3所示的现金日记账的内容，是根据第五章第五节景荣公司12月经济业务所编制的记账凭证登记的银行存款日记账。

表6-3　　　　　　　　　　银行存款日记账

2013年		凭证编号	摘要		摘要	借方	贷方	余额
月	日		类	号码				
12	1	银收1	进账	1	收投资款	3 000 000 00		3 000 000 00
	3	银付1	支票	1 110	购买车床一台		250 000 00	2 750 000 00
	3	银收2	借据	2 034	借入3个月短期借款	1 500 000 00		4 250 000 00
	11	银收3	借据	2 036	向银行借入2年期借款	1 200 000 00		5 450 000 00
	11	银付2	现支	2 116	提现		50 000 00	5 400 000 00
	11	银付3	转支	1 111	购买丙材料		351 000 00	5 049 000 00
	12	银付4	转支	1 112	支付丙材料运费		12 000 00	5 037 000 00
	14	银付5	转支	1 113	预付材料款		400 000 00	4 637 000 00
	25	银收4	进账	2	收到多付的预付款	37 000 00		4 674 000 00
	31	银付6	转支	1 114	预付3个月车间排污费		60 000 00	4 614 000 00
	31	银收5	进账	3	销售产品	1 872 000 00		6 486 000 00
	31	银付7	转支	1 115	为福宁公司代垫运费		30 000 00	6 456 000 00
	31	银收6	进账	4	向北京宏远公司销售丙材料	585 000 00		7 041 000 00
	31	银付8	转支	1 116	支付广告费		50 000 00	6 991 000 00
	31	银付9	转支	1 117	购买办公用品		13 000 00	6 978 000 00
	31	银付10	转支	1 118	向受灾地区捐款		50 000 00	6 928 000 00
	31	银付11	转支	1 119 - 1 120	支付股利		600 000 00	6 328 000 00
	31				本月合计	8 194 000 00	1 866 000 00	6 328 000 00

三、分类账的设置与登记

分类账分为总分类账和明细分类账两种。

（一）总分类账的设置与登记

总分类账是按一级会计科目设置，用以登记全部经济业务的账簿。总分类账不仅能够全面、总括地反映经济业务情况，并为会计报表的编制提供资料，同时也对其所属的各明细账起控制作用，因此任何单位都必须设置总分类账。

总分类账一般都采用三栏式订本账。在账页中设有借方、贷方和余额三个金额栏。其格式及内容如表6-4与表6-5所示。

表6-4　　　　　　　　根据记账凭证登记的原材料总分类账

总　分　类　账
SUBSIDIARY LEDGER　　　　　　　　　　　　　　第12页

会计科目及编号：原材料

2013年		凭证编号	摘　要	借　方	贷　方	借或贷	余额
月	日						
12	13	转　2	丙材料验收入库	31 200.00			
	14	转　3	购入甲乙材料	185 520.00			
	15	转　4	购入甲材料	31 440.00			
	25	转　5	购入丙材料	31 200.00			
	31	转　7	领用材料		120 000.00		
	31	转　17	销售丙材料		31 200.00		
			本月合计	279 360.00	151 200.00	借	128 160.00

表6-5　　　　　　　　根据科目汇总表登记的原材料总分类账

总　分　类　账
SUBSIDIARY LEDGER　　　　　　　　　　　　　　第12页

会计科目及编号：原材料

2013年		凭证编号	摘　要	借　方	贷　方	借或贷	余额
月	日						
12	31	科汇1	12月1~31日所有记账凭证汇总	279 360.00	151 200.00	借	128 160.00
			本月合计	279 360.00	151 200.00		128 160.00

总分类账可以直接根据各种记账凭证逐日逐笔进行登记（见表6-4），也可以将一定时期的各种记账凭证先汇总编制科目汇总表或汇总记账凭证，再据以登记总账（见表6-5），

总分类账的登记方法取决于所采用的账务处理程序，账务处理程序的内容将在第七章详细讲述。

（二）明细账的设置与登记

明细分类账是按照总账所属的明细科目设置的，分类登记经济业务的账簿。根据各单位的实际需要，可以按照二级科目或三级科目开设账户，用来分类、连续地记录有关资产、负债、所有者权益、收入、费用及利润的详细资料，提供编制会计报表所需要的数据。明细分类账可以采用三栏式、多栏式和数量金额式三种格式。

1. 三栏式明细账的设置和登记。三栏式明细账在账页中只设有借方、贷方和余额三个金额栏。它适用于只需要提供价值信息的账户。如应收账款明细账、应付账款明细账等都可采用三栏式。三栏式明细账是由根据审核后的记账凭证，按经济业务发生的时间先后顺序逐日逐笔进行登记的。三栏式明细账账页格式及内容见表6-6。

表6-6　　　　　　　　　预付账款—星光公司明细账
明　细　分　类　账

总账科目：　预付账款

明细科目：　星光公司

第　页
连续第

2013年		凭证编号	摘　要	借　方	贷　方	借或贷	余额
月	日						
12	14	银付 5	预付材料款	40 000.00		借	40 000.00
	20	转 5	收到丙材料		36 300.00	借	3 700.00
	25	银收 4	收到多付的预付款		3 700.00	平	0.00
			本月合计	40 000.00	40 000.00	平	0.00

表6-6所示的预收账款明细账的内容，是根据第五章第五节景荣公司12月经济业务所编制的记账凭证登记的"预收账款—星光公司"的明细账。

2. 数量金额式明细账的设置和登记。数量金额式明细账的账页，设有入库、出库和结存三大栏次，并在每一大栏下设有数量、单价和金额三个小栏目。这种格式适用于既要进行数量核算，又要进行金额核算的各种财产物资类账户。如"原材料"、"产成品"等账户的明细分类核算。数量金额式明细分类账的账页格式及内容如表6-7、表6-8、表6-9所示。

表 6-7　　　　　　　　　　"原材料—甲材料"明细账
原　材　料

最高存量 _____
最低存量 _____
编　号　　J1　　　　规　格 ____　　单　位　千克　　　名　称　甲材料

| 2013年 || 凭证号数 | 摘要 | 账页 | 借方 ||| 贷方 ||| 结存 |||
月	日				数量	单价	金额	数量	单价	金额	数量	单价	金额
12	14	转3	购入甲材料		1 000	52.40	52 400.00				1 000	52.40	52 400.00
	15	转4	购入甲材料		600	52.40	31 440.00				1 600	52.40	83 840.00
	31	转7	领用甲材料					1 335.88	52.40	70 000.00	264.12	52.40	13 840.00
			本月合计		1 600	52.40	83 840.00	1 335.88	52.40	70 000.00	264.12	52.40	13 840.00

表 6-8　　　　　　　　　　"原材料—乙材料"明细账
原　材　料

最高存量 _____
最低存量 _____
编　号　　Y1　　　　规　格 ____　　单　位　千克　　　名　称　乙材料

| 2013年 || 凭证号数 | 摘要 | 账页 | 借方 ||| 贷方 ||| 结存 |||
月	日				数量	单价	金额	数量	单价	金额	数量	单价	金额
12	14	转3	购入乙材料		1 300	102.40	133 120.00				1 300	102.40	133 120.00
	31	转7	领用乙材料					390.62	102.40	40 000.00	909.38	102.40	93 120.00
			本月合计		1 300	102.40	133 120.00	390.62	102.40	40 000.00	909.38	102.40	93 120.00

表 6-9　　　　　　　　　　"原材料—丙材料"明细账
原　材　料

最高存量 _____
最低存量 _____
编　号　　B　　　　规　格 ____　　单　位　千克　　　名　称　丙材料

| 2013年 || 凭证号数 | 摘要 | 账页 | 借方 ||| 贷方 ||| 结存 |||
月	日				数量	单价	金额	数量	单价	金额	数量	单价	金额
12	13	转2	丙材料入库		500	62.40	31 200.00				500	62.40	31 200.00
	20	转5	收到丙材料		500	62.40	31 200.00				1 000	62.40	62 400.00
	31	转7	领用丙材料					160.25	62.40	10 000.00	839.75	62.40	52 400.00
	31	转17	已销丙材料成本					500	62.40	31 200.00	339.75	62.40	21 200.00
			本月合计		1 000	62.40	62 400.00	560.25	62.40	41 200.00	339.75	62.40	21 200.00

数量金额式明细账可以由会计人员根据原始凭证按照经济业务发生的时间先后顺序逐日逐笔进行登记，也可以由仓库保管员根据原始凭证按照时间先后顺序逐日逐笔进行登记。

表6-7、表6-8、表6-9是根据第五章第五节景荣公司12月经济业务所编制的记账凭证登记的"原材料—甲材料"、"原材料—乙材料"和"原材料—丙材料"的明细账。

3. 多栏式明细账的设置和登记。多栏式明细分类账，是根据经济业务的特点和经营管理的需要，在一张账页上按有关明细项目分设若干栏目，集中反映某一经济业务的详细资料。它适用于费用、成本、收入等明细分类核算，如"生产成本"明细账、"管理费用"明细账、"制造费用"明细账等。按照明细分类账登记的经济业务的特点不同，多栏式明细分类账账页又可分为：借方多栏式、贷方多栏式和借贷方多栏式三种格式。

（1）借方多栏式明细账的账页格式及内容如表6-10、6-11、6-12所示。

表6-10　　　　　　　　　　　　　生产成本明细账—A产品

2013年		凭证编号	摘要	借方	借方（成本项目）		
月	日				直接人工	直接材料	制造费用
12	30	转6	结算本月工资	30 000.00	30 000.00		
12	31	转7	领用原材料	60 000.00		60 000.00	
12	31	转10	分配的制造费用	11 408.40			11 408.40
			本月生产成本合计	101 408.40	30 000.00	60 000.00	11 408.40
12	31	转11	结转本月完工产品成本	101 408.40	30 000.00	60 000.00	11 408.40
			期末余额	0			

表6-11　　　　　　　　　　　　　生产成本明细账—B产品

2013年		凭证编号	摘要	借方	借方（成本项目）		
月	日				直接人工	直接材料	制造费用
12	30	转6	结算本月工资	20 000.00	20 000.00		
12	31	转7	领用原材料	50 000.00		50 000.00	
12	31	转10	结转本月制造费用	7 605.60			7 605.60
			本月生产成本合计	77 605.60	20 000.00	50 000.00	7 605.60
12	31	转11	结转本月完工产品成本	77 605.60	20 000.00	50 000.00	7 605.00
12	31		期末余额	0			

表 6-12　　　　　　　　　　管理费用 明 细 账

2013年		凭证编号	摘要	借方	工资	折旧	办公费	差旅费	……
月	日								
12	30	转 6	结算本月工资	6 000.00	6 000.00				
	31	转 8	计提本月折旧	350.00		350.00			
	31	银付 9	购买厂部用办公用品	1 300.00			1 300.00		
	31	现付 3	王玉报销差旅费	1 600.00				1 600.00	
	31	转 22 2/2	费用结转至本年利润	9 250.00	6 000.00	350.00	1 300.00	1 600.00	
			本月合计	0.00	0.00	0.00	0.00	0.00	

表 6-10、表 6-11、表 6-12 是根据第五章第五节景荣公司 12 月经济业务所编制的记账凭证登记的"生产成本—A 产品"、"生产成本—B 产品"和"管理费用"明细账。

（2）贷方多栏式明细账的账页格式及内容如表 6-13 所示。

表 6-13　　　　　　　　　　主营业务收入 明 细 账

2013年		凭证编号	摘要	贷方	A产品	B产品	……
月	日						
12	31	银收 5	销售 A、B 产品	160 000.00	100 000.00	60 000.00	
	31	转 13	销售 A、B 产品	80 000.00	40 000.00	40 000.00	
	31	转 15	销售 B 产品	100 000.00		100 000.00	
	31	转 21	结转收入至本年利润	240 000.00	140 000.00	200 000.00	
	31		本月余额	0.00	0.00	0.00	

表 6-13 是根据第五章第五节景荣公司 12 月经济业务所编制的记账凭证登记的"主营业务收入—A 产品"、"主营业务收入—B 产品"明细账。

（3）借、贷方多栏式明细账的账页格式及内容如表 6-14 所示。

表 6-14　　　　　　　　　　　　　　应缴税费明细账

2013年		凭证编号	摘要	借方				贷方				借或贷	余额
月	日			进项税	已缴税金	出口抵税	转出未缴税	销项税	出口退税	进项税转出	转出多缴税		
12	3	银付1	购车床1台	3 400.00									
	11	银付3	购买丙材料	5 100.00									
	14	转3	购买甲乙材料	30 600.00									
	15	转4	购入甲材料	5 100.00									
	20	转5	收到丙材料	5 100.00									
	31	银收5	销售产品					27 200.00					
	31	转13	向蓝岛公司销售产品					13 600.00					
	31	转15	向福宁公司销售产品					17 000.00					
	31	银收6	向北京宏远公司销售丙材料					8 500.00					
			本月合计	49 300.00				66 300.00				贷	17 000.00

表 6-14 是根据第五章第五节景荣公司 12 月经济业务所编制的记账凭证登记的"应缴税费—应缴增值税"明细账。

(三) 总分类账与明细账的平行登记

各核算单位在按照总分类账户设置总分类账的同时，还应按明细分类账户设置明细分类账。这样，不仅能够从总分类账簿中了解每一个总账账户的总括情况，还可以通过有关的明细分类账了解该账户的详细具体的情况。所以总分类账与明细账两者之间要进行平行登记。所谓平行登记是指对发生的经济业务，要根据同一张会计凭证，一方面登记有关总分类账，另一方面登记该总分类账所属各有关明细分类账。

平行登记的要点：

1. 登记的依据相同。
2. 登记的期间相同。
3. 登记的方向一致。
4. 登记的金额相等。

表 6-4 与表 6-6、表 6-7、表 6-8 是根据第五章第五节景荣公司 12 月经济业务所编制的记账凭证登记的"原材料"总账与"原材料—甲材料"、"原材料—乙材料"和"原材料—丙材料"明细账。

可以看出：

(1) 原材料总分类账本期发生额与其所属甲、乙、丙材料明细账的本期发生额合计相等。

（2）原材料总分类账的期末余额与其所属甲、乙、丙材料明细账的期末余额合计相等。企业全部经济业务的总分类账与其所属明细账都满足上述相等的关系。

第三节 账簿启用与错账更正

一、账簿的启用与交接

（一）账簿的启用

为了保证账簿记录的严肃性和合法性，明确记账责任，保证资料完整，在账簿启用时，应详细记载：单位名称、账簿编号、账簿页数、启用日期、加盖单位公章、经管人员（包括单位主管、主管会计、复核和记账人员等）均应登记姓名并加盖印章（见表6-15、表6-16）。

表6-15　　　　　　　　　账簿启用表

用户名称		负责人	职别		盖章	
账簿名称	账簿　　　册		姓名			
账簿号码	第　　　号	主办会计人员	职别			
账簿页数	本账簿共计　　　页		姓名			
启用日期	年　月　日		盖章			

表6-16　　　　　　　　经管本账簿人员一览表

经管人员		盖章	接管		移交		附注
职别	姓名		年 月 日		年 月 日		

（二）会计人员的交接

记账人员调动工作或因故离职时，必须与接管人员办理交接手续，在交接记录栏内填写交接日期、交接人员和监交人员姓名，并由交接双方签字并盖章。一般会计人员办理交接手续，由会计机构负责人监交，而会计机构负责人办理交接手续，由单位负责人监督交接，必要时主管单位可以派人会同监督交接。

二、账簿登记的规则

登记账簿应满足以下要求：

1. 登记账簿必须使用钢笔或签字笔，用蓝黑色墨水书写，不许用铅笔或圆珠笔记账。红色墨水只能在结账、改错、冲销记录中使用。因为在会计工作中，红色数字表示对蓝色数字的冲销、冲减或表示负数。

2. 登记账簿时，应当将会计凭证的日期、编号、业务内容摘要、金额和其他有关资料逐项记入账内。登记完毕后，记账人员要在记账凭证上签名或盖章，并注明已经登账的标记（如订√等），表示已经登记入账，以避免重记或漏记。

3. 各种账簿应按账户页次顺序连续登记，不得跳行、隔页。如果发生跳行、隔页现象，应在空行、空页处用红色墨水画对角线注销，注明"此页或此行空白"字样，并由记账人员签字或盖章。不得随意撕毁或抽换账页。

4. 对于登错的记录，不得刮擦、挖补、涂改或用药水消除字迹等手段更正错误，应采用正确的错账更正规则进行更正。

5. 各账户在一张账页登记完毕结转下页时，应当结出本页合计数和余额，写在本页最后一行和下页第一行有关栏内，并在本页最后一行的"摘要"栏内注明"转次页"字样，在下一页第一行的"摘要"栏内注明"承前页"字样，以便对账和结账（见图6-1）。

6. 账簿中书写的文字或数字不能顶格书写，一般只应占行宽的二分之一，为改错留有余地。

三、错账的更正

（一）错账的查找方法

错账的查找方法有两种：个别检查法和全面检查法。

1. 个别检查法。个别检查法是针对错账的数字错误进行检查的方法。它适用于记反方向、数字错位、数字颠倒等造成的错误。一般的方法有：

（1）差数法。差数法是根据错账的金额差数去查找漏记金额的一种方法。具体讲，如果登记了某项经济业务的一部分，或在计算账户余额时漏算了一项记录，于是就遗漏一笔金

总账

会计科目：原材料

2001年		凭证		摘　要	借方	贷方	借或贷	余额
月	日	种类	号数					
2	5			承前页			借	20000
	5	转	25	入库	100000		借	30000
	7	转	30	出库		5000	借	25000
	8			过次页	100000	5000	借	25000

账面的最后一行

总账

会计科目：原材料

2001年		凭证		摘　要	借方	贷方	借或贷	余额
月	日	种类	号数					
2	8			承前页	100000	5000	借	25000

新账页的第一行

图 6-1　账簿登记的规则

额，所导致的差数就等于被遗漏项目的金额。这种方法对于查找漏记账比较方便。

（2）二除法。指将差额数除以2以查找错账的方法。在记账时，如果在记账过程中出现错将借方金额记录在贷方或相反情况，则必然会出现一方（借方或贷方）合计数增多，而另一方（贷方或借方）合计数减少的现象，其差额应是记错方向金额数字的2倍，而且差错数必为偶数。对于这种错误的查找，则可采用二除法，即用差错数除以2，得出的商数就是账中记错方向的数字。这样，在账目中去寻找差错的数字就有了一定的目标，而不必逐笔查找。例如，某月总账账户借方合计数比贷方合计数大1 000元，用1 000除以2，等于500元，则在总账账户中去查找是否有一笔记录金额为500元的业务，错将借方金额登记在了贷方。由此可见，二除法是查找出现方向记反错误的有效方法，凡是差数为偶数的，可以先采用二除法查找。

（3）九除法。即通过将差数除以9来检查错账的方法。这种方法主要适用于：①数字错位情况。如果差错的数额较大，就应检查是否在记账时发生了数字错位。因为在登账过程中，往往会把十位数错记为百位数，或者错将千位数记成百位数等。出现错位这种错误情况，其差数均可被9整除，其商数就是要查找的差错数。例如，某笔记录将1 000元错记为100元，其差数为-900，将差数被9除，商数为-100元，则应在账目记录中去查找是否有将1 000元错记成100元的记录；同理，若出现将100元错记为1 000元，其差数为+900元，用9去除，商数为+100元，则应在总账记录中查找是否有将100元错记成1 000元的记录。②倒码的情况。即将一笔金额中相邻的两位数字或相邻的三位数字记颠倒的错误。这种错误，也可以采用"九除法"进行查找。同样是用差数去除以9，也为整数。然后在账簿记录中去检查是否出现数字颠倒的错误。例如，将金额89元记成98元，差数为9，用9去除，商数为1。又如，将金额386元记为638元，差数为252元，然后用9去除，商数为

28。因此,"除9法"不仅适用于错位的查找,也适用于倒码的查找。

2. 全面检查法。全面检查法是对一定时期的账目进行全面核对检查的方法。主要有顺查法和逆查法。

（1）顺查法。它是按账务处理的顺序,从头到尾进行全面核对,直至找到错误为止的方法。首先,检查记账凭证和所附原始凭证记录的内容是否相符、计算有无错误等；然后,将记账凭证和所附原始凭证与有关总分类账、日记账、明细分类账逐项进行核对；最后,检查试算平衡表是否抄错。

（2）逆查法。它是按与账务处理相反的顺序,从后向前进行核对的方法。首先,检查试算平衡表中本期发生额及期末余额的计算是否正确；然后,逐笔复核账簿记录是否与记账凭证相符；最后,检查记账凭证与原始凭证的记录是否相符。该方法是实际工作中常用的查错方法。

（二）错账的更正方法

在根据审核后的原始凭证和记账凭证进行账簿登记的过程中,由于种种原因,不可避免地会发生各种各样的错误。更正错账的方法主要有以下三种。

1. 画线更正法。画线更正法适用于在每月结账前,发现账簿记录中的文字或数字有错误,而其所依据的记账凭证没有错误,应采用画线更正法进行更正。

更正方法是：先将错误的文字或数字用一条红色横线全部注销,但原有文字或数字必须清晰可见,然后,在画线上方的空白处用蓝字或黑字填写正确的文字或数字,并由更正人员在更正处签章,以明确责任。采用这种方法更正错账时应注意：①对于文字差错,只划去错误的文字,并相应的予以更正,而不必将全部文字划去；②对于数字差错,应将错误的数额全部划去,而不能只划去错误数额中的个别数字。例如,将5 689误记为5 698,应在5 698上划一条红线,而不能只划其中的98,然后在5 698的上方填写正确的数字5 689。

2. 红字更正法。红字更正法主要适用于以下两种情况：

（1）记账凭证中使用的会计科目或记账方向有错误。

记账以后,发现记账凭证中使用的会计科目或记账方向有错误,应采用红字更正法进行更正。其更正的方法是,首先用红字填制一张与原错误记账凭证内容完全相同的记账凭证,在"摘要"栏注明"更正××号凭证的错误",并据以用红字登记入账,以冲销原错误记录；然后,再用蓝字填制一张正确的记账凭证,并据以用蓝字登记入账。

【例6-1】车间生产产品领用材料58 000元。

填制的记账凭证为：

借：管理费用　　　　　　　　　　　　　　　　　　　　　　58 000
　　贷：原材料　　　　　　　　　　　　　　　　　　　　　　　　58 000

当发现记账存在错误时,进行更正时,先填制一张与原错误记账凭证内容完全相同的红字记账凭证,并据以登记入账。

借：管理费用　　　　　　　　　　　　　　　　　　　　　58 000 （红字）
　　贷：原材料　　　　　　　　　　　　　　　　　　　　　　　58 000 （红字）

再填制一张蓝字正确的记账凭证，并据以登记入账。

　　借：生产成本　　　　　　　　　　　　　　　　　　　　　　58 000
　　　　贷：原材料　　　　　　　　　　　　　　　　　　　　　　58 000

（2）所记金额大于应记金额。记账以后，发现只是所记金额大于应记金额并据以登记账簿，而记账凭证中应借、应贷会计科目和记账方向都无错误，应采用红字更正法进行更正。其更正的方法是：将多记的金额用红字填制一张与原错误记账凭证的会计科目、记账方向相同的记账凭证，并据以用红字登记入账，以冲销多记金额。

【例 6-2】某企业以现金 1 200 元购买办公用品。

填制记账凭证时，将金额误记为 2 100 元，并已登记入账。

　　借：管理费用　　　　　　　　　　　　　　　　　　　　　　2 100
　　　　贷：库存现金　　　　　　　　　　　　　　　　　　　　　2 100

发现所记金额大于应记金额后，应以多记金额 900（2 100-1 200）元，用红字填制一张与上述分录应借、应贷科目一致的记账凭证，并红字据以登记入账。

　　借：管理费用　　　　　　　　　　　　　　　　　　　900（红字）
　　　　贷：库存现金　　　　　　　　　　　　　　　　　　900（红字）

3. 补充登记法。补充登记法适用于记账以后，发现记账凭证中应借、应贷会计科目和记账方向都正确，只是所记金额小于应记金额并据以记账。应采用补充登记法予以更正。更正的方法是：将少记金额用蓝字填制一张与原错误记账凭证科目名称和方向一致的记账凭证，并用蓝字据以登记入账，以补足少记的金额。

【例 6-3】某企业以现金 1 200 元购买办公用品。

填制记账凭证时，将金额误记为 200 元，并已登记入账。

　　借：管理费用　　　　　　　　　　　　　　　　　　　　　　　200
　　　　贷：库存现金　　　　　　　　　　　　　　　　　　　　　　200

发现少记金额 1 000（1 200-200）元后，用蓝字编制一张与上述分录科目名称、方向一致的记账凭证，并用蓝字据以登记入账。

　　借：管理费用　　　　　　　　　　　　　　　　　　　　　　1 000
　　　　贷：库存现金　　　　　　　　　　　　　　　　　　　　　1 000

第四节　对账与结账

一、对账

（一）对账的概念及其作用

对账就是核对账目，即在经济业务入账以后，于平时或月末、季末、年末结账之前，对各种账簿记录所进行的核对。

通过对账，可以及时发现和纠正记账及计算的差错，保证各种账簿记录的完整和正确，以便如实反映经济活动情况，并为会计报表的编制提供真实可靠的资料。

（二）对账的内容

1. 账证核对。账证核对指各种账簿的记录与记账凭证及其所附的原始凭证相核对。这种核对通常是在日常编制凭证和记账过程中进行的，以使错账能及时发现并得到更正。核对重点是凭证所记载的业务内容、金额、分录是否与账簿中的记录一致。

2. 账账核对。账账核对指各种账簿之间的有关数字进行核对。主要包括：

（1）总账中各账户期末借方余额合计与各账户期末贷方余额合计核对相符。

（2）总账各账户的本期的借、贷方发生额、期末余额与其所属的各明细账的本期借、贷方发生额合计、期末余额合计核对相符。

（3）日记账的余额与总账各账户的余额核对相符。

（4）会计部门与财产物资保管或使用部门的财产物资明细账核对相符。

3. 账实核对。账实核对是将各财产物资的账面余额与实有数额进行核对。主要包括：

（1）现金日记账的余额与现金实际库存数相核对，并保证日清月结；

（2）银行存款日记账的余额与银行送来的对账单相核对，每月最少一次；

（3）各种材料、物资、产品明细账的余额与其实物数额相核对；

（4）各种应收、应付款明细账余额与有关债务、债权单位的账目相核对。

账实核对又称财产清查，财产清查的内容第八章详细讲述。

二、结账

（一）结账的概念

结账是指在把一定时期（月份、季度、年度）内所发生的全部经济业务登记入账的基础上，在期末按照规定的方法计算出该期发生额合计数和余额，并将其余额结转下期的一项会计工作。

结账能够全面、系统地反映企业一定时期内发生的全部经济活动所引起的会计要素等方面的增减变动情况及其结果；结账可以合理地确定企业在各会计期间的净收益，便于企业合理地进行利润计算和分配；结账有利于企业定期编制会计报表，结账工作的质量，直接影响着会计报表的质量。

（二）结账的程序与要求

1. 将本期发生的经济业务全部登记入账，并保障其正确性。既不能提前结账，也不能将本期已经发生的经济业务延至下期入账。

2. 根据权责发生制原则，调整有关账项，合理确定本期应计的收入和应计的费用。具体包括：应计收入和应计费用的调整、生产成本的计算结转、损益的计算调整、年末利润的清算以及待摊费用的结转等。

3. 结账时应计算出各账户的期末余额，本期发生额的结转应视实际情况而定。在本期全部经济业务登记入账的基础上，应当结算现金日记账、银行存款日记账，以及总分类账和明细分类账各账户的本期发生额和期末余额，并结转下期。

（三）结账的种类和方法

结账按其结算时期不同，主要有月结、季结和年结三种，如表 6-17 所示。

表 6-17　　　　　　"现金日记账"结账

2013年		凭证编号	摘　要	对应科目	十万千百十元角分	十万千百十元角分	十万千百十元角分
月	日						
12	11	银付2	提现	银行存款	5 0 0 0 0 0		5 0 0 0 0 0
	11	现付1	王玉借差旅费	其他应收款		1 4 0 0 0 0	3 6 0 0 0 0
	31	现付2	购车间办公用品	制造费用		7 4 0 0 0	2 8 6 0 0 0
	31	现付3	王玉报销差旅费	管理费用		1 6 0 0 0 0	1 2 6 0 0 0
	31	现收1	王玉归还借款	其他应收款	1 4 0 0 0 0		2 6 6 0 0 0
	31	现收2	收违纪罚款	营业外收入	1 0 0 0 0 0		3 6 6 0 0 0
	31		本月合计		7 4 0 0 0 0	3 7 4 0 0 0	3 6 6 0 0 0
			本年合计		7 4 0 0 0 0	3 7 4 0 0 0	3 6 6 0 0 0

1. 月结。月结时应考虑各账户的特点分别采用不同的方法，具体如下：

（1）对不需要按月结计本期发生额而只求余额的明细账每次记账以后，都要随时结出余额。如结算类、资本类、财产物资类账户明细账，要在最后一笔经济业务记录行的下一行并紧靠上线通栏画单红线（称为"结账线"），不需要再结计一次余额。画线的目的，是为了突出有关数字，表示本期的会计记录已经截止或者结束，并将本期与下期的记录明显分开。

（2）对需要按月结计发生额和期末余额的账户月末结账时，要加计本月的发生额并计算出余额。如现金、银行存款日记账、采用"记账凭证核算形式"所登记的总账、成本费用类明细账、采用"账结法"下的损益类明细账等；要在最后一笔经济业务记录行的下一行（月结行）并紧靠上线画通栏单红线，并在其行内结出本月发生额和余额；在日期栏内填写本月最后一天的号数，在摘要栏内注明"本月合计"字样，再在"月结行"的下一行并紧靠上线画通栏单红线。

（3）对需要结计本年累计发生额的账户既要进行本月发生额的月结，又要进行年度累计发生额的月结。如"本年利润"、"利润分配"总账及所属明细账、采用"表结法"下的损益类账户；每月结账时，先在该月最后一笔经济业务记录的下一行（月结行）并紧靠上线画通栏单红线，进行月结；然后再在"月结行"行的下一行（本年累计行），结出自年初始至本月末止的累计发生额和月末余额，在摘要栏内注明"本年累计"字样，并在本年累计行的下一行紧靠上线通栏画单红线。

（4）总账（除"本年利润"、"利润分配"账户和采用"记账凭证核算形式"所登记的总账）平时只需结出月末余额，即只需要在最后一笔经济业务记录之下通栏画红单线，不需要再结计一次发生额。

2. 季结。季度结账一般是总账才需要，由于总账在年终结账时要将所有总账结出全年发生额和年末余额，以便于总括反映本年全年各项资金运动情况的全貌并核对账目，而总账在各月只结余额而不结发生额，为减少年终结账的工作量而把工作做在平时，对于总账就要进行季结。即在每季度结束时，应在季末月份月结后，分别结算出本季度借方、贷方本期发生额合计数和期末余额，在"摘要"栏内注明"本季度累计"字样，并在该行下面再画一条通栏单红线。

3. 年结

（1）年末没有余额。如果总账年末没有余额，将总账在第四季度季结"本季度累计"行下一行的"摘要"栏内注明"本年合计"字样，加计1～4季度的"本季度累计"，填在该行的"借方"、"贷方"栏内，并在"借或贷"栏写"平"字和"余额栏"画"－0－"符号，然后在"本年合计"行下通栏画双红线（称为"封账线"，下同），封账即可。如果明细账年末没有余额，对只需结计余额的，只需在12月最后一笔经济业务记录之下通栏画双红线，封账即可；对于需要按月结计发生额和结计本年累计发生额的某些明细账，则需在12月末的"本月合计"或"本年累计"行下通栏画双红线，封账即可。

（2）年末有余额。对于总账，应分借、贷方加计1～4季度的"本季度累计"，并将其发生额和年末余额（12月份月末的余额）填在第四季度季结"本季度累计"行下一行的相关栏内，同时在该行的"摘要"栏内注明"本年合计"字样；对于明细账，如果是只需结计期末余额和结计本年累计发生额的12月份的月结就是年结；而需要按月结计发生额的，还需要在12月份月结的基础上分借、贷方加计全年的发生额，并将其发生额和年末余额（12月份月末的余额）填在12月份月结行的下一行相关栏内，同时在该行的"摘要"栏内注明"本年合计"字样。

（3）结转下年。要将其年末余额结转下年，即将余额记入新账第一页第一行的"余额"栏内，并在新账第一行的"摘要"栏内注明"上年结转"字样；同时，需在"本年合计"行下一行的"摘要"栏内注明"结转下年"字样，并将余额记入同一行的"余额"栏内，然后在"结转下年"行下画两条通栏红线，封账即可。结转下年既不需要编制记账凭证，也不必以相反的方向记入下一行（"结转下年"行）的发生额栏内，使本年有余额的账户的余额为零。因为，既然年末是有余额的账户，其余额应当如实地在账户中加以反映，否则，容易混淆有余额的账户和没有余额的账户的区别。

说明：表6－17是第五章第五节景荣公司的2013年经济业务的所记录的"现金日记账"的结账情况，因该公司是2013年12月才成立，故2013年12月初没有期初余额，2013

年的"本月合计"、"本季合计"与"本年合计"数是一致的。

第五节　账簿的更换与保管

一、账簿的更换

为了保持会计账簿资料的连续性和完整性，在每一会计年度终了，新的会计年度开始时，应该按照会计制度的规定进行各类账簿的更换。

（一）更换的时间要求

账簿的更换是指在会计年度终了，年度结账完毕后，以新账代替旧账。为了便于账簿的使用和管理，一般情况下，总分类账、现金日记账和银行存款日记账和大部分明细账都应每年更换一次；对于在年度内业务发生量较少，账簿变动不大的部分明细账，如固定资产明细账和固定资产卡片账，可以连续使用，不必每年更换；各种备查账簿也可以连续使用。

（二）建立新账的注意事项

建立新账时，除了要遵守账簿启用规则以外，还需要注意以下几点：

1. 更换新账时，要注明各账户的年份，然后在第一行日期栏内写明1月1日；在摘要栏内注明"上年结转"或"上年余额"字样；最后根据上年账簿的账户余额直接写在"余额"栏内。在此基础之上再登记新年度所发生的相关会计事项。

2. 总账应根据各账户经济业务的多少，合理估计各账户在新账中所需要的账页，并填写账户目录，然后据以设立账户。

3. 对于有些有余额的明细账，如应收账款、应付账款、其他应收款、其他应付款等明细账，必须将各明细账户的余额，按照上述的方法，详细填写在新建明细账相同的明细账户下，以备清查和查阅；对于采用借贷方多栏式的应缴增值税明细账，应按照有关明细项目的余额采用正确的结转方法予以结转。

订本式的账簿，如在年度中间记满需要更换新账时，也与年初更换新账一样，办理同样的手续。

二、账簿的保管

会计账簿是各单位重要的会计档案资料，必须健全账簿管理制度；妥善保管单位的各种账簿。考虑到账簿使用的特点，账簿管理制度主要包括日常管理和旧账归档保管两部分内容。

（一）会计账簿的日常管理

1. 各种账簿要分工明确，并指定专人管理，一般是谁负责登记，谁负责管理。
2. 会计账簿未经本单位领导或会计部门负责人允许，非经管人员不得翻阅查看会计账簿。
3. 会计账簿除需要与外单位核对账目外，一律不准携带外出。对需要携带外出的账簿，必须经本单位领导和会计部门负责人批准，并指定专人负责，不准交给其他人员管理，以保证账簿安全和防止任意涂改账簿等现象的发生。

（二）会计账簿的归档保管

年度结账后，对需要更换新账的账簿，应将旧账按规定程序整理并装订成册，归档保管。旧账装订时应注意以下事项：

1. 活页账簿的装订。一般按账户分类装订成册，一个账户装订一册或数册；某些账户账页较少，也可以几个账户合并装订成一册；应将装订线用纸封口并由经办、装订及会计主管人员在封口处签章；旧账装订完毕后，交由会计档案保管人员造册归档。将全部账簿按册数顺序或保管期限统一编写"会计账簿归档登记表"。

2. 会计档案的内容及保管要求。会计档案是指会计凭证、会计账簿、会计报告和其他（包括银行存款余额调节表、银行对账单、会计档案移交清册、会计档案保管清册和会计档案销毁清册等）等会计核算专业材料；各单位必须建立会计档案的立卷、归档、保管、查阅和销毁等管理制度，保证会计档案妥善保管、有序存放、方便查阅，严防毁损、散失和泄密。

3. 保管机构和保管人员。各单位应设立会计档案保管机构，未设立会计档案保管机构的，应在会计机构内部指定专人保管，但出纳不得兼管会计档案。

4. 存档办法。各单位当年形成的会计档案，由会计机构按照归档要求，负责整理立卷，装订成册，编制会计档案保管清册。当年形成的会计档案，在会计年度终了后，可暂由会计机构保管一年，期满之后，再归档保管。

5. 保管期限分为永久和定期两类。年度会计报告、会计档案保管清册和会计档案销毁清册为永久保存；月、季度会计报告保管期限为3年；银行存款余额调节表、银行对账单为5年；固定资产卡片的保管期限为固定资产报废清理后再保管5年；会计凭证、总账、明细账和会计移交清册的保管期限为15年；现金、银行存款日记账的保管期限为25年。

6. 各单位保存的会计档案不得借出，如有特殊需要，经本单位负责人批准，可以提供查阅或者复制，并办理登记手续。

7. 会计档案保管期满，单位负责人签署意见后，可以进行销毁。销毁会计档案时，由档案机构和会计机构共同派员监销，并办理销毁登记手续。销毁后，应将监销情况报告本单位负责人。

【思考题】

1. 简述账簿的含义、作用。
2. 简述账簿的类型及适用范围。
3. 现金日记账、银行存款日记账如何登记？
4. 简述错账更正方法及适用范围。
5. 简述对账的内容。

【技能训练】

一、目的：练习登记现金日记账和银行存款日记账。

资料：某公司 2013 年 10 月 31 日银行存款日记账余额为 600 000 元，现金日记账余额为 4 000 元。11 月上旬该公司发生下列现金和银行存款的收付业务：

(1) 1 日，收到国家投入资本金 26 000 元，存入银行。
(2) 1 日，以银行存款 20 000 元归还短期借款。
(3) 2 日，以银行存款 10 000 元偿付向宏达公司的购料款。
(4) 2 日，到银行存入现金 2 000 元。
(5) 2 日，职工王丽出差暂借差旅费 1 000 元，现金支付。
(6) 3 日，从银行提取现金 2 000 元备用。
(7) 4 日，收到光大公司上月欠本公司的购货款 60 000 元，存入银行。
(8) 4 日，以银行存款 51 000 元支付购买材料款。
(9) 8 日，开出转账支票，分发工资 18 000 元。
(10) 8 日，以银行存款 1 800 元支付本月电费。
(11) 9 日，销售产品一批，收到货款 20 000 元，增值税款 3 400 元，存入银行。
(12) 9 日，以银行存款支付广告费 10 000 元。
(13) 10 日，上缴城市维护建设税 3 000 元，教育费附加 200 元。

要求：

1. 根据经济业务填制收款凭证、付款凭证。
2. 登记银行存款日记账和现金日记账，并结出余额。

二、目的：练习错账更正方法。

资料：某企业 2009 年 8 月查账时发现下列错账：

(1) 从银行提现金 3 500 元，过账后，原始记账凭证没错，账簿错将金额记为 5 300 元。

(2) 接受某企业投资固定资产，评估确认价值 70 000 元。查账时发现凭证与账簿均记为

借：固定资产　　　　　　　　　　　　　　　　　　　　70 000
　　贷：资本公积　　　　　　　　　　　　　　　　　　　　　70 000

(3) 用银行存款 5 000 元购入 10 台小型计算器，查账时发现凭证与账簿均记为

借：固定资产　　　　　　　　　　　　　　　　　　　　5 000
　　贷：银行存款　　　　　　　　　　　　　　　　　　　　　5 000

（4）以银行存款偿还短期借款4 000元，查账时发现凭证与账簿中科目没有记错，但金额均记为40 000元。

（5）以一张商业承兑汇票抵付应付账款，查账时发现科目没错，但凭证与账簿均多记54 000元。

（6）将一部分盈余公积金按规定程序转为实收资本，查账时发现凭证与账簿均将金额少记72 000元。

要求：按正确的方法更正以上错账。

第七章 会计账务处理程序

【知识点】
1. 了解会计循环及步骤；
2. 熟悉各种账务处理程序的步骤；
3. 掌握各种账务处理程序的优、缺点及适用范围。

【技能点】
1. 编制记账凭证并登记总分类账的能力；
2. 编制科目汇总表并登记总分类账的能力；
3. 面对不同企业，如何选择会计账务处理程序的能力。

第一节 会计账务处理程序的意义及种类

一、会计账务处理程序的意义

（一）会计循环及步骤

会计循环是在经济业务事项发生时，从填制和审核会计凭证开始，到登记账簿，直至编制财务会计报告为止的一系列会计处理程序，即完成一个会计期间会计核算工作的过程。会计循环是一个完整的会计程序的依此续起，在连续的会计期间，这些工作周而复始地不断循环进行。

1. 审核原始凭证，编制记账凭证。会计核算的第一步是审核分析原始凭证的合法性、合理性以及有关人员签章等手续是否齐全等的基础上，在记账凭证中，指明应借、应贷的会计科目及其金额的一种记录，即会计分录。可见，记账凭证是用来编制会计分录的有一定格式的专门表单，是会计分录的载体，其内容包括经济业务的摘要、应借应贷的会计科目及其金额；会计分录则是记账凭证中的基本内容，其有用性在于它的清晰、简明的分析方法。

2. 过账。过账就是将审核无误的记账凭证中的会计分录，按照同一借贷方向及同样金额过入分类账的各有关账户中去的过程。

3. 账项调整。按照企业会计核算应采用权责发生制的要求，确定一定会计期间的收入和费用，必须对那些影响两个或两个以上会计期间的经济业务在本会计期末进行调整。账项调整的目的，是为了真实而客观地反映企业的财务状况和经营成果。

4. 对账。在会计核算工作中，为防止发生账簿记录的差错和账实不符等情况，就有必要对各种账簿记录进行核对，以保证账证相等、账账相等和账实相等。于是，一定的会计期末，账与账之间的核对工作，称其为对账。只有通过对账，才能确保账簿记录的正确无误，才能为编制会计报表提供可靠的资料。

5. 试算平衡。为了检查日常会计分录和记账工作有无差错，于是在会计期末将总分类账各账户所记金额，依其余额的借、贷予以汇总并列制成平衡表的形式，称为试算平衡。试算平衡的意义在于能通过试算表格检查会计记录借贷总额是否相等，初步展示企业财务状况与经营成果的全貌，有利于定期编制财务报表。

6. 结账。结账是指在会计核算工作中，于期末对各种账簿记录所进行的结算工作。即指在会计期末结清所有损益类账户的余额，结转至"本年利润"账户，确定当期损益以反映出所有者权益账户的余额，以便转入下一会计期继续记录。

7. 编制会计报表。会计报表是反映企业财务状况和经营成果的表式报告或书面文件。其包括资产负债表、损益表、现金流量表、附表、附注及财务状况说明书。会计报表是会计人员根据日常会计核算资料归集、加工、汇总而形成的结果，是根据总分类账户和明细分类账户的余额或发生额填列的。

（二）会计账务处理程序的含义

会计账务处理程序是指账簿组织、记账程序和记账方法相结合的方式，也称会计核算组织形式、账务处理程序和记账程序。其中，账簿组织是指账簿的种类、格式和各种账簿之间的相互关系；记账程序和记账方法是指凭证的整理、传递，账簿的登记和根据账簿编制会计报表的程序和方法。不同的会计账务处理程序规定了填制记账凭证、登记账簿、编制会计报表的不同步骤和方法。

会计凭证、会计账簿、会计报表是会计核算方法的三个基本环节，而且彼此之间以一定的形式结合，构成会计核算完整的工作体系，形成了不同的会计账务处理程序。不同的会计主体，为了合理而有效地组织会计核算工作，有必要根据各单位的特色将会计凭证的填制、账簿的设置与登记，以及会计报表的编制按照一定的要求有机地相结合，形成不同的会计账务处理程序。

(三) 会计账务处理程序的意义

在会计核算工作中，为了更好地反映和监督各单位的经济活动，为经济管理提供系统的核算资料，必须相互联系地运用会计核算的具体的专门方法，采用一定的组织程序，规定设置会计凭证、账簿及会计报表的种类及格式；规定各种凭证之间、账簿之间、各报表之间的相互关系；规定各种凭证、账簿及各种报表之间的相互关系、填制方法和登记程序，就成为正确组织会计核算工作的一个中心问题。

会计账务处理程序是做好会计核算工作的一个重要条件，它对于提高会计工作的质量和效率，正确及时地编制会计报表，提供全面、系统、连续、清晰的会计核算资料，满足企业内外会计信息使用者的需要以及对于分工协作的组织会计工作，减少会计人员的工作量，节约人力和物力等方面，均有着重要的意义。

二、会计账务处理程序的基本要求和种类

(一) 设计会计账务处理程序的基本要求

作为一个会计主体而言，由于所处的各个单位的业务性质、规模大小各不相同，于是应当设置的会计凭证、账簿的种类、格式和登记方法，以及各种凭证之间，各种账簿之间，以及各种凭证与账簿之间的相互联系和登记程序也就不完全相同，由此而决定的账簿组织、记账程序和记账方法相互结合的形式也必然不同。因此，会计账务处理程序也就不能强求一致。任何单位为科学组织会计核算工作，都应当结合本单位的实际情况、具体条件及特点，采用适当的会计账务处理程序。合理、适用的会计账务处理程序，通常应符合以下方面的要求：

1. 应当适应于本单位生产、经营管理的特点、规模的大小和业务繁简程度，有利于会计核算的分工、建立岗位责任制。
2. 应当适应于能够正确、及时、完整地提供会计信息，以利于满足与本单位有关的各个方面决策的有用性。
3. 应当适用于在保证会计工作具有一定的会计信息的前提下，力求简化核算手续，节约核算工作的人力、物力、财力及时间，提高会计核算工作的效率。

(二) 会计账务处理程序的种类

按照设计会计账务处理程序的要求，结合我国会计工作的实际情况，我国各经济单位采用的一般会计账务处理程序主要有以下三种，即：

1. 记账凭证账务处理程序；
2. 科目汇总表账务处理程序；

3. 汇总记账凭证账务处理程序。

不同的会计账务处理程序有许多相似之处,但之所以分为上述不同类型,其主要区别则表现在登记总账的依据和方法不同。

第二节 记账凭证账务处理程序

一、记账凭证账务处理程序与基本步骤

(一) 记账凭证账务处理程序

记账凭证账务处理程序是指对发生的经济业务事项,都要根据原始凭证或汇总原始凭证编制记账凭证,然后直接根据记账凭证逐笔登记总分类账的一种账务处理程序。如图7-1所示。

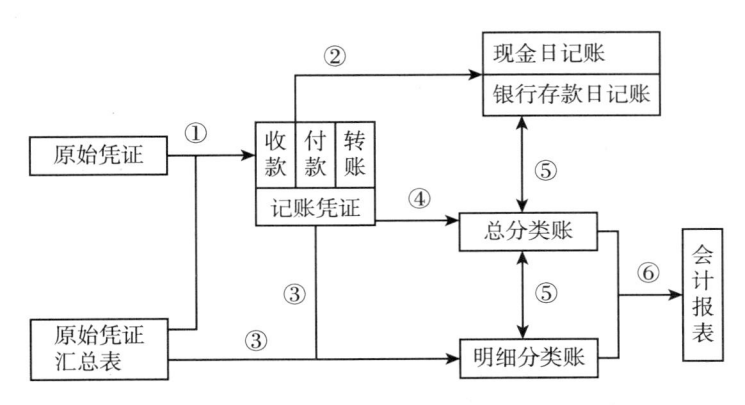

图7-1 记账凭证账务处理程序

(二) 记账凭证账务处理程序的步骤

1. 根据原始凭证或原始凭证汇总表填制记账凭证(包括收款凭证、付款凭证和转账凭证);
2. 根据收款凭证、付款凭证逐笔登记现金日记账和银行存款日记账;
3. 根据原始凭证、汇总原始凭证和记账凭证,登记各种明细账;
4. 根据记账凭证直接逐笔登记总分类账;
5. 月末,将各种日记账的期末余额,以及将各明细分类账的期末余额合计数,分别与有关总分类账的期末余额进行核对,视其是否相符;
6. 月末,根据核对无误的总分类账与明细分类账的数额编制会计报表。

二、记账凭证账务处理程序的特点与适用范围

(一) 记账凭证账务处理程序的特点与优缺点

记账凭证账务处理程序的特点是：根据记账凭证直接逐笔登记总分类账。它是最基本的会计账务处理程序。其他几种会计账务处理程序都是在记账凭证账务处理程序的基础上根据经济管理的需要而发展起来的。

记账凭证账务处理程序的优点是：手续简便，易于掌握，并且总分类账较详细地记录和反映经济业务的发生情况，便于了解单位经济业务的动态。其不足之处是：由于登记总分类账是根据每张记账凭证逐笔登记的，倘若企业规模大，经济业务量多，势必登记总分类账的工作量相对也就很大。

(二) 记账凭证账务处理程序的适用范围

记账凭证账务处理程序一般适用于规模小、经济业务量较少的单位。

第三节 科目汇总表账务处理程序

一、科目汇总表账务处理程序与基本步骤

(一) 科目汇总表账务处理程序

科目汇总表账务处理程序又称记账凭证汇总表账务处理程序，它是根据记账凭证定期编制科目汇总表，再根据科目汇总表登记总分类账的一种账务处理程序。如图7-2所示。

(二) 科目汇总表账务处理程序的步骤

1. 依据原始凭证或原始凭证汇总表填制记账凭证（包括收款凭证、付款凭证、转账凭证）；
2. 依据收款凭证、付款凭证逐笔登记现金日记账、银行存款日记账；
3. 依据原始凭证、原始凭证汇总表或记账凭证逐笔登记各种明细账；
4. 依据记账凭证定期编制科目汇总表；
5. 依据科目汇总表登记总分类账；
6. 月末，将现金日记账、银行存款日记账余额以及各种明细分类账户的余额合计数，

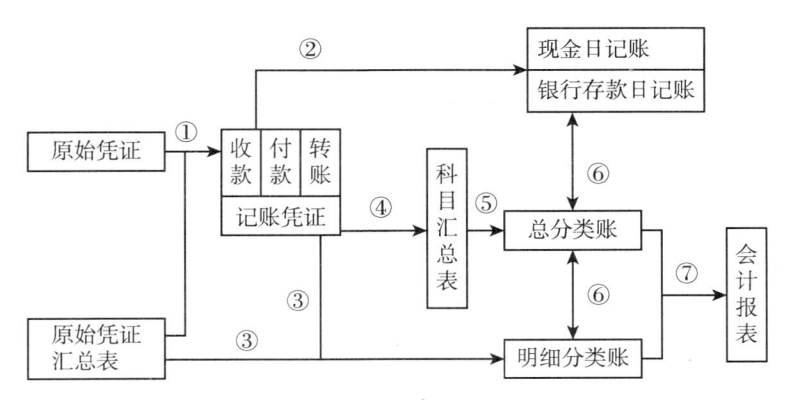

图 7-2 科目汇总表账务处理程序

分别与总分类账户中有关账户的余额进行核对；

7. 月末，根据总分类账户和有关明细分类账户的余额编制会计报表。

二、科目汇总表的编制方法

科目汇总表是根据一定时期内的全部记账凭证，按相同的会计科目进行归类编制，并定期汇总（如五天、十天、十五天或一个月），汇总出每一会计科目的借方本期发生额和贷方本期发生额，填写在科目汇总表的相关栏内，用以反映全部会计科目在一定期间的借方发生额和贷方额。格式如表 7-1 所示。

表 7-1　　　　　　　　　　景荣公司科目汇总表

编制单位：景荣公司　　2013 年 12 月 1 日至 2013 年 12 月 31 日　　科汇第 1 号

科目编号	科目名称	本期发生额 借方	本期发生额 贷方	记账凭证的起止号码
	库存现金	7 400.00	3 740.00	现付 1-3
	银行存款	819 400.00	186 600.00	现收 1-2
	应收票据	120 000.00		银付 1-11
	应收账款	93 600.00		银收 1-6
	其他应收款	7 400.00	3 400.00	转 1-21
	预付账款	40 000.00	40 000.00	
	在途物资	31 200.00	31 200.00	
	原材料	279 360.00	151 200.00	

续表

科目编号	科目名称	本期发生额 借方	本期发生额 贷方	记账凭证的起止号码
	制造费用	19 014.00	19 014.00	
	生产成本	179 014.00	179 014.00	
	库存商品	179 014.00	172 253.44	
	固定资产	221 600.00		
	累计折旧		2 624.00	
	无形资产	100 000.00		
	短期借款		150 000.00	
	长期借款		120 600.00	
	应付票据		216 120.00	
	应付账款		36 540.00	
	应付职工薪酬		60 000.00	
	应缴税费	49 300.00	109 336.64	
	应付利息		650.00	
	应付股利	60 000.00	60 000.00	
	实收资本		600 000.00	
	盈余公积		12 400.99	
	本年利润	391 000.00	391 000.00	
	利润分配	72 400.99	124 009.92	
	主营业务收入	340 000.00	340 000.00	
	主营业务成本	172 253.44	172 253.44	
	其他业务收入	50 000.00	50 000.00	
	其他业务成本	31 200.00	31 200.00	
	营业税金及附加	1 700.00	1 700.00	
	管理费用	9 250.00	9 250.00	
	财务费用	1 250.00	1 250.00	
	销售费用	5 000.00	5 000.00	
	所得税费用	41 336.64	41 336.64	
	营业外收入	1 000.00	1 000.00	
	营业外支出	5 000.00	5 000.00	
		3 327 693.07	3 327 693.07	

三、科目汇总表账务处理程序的特点与范围

(一) 科目汇总表账务处理程序的特点与优缺点

科目汇总表账务处理程序的特点是：根据记账凭证定期编制科目汇总表（即记账凭证汇总表），然后再根据科目汇总表登记总分类账。科目汇总表账务处理程序是在记账凭证核算基础上发展起来的。

科目汇总表账务处理程序的优点主要体现在两个方面：（1）由于依据定期编制的科目汇总表登记总分类账，而节省了依据每张记账凭证逐笔登记总分类账，于是大大地减少了登记总分类账的工作量；（2）由于科目汇总表分别借贷合计一定期间各会计科目的借方发生额和贷方发生额，于是起到对一定时期经济业务会计处理发生额的试算平衡作用，以保证账簿记录的正确性。

科目汇总表账务处理程序的不足之处在于：在科目汇总表以及总分类账中，不能反映科目及账户之间的对应关系，不便于对经济活动进行检查和分析，不便于查对账目；如果记账凭证较多，根据记账凭证编制科目汇总表本身也是一项很复杂的工作，如果记账凭证较少，运用科目汇总表登记总账又起不到简化登记总账的作用。

(二) 科目汇总表账务处理程序的适用范围

科目汇总表账务处理程序适用于规模较大经济业务量较多的大中型企业。

表7-1是根据第五章第五节景荣公司12月全部经济业务所编制的专用记账凭证，编制的科目汇总表，再根据科目汇总表汇总登记总账。

注意：第六章的表6-4是按照记账凭证账务处理程序逐日逐笔登记的原材料总账，而表6-5则是按照科目汇总表账务处理程序根据科目汇总表汇总登记的原材料的总账，注意两种账务处理程序的区别。

第四节 汇总记账凭证账务处理程序

一、汇总记账凭证账务处理程序与步骤

(一) 汇总记账凭证账务处理程序

汇总记账凭证账务处理程序是根据原始凭证或原始凭证汇总表编制记账凭证，定期根据记账凭证分类编制汇总收款凭证、汇总付款凭证和汇总转账凭证，再根据汇总记账凭证登记

总分类账的一种账务处理程序。如图 7-3 所示。

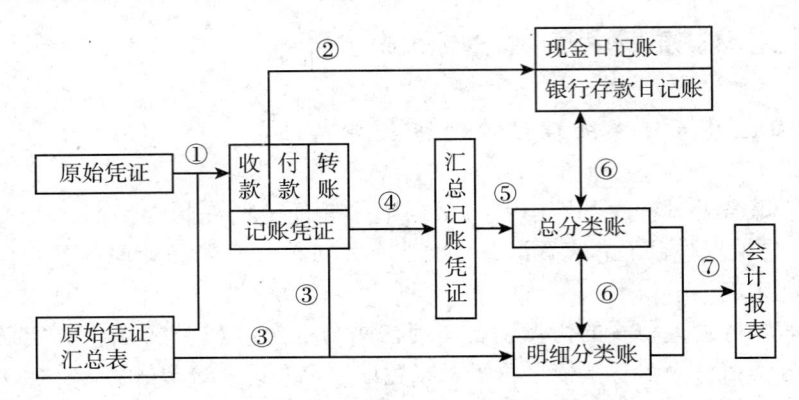

图 7-3 汇总记账凭证账务处理程序

（二）汇总记账凭证账务处理程序的步骤

1. 根据原始凭证或原始凭证汇总表填制收款凭证、付款凭证及转账凭证；
2. 根据收款凭证、付款凭证，逐日逐笔登记现金日记账及银行存款日记账；
3. 根据原始凭证或原始凭证汇总表及收款凭证、付款凭证、转账凭证逐笔登记各种明细账；
4. 根据收款凭证、付款凭证和转账凭证，定期编制汇总收款凭证、汇总付款凭证和汇总转账凭证；
5. 月末，根据汇总收款凭证、汇总付款凭证、汇总转账凭证登记总分类账；
6. 月末，将银行存款日记账余额、现金日记账余额以及各种明细分类账余额的合计数，分别与有关总分类账的期末余额进行核对，视其是否相符；
7. 月末，在账账核对无误的情况下，根据总分类账户和有关明细分类账的余额编制会计报表。

二、汇总记账凭证的编制方法

汇总记账凭证包括汇总收款凭证、汇总付款凭证和汇总转账凭证。

（一）汇总收款凭证及其编制方法

汇总收款凭证是指依据"现金"和"银行存款"科目的借方分别设置的一种汇总记账凭证，其汇总了一定时期内现金和银行存款的收款业务。

现金、银行存款的汇总收款凭证，应根据现金、银行存款的收款凭证，分别以现金、银行存款账户的借方设置，并按其对应的贷方科目归类汇总。汇总收款凭证定期（五天或十天）填制一次，每月填制一张。月终，根据现金、银行存款汇总收款凭证的合计数，分别计入总分类账现金、银行存款账户的借方，以及各个对应账户的贷方。汇总收款凭证的格式如表7-2与表7-3所示。

表7-2　　　　　　　　　　　　汇总收款凭证
借方科目：库存现金　　　　　　　　　年　月　日　　　　　　　　　　　汇收第　号

贷方科目	金额			合计	总账页数	
	1-10日收款凭证第　号至第　号	11-20日收款凭证第　号至第　号	21-30日收款凭证第　号至第　号		借方	贷方
合计						

表7-3　　　　　　　　　　　　汇总收款凭证
借方科目：银行存款　　　　　　　　　年　月　日　　　　　　　　　　　汇收第　号

贷方科目	金额			合计	总账页数	
	1-10日收款凭证第　号至第　号	11-20日收款凭证第　号至第　号	21-30日收款凭证第　号至第　号		借方	贷方
合计						

（二）汇总付款凭证及其编制方法

汇总付款凭证是指按"现金"和"银行存款"科目的贷方分别设置的一种记账凭证，其汇总了一定时期内现金和银行存款的付款业务。

现金、银行存款的汇总付款凭证，应根据现金、银行存款的付款凭证，分别按现金、银行存款科目的贷方设置，并按其对应的借方科目归类汇总。汇总付款凭证每五天或十天填制一次，每月填制一张。月终，根据现金、银行存款汇总付款凭证的合计数，分别计入总分类账现金、银行存款账户的贷方，以及各个对应账户的借方。汇总付款凭证的格式如表7-4与表7-5所示。

表7-4　　　　　　　　　　　　　汇总付款凭证

贷方科目：库存现金　　　　　　　　　年　月　日　　　　　　　　　　汇付第　号

借方科目	金额			合计	总账页数	
	1-10日收款凭证 第　号至第　号	11-20日收款凭证 第　号至第　号	21-30日收款凭证 第　号至第　号		借方	贷方
合计						

表7-5　　　　　　　　　　　　　汇总付款凭证

贷方科目：银行存款　　　　　　　　　年　月　日　　　　　　　　　　汇付第　号

借方科目	金额			合计	总账页数	
	1-10日收款凭证 第　号至第　号	11-20日收款凭证 第　号至第　号	21-30日收款凭证 第　号至第　号		借方	贷方
合计						

（三）汇总转账凭证及其编制方法

汇总转账凭证是指按转账凭证每一贷方科目分别设置的，用来汇总一定时期内转账业务的一种汇总记账凭证。

汇总转账凭证应当按照每一科目的贷方分别设置，并根据转账凭证按对应的借方科目归类，每五天或十天定期填列一次，每月填制一张。月终，根据汇总转账凭证的合计数，分别计入总分类账户中各个应借账户的借方，以及每一张汇总转账凭证所列的应贷账户的贷方。倘若在汇总期内，某一贷方科目的转账凭证为数不多时，也可不填制汇总转账凭证，而直接根据转账凭证计入总分类账。需要注意的是：为了便于填制汇总转账凭证，平时填制转账凭证时，应使科目的对应关系保持一个贷方科目同一个或几个借方科目相对应的会计分录，即一借一贷或多借一贷的转账凭证，不要出现一借多贷的科目对应关系的转账凭证。汇总转账凭证的格式和内容如表7-6所示。

表 7-6　　　　　　　　　　　　　　汇总转账凭证

贷方科目：　　　　　　　　　　　　年　月　日　　　　　　　　　　　　汇转第　号

借方科目	金额			合计	总账页数	
	1-10日收款凭证 第　号至第　号	11-20日收款凭证 第　号至第　号	21-30日收款凭证 第　号至第　号		借方	贷方
合计						

三、汇总记账凭证账务处理程序的特点及适用范围

（一）汇总记账凭证账务处理程序的特点与优缺点

汇总记账凭证账务处理程序的主要特点是：依据记账凭证编制汇总记账凭证，再依据汇总记账凭证登记总分类账。定期编制汇总记账凭证，并登记总分类账是这种账务处理程序区别于其他账务处理程序的主要标志。

在汇总记账凭证账务处理程序下，利用汇总记账凭证，把许多记账凭证上的数据汇总起来，月末一次计入总分类账，其优点有三个方面：其一，可以简化总分类账的登记工作；其二，收款凭证以借方科目汇总，付款凭证和转账凭证以贷方科目汇总，并且分类平衡，使记账数字不容易失误；其三，在汇总凭证和总账账页中明确反映会计科目与账户的对应关系，便于分析经济业务内容，而且发生差错也容易寻找。但是，汇总记账凭证账务处理程序的缺点是：多了一道编制汇总凭证的手续。倘若企业经济业务量少，编制汇总记账凭证的手续就显得麻烦。

（二）汇总记账凭证账务处理程序的适用范围

这种核算程序只适应于规模较大，经济业务量较多的企业。

【思考题】

1. 简述会计账务处理程序的概念及意义。
2. 简述记账凭证账务处理程序优、缺点及适用于什么样的企业？
3. 简述科目汇总表账务处理程序优、缺点及适用于什么样的企业？
4. 简述汇总记账凭证账务处理程序优、缺点及适用于什么样的企业？

【技能训练】

目的：熟悉汇总记账凭证的编制。

资料：智达公司"管理费用"总账账户9月20日有借方余额18 500元，9月21～30日发生下列经济业务：

(1) 开出转账支票1 500元支付行政管理部门本月水电费。
(2) 公出人员出差归来报销差旅费800元，付给现金。
(3) 某职工因私事打长途电话，费用100元，现收回现金（前已报销）。
(4) 摊销应由本月负担的保险费600元。
(5) 月末结转本月发生的管理费用21 300元。

要求：
1. 编制本月业务的会计分录，并说明其应编入何种汇总记账凭证。
2. 根据汇总记账凭证登记"管理费用"总分类账户（"T"形账户），并写明摘要。

第八章 财产清查

【知识点】
1. 了解财产清查的内容、种类及程序；
2. 掌握财产清查的方法；
3. 熟悉财产清查的账务处理。

【技能点】
1. 编制"银行存款余额调节表"的能力；
2. 对于财产清查的结果，审批前后账务处理的能力。

第一节 财产清查概述

一、财产清查的概念

财产清查是指通过对货币资金、实物资产和往来款项的盘点或核对，确定其实存数，查明账存数与实存数是否相符的一种专门方法。

财产清查不仅包括实物的清点，而且也包括各种债权、债务等往来款项的查询核对。另外，财产清查范围不仅包括存放于本企业的各项财产物资，也包括属于但未存放于本企业的财产物资（也可以包括存放但不属于本企业的财产物资）。

二、财产清查的意义

1. 有利于保证会计核算资料的真实可靠。通过财产清查，可以确定各项财产物资的实存数，查明账实不符的原因，及时调整账面记录，达到账实相符，保证会计核算资料的真实可靠。

2. 有利于挖掘财产物资的潜力，加速资金周转。通过财产清查，可以查明各项财产物资的储备和利用情况，对储备不足的及时补充，对积压、呆滞和不配套的及时处理，充分挖掘潜力，避免损失浪费，加速资金周转。

3. 有利于保护财产物资的安全完整。通过财产清查，可以发现各项财产物资有无被挪用、贪污、盗窃的情况，有无因管理不善或工作人员失职而造成霉烂、变质、损坏、短缺等情况，查明原因，分清责任，采取措施，保护财产物资的安全完整。

4. 有利于维护财经纪律和结算制度。通过财产清查，可以查明有无资金界限不清、公款私存，私设"小金库"以及债权、债务长期拖欠等问题，建立健全财产物资保管岗位责任制，维护财经纪律和结算制度。

三、财产清查的种类

（一）按照财产清查的范围划分

按照财产清查的范围不同，分为全面清查和局部清查。

1. 全面清查。全面清查是指对企业的全部财产进行盘点和核对。其清查对象包括属于本单位和存放在本单位的所有货币资金、财产物资和债权债务。其中，货币资金包括库存现金、银行存款、其他货币资金等；财产物资包括固定资产、库存商品、原材料、在途物资、包装物、低值易耗品、在产品、在建工程、代销以及委托其他单位加工、保管的材料、商品、物资等；债权债务包括各项应收、应付、应缴款项以及银行借款等。

全面清查尽管可以准确掌握企业财产的真实情况，但内容多，范围广，参加的人员多，花费的时间长。一般适用以下几种情况：（1）年终决算前，以确保会计核算资料真实、正确；（2）单位撤销、合并或改变隶属关系前，中外合资、国内联营以及企业实行股份制改造前，以明确经济责任；（3）开展全面清产核资、资产评估等活动，以摸清家底；（4）单位主要负责人调离工作前，其离任审计包括全面经济责任审计在内。

2. 局部清查。局部清查是指根据需要对一部分财产进行的清查。其清查对象主要是流动性较强的财产，一般包括：（1）库存现金，出纳人员应每日清点一次；（2）银行存款，出纳人员每月至少应同银行核对一次；（3）存货（原材料、在途物资、在产品、半成品、库存商品、周转材料等），年内应轮流盘点或重点抽查；其中，贵重物品，每月应清点一次；（4）债权债务，每年至少应同对方核对一至两次。

局部清查范围小，涉及人员少，但专业性较强。

（二）按照财产清查的时间划分

按照财产清查的时间不同，分为定期清查和不定期清查。

1. 定期清查。定期清查是指根据事先计划或管理制度规定的时间安排对财产所进行的清查。其清查对象可以是全面清查，也可以是局部清查。例如，在年末、季末、月末结账前定期进行财产清查。

2. 不定期清查。不定期清查是指根据需要所进行的临时性清查。其清查对象可以是局部清查，也可以是全面清查。一般适用以下几种情况：（1）更换财产物资、库存现金保管人员时，以分清经济责任；（2）发生自然灾害或意外事故时，以查明非常损失；（3）财政、银行、审计等有关部门会计检查时，以验证会计核算资料的可靠性；（4）临时性清产核资，以确定其实存数。

四、财产清查的一般程序

1. 成立财产清查小组；
2. 组织清查人员学习相关规定，掌握有关业务知识；
3. 确定清查对象、范围，明确清查任务；
4. 制定清查方案，具体安排清查内容、时间、步骤、方法，校准好度量衡器，做好必要的清查前准备；
5. 清查时本着先清查数量、核对有关账簿记录等，后认定质量的原则进行；
6. 填制盘存清单；
7. 根据盘存清单填制实物、往来账项清查结果报告表。

第二节　财产清查内容及其方法

财产清查内容包括货币资金、实物资产和往来款项，为了保证财产清查工作质量，提高财产清查工作效率，针对不同财产，采用不同方法。

一、货币资金的清查

（一）库存现金的清查

1. 清查方法。采用实地盘点法。首先确定库存现金的实存数，然后与现金日记账的账面余额相核对。
2. 清查要求。库存现金由必须在场的出纳人员经手盘点，清查人员从旁监督；注意不能用不具法律效力的借条、收据充抵库存现金（即不允许"白条抵充库存"）。

盘点后，根据盘点结果，编制"库存现金盘点报告表"。此表兼有"盘存单"和"实存账存对比表"的作用，是调整账面记录的原始凭证。其一般格式如表 8-1 所示：

表 8-1　　　　　　　　　　　库存现金盘点报告表
单位名称：　　　　　　　　　　　年　月　日　　　　　　　　　　　　　　　编号：

实存金额	账存金额	实存与账存对比		备注
		长款 （实存＞账存）	短款 （实存＜账存）	

盘点人签章：　　　　　　　　　　　　　　　　　　　　　　　　　出纳员签章：

（二）银行存款的清查

1. 清查方法。通过与开户银行转来的对账单进行核对的方法，查明银行存款的实有数额。

2. 银行存款日记账余额与银行对账单余额不一致的原因。银行存款日记账余额与银行对账单余额不一致的原因有两类：一是企业、银行一方或双方记账错误；二是存在未达账项。

所谓未达账项是指在企业与银行之间，由于结算凭证传递的时间差，而造成的一方已经入账、而另一方因未收到结算凭证尚未入账的款项。未达账项有以下四种情况：

（1）企业已收入账，银行尚未收款入账。例如，企业月末将销售商品收到的一张转账支票存入银行。企业根据银行进账单回执已登记入账，而银行因内部手续没有办妥尚未入账。

（2）企业已付入账，银行尚未付款入账。例如，企业月末因购买办公用品开出一张现金支票。企业根据支票存根、发票及入库单已登记入账，因持票人还没到银行办理提现手续，银行尚未入账。

（3）银行已收入账，企业尚未收款入账。例如，银行为企业代付水电费。银行已入账，企业因未到银行取支付水电费凭证尚未入账。

（4）银行已付入账，企业尚未付款入账。例如，银行为企业代收销货款。银行已入账，企业因还没收到开户银行收款通知尚未入账。

3. 银行存款的清查程序。

（1）检查、核对账簿记录。在进行账目核对之前，应当先将银行对账单与本单位银行存款日记账逐笔核对。核对时，不仅要核对金额，还要核对发生的时间、结算凭证的种类及号数、收入的来源、指出的用途等。通过核对，如发现本单位账簿记录有错误，应及时更正；如发现银行方面有错账或漏账，应及时通知银行查明更正。

(2) 确认未达账项与编制银行存款余额调节表。如果没有记账错误,只是存在未达账项,则通过编制"银行存款余额调节表",调节后余额双方应该相等。调节后余额是企业当时实际可以动用的存款数额。

表 8-2　　　　　　　　　　　　　银行存款余额调节表
　　　　　　　　　　　　　　　　　年　　月　　日　　　　　　　　　　　　　　　　单位:元

项　目	金　额	项　目	金　额
银行对账单余额		企业银行存款日记账余额	
+银行未收(企业已收) -银行未付(企业已付)		+企业未收(银行已收) -企业未付(银行已付)	
=调节后余额		=调节后余额	

调节的原则概括为:银行、企业,各自"加上未收,减去未付"。

"银行存款余额调节表"仅起对账(账实核对)作用,不能作为调整账面记录的原始凭证;对于企业未收、未付(银行已收、已付)的未达账项,待结算凭证到达后,再据以编制记账凭证予以记账。

例:假设智达公司2013年6月30日银行存款日记账账面余额为51 300元,银行对账单余额为53 000元,经逐笔核对发现有下列未达账项:

(1) 29日公司存入银行一张转账支票,金额3 900元,银行尚未入账;
(2) 29日银行代扣水费400元,公司尚未收到付款通知;
(3) 30日企业委托银行收款4 100元,银行已入账,公司尚未收到收款通知;
(4) 30日公司开出转账支票一张,金额1 900元,持票人尚未到银行办理手续。

根据上述未达账项,编制"银行存款余额调节表"如表8-3所示:

表 8-3　　　　　　　　　　　　　银行存款余额调节表
　　　　　　　　　　　　　　　　　2013年6月30日　　　　　　　　　　　　　　单位:元

项　目	金　额	项　目	金　额
银行对账单余额	53 000	企业银行存款日记账余额	51 300
+银行未收(企业已收) -银行未付(企业已付)	3 900 1 900	+企业未收(银行已收) -企业未付(银行已付)	4 100 400
=调节后余额	55 000	=调节后余额	55 000

二、实物资产的清查

不同品种的财产物资,由于实物形态、体积、重量、堆放方式不同,应采用不同的清查方法，主要有实地盘点法、抽样盘存法和技术推算法。

1. 实地盘点法。实地盘点法是指在财产物资存放现场逐一清点数量或用计量仪器确定其实存数的一种方法。作为主要的实物资产的清查方法，适用于容易清点或计量的财产物资以及库存现金等货币资金的清查。

具有适用范围较广、要求严格、数字准确可靠、清查质量高的优点；但也具有工作量大，要求事先按财产物资的实物形态进行科学码放的缺点。

2. 抽样盘存法。抽样盘存法是指对那些价值小、数量多、质量比较均匀的财产物资，不便于逐一点数时，可以测算其总体积或总重量，再抽样盘点单位质量和单位体积，然后测算出其总数的方法。

3. 技术推算法。技术推算法是指利用技术方法推算财产物资实存数的方法。适用于大量成堆难以逐一清点的财产物资，例如露天存放的煤、矿石等。

为明确经济责任，对各项财产物资的盘点结果，应逐一填制"盘存单"，作为反映财产物资实有数额的原始凭证；并同账面记录核对，确认盘盈、盘亏数，填制"账存实存对比表"，作为调整账面记录的原始凭证。其一般格式分别如表8-4、表8-5所示：

表8-4　　　　　　　　　　　　　　盘存单

单位名称：　　　　　　　　盘点时间：　　　　　　　　编号：

财产类别：　　　　　　　　存放地点：　　　　　　　　单位：元

序号	名称	规格型号	计量单位	实存数量	单价	金额	备注

盘点人签章：　　　　　　　　　　　　　　　　　　　　实物保管人签章：

表8-5　　　　　　　　　　　　　　账存实存对比表

单位名称：　　　　　　　　　年　月　日　　　　　　　　单位：元

序号	名称	规格型号	计量单位	单价	数量		盘盈（实存>账存）		盘亏（实存<账存）		原因
					账存	实存	数量	金额	数量	金额	

盘点人签章：　　　　　　　　　　　　　　　　　　　　会计签章：

三、往来款项的清查

1. 清查方法。往来款项的清查一般采用发函询证的方法进行核对。

2. 清查程序。

(1) 在保证本单位各项往来结算账目正确、完整的基础上，按每一个经济往来单位填制"往来款项对账单"一式两联，其中一联送交对方单位核对账目，另一联作为回执单，要求对方单位核对后加盖公章退回。

(2) 如有数字不符，本单位应进一步核对，按未达账项、有争执的款项、无法收回（或偿还）的款项以及其他原因分类归并，将清查结果编制"往来款项清查报告表"。其一般格式分别如表8-6、表8-7所示：

表8-6　　　　　　　　　　往来款项对账单

用友软件公司：

贵公司2009年5月18日在我公司购入吉利远景汽车1辆，已付款68 000元，还有20 000元未付，请核对后将回执单寄回。

智达公司：（盖章）
2009年6月30日

往来款项对账单（回执单）

智达公司：

贵公司寄来的"往来款项对账单"已收到，经核对相符无误。

用友软件公司：（盖章）
2009年7月7日

表8-7　　　　　　　　　　往来款项清查报告表

单位名称：　　　　　　　　　　年　月　日　　　　　　　　　　单位：元

总账及明细账名称	账存金额	清查结果		核对不符原因				备注
^	^	相符金额	不符金额	未达账项	有争执款项	无法收回（或偿还）款项	其他	^

清查人员签章：　　　　　　　　　　　　　　　　　　　　　会计签章：

第三节　财产清查结果的处理

一、财产清查结果处理的基本要求

如实反映情况，妥善处理财产清查中发现的管理和核算中存在的各种问题，是财产清查的重要环节和内容。

（一）分析产生差异的原因和性质，提出处理建议

财产清查的结果有三种情况：（1）实存数大于账存数，即盘盈；（2）实存数小于账存数，即盘亏；（3）实存数等于账存数，账实相符。财产清查结束后，有关人员要认真分析产生差异的原因和性质，填写清查报告，并根据有关制度规定，对问题进行妥善处理或提出处理建议。如表 8-8 所示。

表 8-8　　　　　　　　　财产类别及其盘盈、盘亏涉及的会计科目

差异类别 \ 财产类别	库存现金	实物资产 存货	实物资产 固定资产
盘亏（短款）	◇ 应由过失人、保险公司赔偿部分： 其他应收款——过失人 其他应收款——保险公司 ◇ 无法查明原因部分： 管理费用	◇ 偷盗损失，应由过失人、保险公司赔偿部分： 其他应收款——过失人 其他应收款——保险公司 ◇ 经营损失（收发计量与核算差错、定额内自然合理损耗）： 管理费用 ◇ 非常损失（自然灾害、意外事故）： 营业外支出 ◇ 收回残料： 原材料	◇ 营业外支出

续表

差异类别＼财产类别	库存现金	实物资产	
		存货	固定资产
盘盈（长款）	◇ 应支付给个人、单位部分： 其他应付款——个人 其他应付款——单位 ◇ 无法查明原因部分： 营业外收入	◇ 冲减管理费用	◇ 属于前期差错，不通过"待处理财产损益"账户核算。

（二）积极处理多余积压财产，清理往来款项

查明财产积压、滞销、霉变以及往来款项长期拖欠、发生争议的原因，提出处理建议，以减少不必要的资金占用，加速资金周转，做到物尽其用，提高资金使用效率。

（三）总结经验教训，建立健全各项管理制度

通过财产清查，会发现由于管理制度不完善及其执行不严格造成的种种问题。因此，财产清查将促进企业管理部门提出改进措施，及时建立健全相应的各项规章制度，以防止相同的问题再次出现。

（四）及时调整账簿记录，保证账实相符

以实存数为标准，盘盈时，即实存大于账存，按其差异调增账面记录；盘亏时，即实存小于账存，按其差异调减账面记录，达到账实相符。

二、财产清查结果的账务处理

（一）审批之前的账务处理

财产清查内容主要包括库存现金的清查、银行存款的清查、实物资产的清查和往来款项的清查。其中，银行存款的清查结果，对于企业未收、未付（银行已收、已付）的未达账项，暂不进行账务处理，待结算凭证到达后，再据以编制记账凭证予以记账。而对于库存现金的清查、实物资产的清查和往来款项的清查，则根据"库存现金盘点报告表"、"盘存单"和"账存实存对比表"等财产清查的原始凭证，编制记账凭证，记入有关账簿，使之账实

相符。

为此，专设"待处理财产损溢"这个过渡性资产类账户，如表8-9所示，下设"待处理流动资产损溢"和"待处理固定资产损溢"两个明细账户，用来分别核算流动资产和固定资产的盘盈、盘亏和毁损。

表8-9　　　　　　　　　　　"待处理财产损溢"账户结构

借	待处理财产损溢	贷
盘亏和毁损		盘盈
盘盈的转销		盘亏的转销
尚未处理的净损失		尚未处理的净溢余

1. 盘盈、盘亏的账务处理。如果是盘亏，一般借记"待处理财产损溢——待处理流动资产损溢"科目，贷记"库存现金"、存货包括的会计科目；其中，固定资产盘亏，则借记"待处理财产损溢——待处理固定资产损溢"、"累计折旧"等科目，贷记"固定资产"科目。如果是盘盈，借记"库存现金"、存货包括的会计科目，贷记"待处理财产损溢"及其明细科目。

"待处理财产损溢"之所以称为过渡性账户，是因为本账户处理前的借方余额，反映企业尚未处理的各种财产的净损失；处理前的贷方余额，反映企业尚未处理的各种财产的净溢余。"待处理财产损溢"处理前的借方余额或贷方余额，应在期末结账前处理完毕，转入相关的损益或其他账户，期末本账户通常没有余额。

2. 应收而收不回的应收款项、应付而无法支付的应付款项的账务处理。对于应收而收不回的应收款项、应付而无法支付的应付款项，则不通过"待处理财产损溢"这个核算步骤，应根据审批过的"往来款项对账单"和"往来款项清查报告表"等财产清查的原始凭证进行账务处理，编制会计分录直接转销。

对应收账款而言，提取坏账准备时，借记"资产减值损失"科目，贷记"坏账准备"科目；发生坏账损失时，借记"坏账准备"科目，贷记"应收账款"科目。

对应付账款而言，假如债权人撤销，确实无法支付，应按其账面余额予以转销：借记"应付账款"科目，贷记"营业外收入"科目。

（二）审批之后的处理

根据前面"财产类别及其盘盈、盘亏涉及的会计科目"表中规定予以处理。

1. 经营损失。对于无法查明原因的库存现金短款和存货盘亏中属于经营损失部分，借记"管理费用"科目，贷记"待处理财产损溢"科目；对于固定资产盘亏，借记"营业外支出"科目，贷记"待处理财产损溢"科目。

2. 库存现金长款。对于无法查明原因的库存现金长款，借记"待处理财产损溢"科目，贷记"营业外收入"科目；对于存货盘盈，借记"待处理财产损溢"科目，贷记"管理费用"科目。

3. 盘盈的固定资产。企业如有盘盈的固定资产，按照会计准则的规定，应作为前期差错处理，不通过"待处理财产损溢"账户核算。

【例8-1】A公司在财产清查中，发现短缺设备一台，账面原价80 000元，已提折旧40 000元；发现现金短缺900元，其中500元因出纳人员过失造成，另外400元无法查明原因；盘亏燃料煤50 000元，其中，过失人赔偿2 000元，保险公司赔偿8 000元，35 000元属于非常损失，5 000元属于自然损耗。

① 审批之前，应做会计分录：

借：待处理财产损溢—待处理固定资产损溢　　　　　　40 000
　　累计折旧　　　　　　　　　　　　　　　　　　　40 000
　　　贷：固定资产　　　　　　　　　　　　　　　　　　　80 000
借：待处理财产损溢—待处理流动资产损溢　　　　　　　　900
　　　贷：库存现金　　　　　　　　　　　　　　　　　　　　 900
借：待处理财产损溢—待处理流动资产损溢　　　　　　50 000
　　　贷：原材料—燃料煤　　　　　　　　　　　　　　　50 000

② 审批之后，应做会计分录：

借：营业外支出　　　　　　　　　　　　　　　　　　40 000
　　　贷：待处理财产损溢—待处理固定资产损溢　　　　　40 000
借：其他应收款—出纳员×××　　　　　　　　　　　　 500
　　管理费用　　　　　　　　　　　　　　　　　　　　 400
　　　贷：待处理财产损溢—待处理流动资产损溢　　　　　　 900
借：库存现金　　　　　　　　　　　　　　　　　　　　 500
　　　贷：其他应收款—出纳员×××　　　　　　　　　　　 500
借：其他应收款—过失人×××　　　　　　　　　　　 2 000
　　　　　　—××保险公司　　　　　　　　　　　　　8 000
　　营业外支出　　　　　　　　　　　　　　　　　　35 000
　　管理费用　　　　　　　　　　　　　　　　　　　5 000
　　　贷：待处理财产损溢—待处理流动资产损溢　　　　　50 000
借：银行存款　　　　　　　　　　　　　　　　　　　10 000
　　　贷：其他应收款—过失人×××　　　　　　　　　　2 000
　　　　　　　　—××保险公司　　　　　　　　　　　　8 000

【例8-2】A公司在财产清查中，发现库存现金溢余420元，无法查明原因；发现一批钢板溢余，价值8 000元。

① 审批之前，应做会计分录：

借：库存现金　　　　　　　　　　　　　　　　　　　　 420
　　　贷：待处理财产损溢—待处理流动资产损溢　　　　　　 420
借：原材料—钢板　　　　　　　　　　　　　　　　　 8 000
　　　贷：待处理财产损溢—待处理流动资产损溢　　　　　 8 000

② 审批之后，应做会计分录：

借：待处理财产损溢——待处理流动资产损溢　　　　　　　　　　420
　　贷：营业外收入　　　　　　　　　　　　　　　　　　　　　　　420
借：待处理财产损溢——待处理流动资产损溢　　　　　　　　8 000
　　贷：管理费用　　　　　　　　　　　　　　　　　　　　　　　8 000

【思考题】

1. 财产清查有什么意义？清查的种类有哪些？
2. 财产清查的具体方法有哪几种？
3. 财产清查的结果应如何进行会计处理？
4. "待处理财产损溢"科目核算的内容是什么？
5. 企业在财产清查过程中，查明原材料盘盈，在报领导批准前，其账务处理是怎样的？当领导批准冲减管理费用，其账务处理又是怎样的？

【技能训练】

一、目的：练习银行存款对账方法。

资料：甲公司2013年3月31日银行存款日记账的账面余额为54 000元，银行转来对账单的余额为83 000元。经逐笔核对，发现以下未达账项：

（1）企业送存转账支票60 000元，并已登记银行存款增加，但银行尚未记账。

（2）企业开出转账支票45 000元，但持票单位尚未到银行办理转账，银行尚未记账。

（3）企业委托银行代收某公司购货款48 000元，银行已收妥并登记入账，但企业尚未收到收款通知，尚未记账。

（4）银行代企业支付电话费4 000元，银行已登记企业银行存款减少，但企业未收到银行付款通知，尚未记账。

要求：根据上述资料，编制"银行存款余额调节表"。

二、目的：通过练习掌握财产清查结果的处理。

资料：财产清查中，发现以下情况：

（1）发现库存现金比账面余额多出200元。经反复核查，上述现金长款原因不明，经批准进行相关账务处理。

（2）发现盘亏机器一台，账面原值80 000元，已提折旧50 000元。盘点材料过程中发现盘亏材料80千克，每千克成本100元，其中10千克系因计量差错导致，其余70千克由仓库保管员季军失职导致。经批准，盘亏机器作为营业外支出处理；盘亏材料因计量差错部分作为管理费用处理，失职导致部分由季军个人承担。

要求：做出批准前后的会计分录。

第九章 会计报表

【知识点】
1. 了解会计报表的种类及编制要求；
2. 熟悉会计报表的结构；
3. 掌握会计报表的基本编制过程。

【技能点】
1. 编制简单资产负债表的能力；
2. 编制利润表的能力。

第一节 财务报告与会计报表

一、财务报告

财务报告是指企业对外提供的，反映企业某一特定日期的财务状况和某一会计期间的经营成果、现金流量等会计信息的书面文件。包括资产负债表、利润表、现金流量表、所有者权益变动表（新的会计准则要求在年报中披露）、附表及会计报表附注和财务情况说明书。如图9-1所示。

编制财务报告是会计核算的专门方法，也是会计确认与计量的最终结果体现，因而是会计工作的一项重要内容。附注是财务报表不可或缺的组成部分，是对在资产负债表、利润表、现金流量表和所有者权益变动表等报表中列示项目的文字描述或明细资料，以及对未能在这些报表中列示项目的说明等。

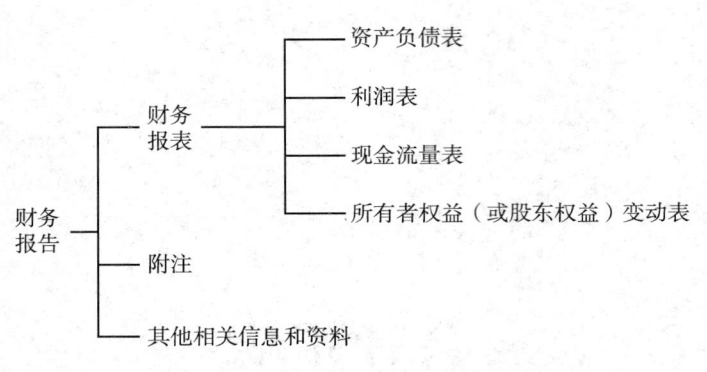

```
                              ┌── 资产负债表
                   ┌── 财务 ──┤── 利润表
                   │   报表   ├── 现金流量表
          财务 ────┤          └── 所有者权益（或股东权益）变动表
          报告     ├── 附注
                   └── 其他相关信息和资料
```

图 9-1　财务报告的构成

二、会计报表

（一）会计报表

会计报表是日常会计核算资料为基础定期编制的，综合反映企业财务状况、经营成果和现金流量的书面报告文件。编制会计报表是会计核算的专门方法。

会计报表包括资产负债表、损益表、现金流量表；事业单位除资产负债表外，还有收入支出表、事业支出明细表、经营支出明细表。

（二）会计报表的作用

会计工作的目的，是向企业的管理者和与企业有关的外部各利害关系集团提供决策有用的会计信息。为了使会计信息有用，需要对日常的会计核算资料进一步进行加工整理，并按照一定的要求和格式，定期编制会计报表。会计报表的作用，可概括为以下几个方面。

1. 为企业的投资者进行投资决策提供必要的信息资料。企业的投资者包括国家、法人、外商和社会公众等。投资者所关心的是投资的报酬和投资的风险，在投资前需要了解企业的财务状况和经营活动情况，以便做出正确的投资决策；投资后，需要了解企业的经营成果、资金使用状况以及资金支付报酬的能力等资料。而会计报表正是投资者了解所需信息的唯一或主要渠道。

2. 为债权人提供企业的偿债能力和支付能力的信息资料。随着市场经济的不断发展，商业信贷和商业信用在社会经济发展的过程中日趋重要。由商业信贷所形成的债权人主要包括银行、非银行金融机构等，他们需要反映企业能按时支付利息和偿还债务的资料。而会计报表也是债权人了解这些信息的唯一或主要渠道。

3. 为相关政府管理部门，提供对企业实施管理和监督的各项信息资料。财政、工商、税务等行政管理部门，履行国家管理企业的职能，负责检查企业的资金使用情况、成本计算情况、利润的形成和分配情况以及税金的计算和结缴情况；检查企业财经法纪的遵守情况。

会计报表作为集中、概括反映企业经济活动情况及其结果的会计载体,是财政、工商、税务各部门对企业实施管理和监督的重要资料。

4. 为企业的经营者进行日常经营管理提供必要的信息资料。各企业的经营管理者,需要经常不断地考核、分析本企业的财务状况、成本费用情况;评价本企业的经营管理工作;总结经验、查明问题存在的原因;改进经营管理工作、提高管理水平;预测经济前景、进行经营决策。所有这些工作都必须借助于会计报表所提供的会计信息才能够进行。

二、会计报表的种类

会计报表可以按照以下标准划分为不同的类别。

(一) 按照会计报表所反映的经济内容分类

1. 资产负债表。资产负债表是反映企业财务状况的会计报表。它是用来总括反映企业在某一特定日期的财务状况的会计报表。
2. 经营成果报表。这类报表是总括反映企业在一定时期的经营成果及其分配情况的会计报表。如"利润表"和"所有者权益变动表"。
3. 现金流量表。这类报表是以现金的流入和流出来反映企业在一定时期内的经营活动、投资活动和筹资活动的会计报表。

(二) 按照会计报表所编制的时间分类

1. 年度会计报表。年度会计报表亦称年报,是企业每年年终编制财务状况和经营成果情况的会计报表,主要包括"资产负债表"、"利润表"、"现金流量表"。
2. 半年度会计报表。半年度会计报表亦称中报,是企业会计年度中期编报财务状况和经营成果情况的会计报表。主要包括"资产负债表"、"利润表"、"利润分配表"和"现金流量表"。
3. 季度会计报表。季度会计报表亦称季报,是企业季末编报财务状况和一个季度的经营成果情况的会计报表,主要包括"资产负债表"和"利润表"。
4. 月度会计报表。月度会计报表亦称月报,是企业月末编报财务状况及其一个月的经营成果情况的会计报表,主要包括"资产负债表"和"利润表"。

其中,月度、季度和半年度财务报表,通称为会计中期报表。

(三) 按照会计报表的编制主体分类

1. 个别会计报表。个别会计报表是指对外投资的单位所编制的只反映本单位的财务状况及其经营成果的会计报表,包括对内和对外会计报表。

2. 合并会计报表。合并会计报表是将母公司与子公司视为一个会计主体，将双方的有关经济指标合并在一起，由母公司编制的会计报表。合并会计报表所反映的是投资企业与被投资企业共同的财务状况和经营成果，一般只编制对外会计报表。

（四）按照会计报表反映的资金运动状态分类

1. 静态会计报表。静态会计报表是指反映企业资金运动处于某一相对静止状态的会计报表，一般情况下，反映企业某一特定日期的财务状况的会计报表为静态会计报表，如"资产负债表"。

2. 动态会计报表。动态会计报表是指反映企业某一特定时期内的经营成果的"利润表"和反映企业在一定时期内经营活动、投资活动和筹资活动的"现金流量表"，均为动态会计报表，动态报表亦称时期报表。

三、会计报表的编制要求

（一）编制的程序和质量要求

企业在编制会计报表时，应按照国家统一的会计制度规定的编制基础、编制依据、编制原则和方法进行，做到内容完整、数字真实、计算准确、报送及时。

1. 内容完整。会计报表必须按照国家规定的报表种类和内容填报，不得漏填漏报。每份会计报表应填列的内容，无论是表内项目，还是报表附注资料，都应一一填列齐全。

2. 数字真实。数字真实是指会计报表与报表编制企业的客观财务状况、经营成果和现金流量相吻合，因此，为了保证会计报表的真实性，会计报表中各项目数字必须以报告期的实际数字来填列，不能使用计划数、估计数代替实际数，更不允许弄虚作假、篡改伪造数字。

3. 计算准确。在各会计报表中，都有一些需要进行专门计算才能加以填列的项目。对于这些需要计算填列的项目，必须根据《企业会计准则》、《企业财务通则》中规定的计算口径、计算方法和计算公式进行计算，做到表内各项目之间、报表与报表之间相互衔接，本期报表与上期报表之间有关数字，应当相互衔接；严禁任何人用任何方式篡改财务报告数字。

4. 编报及时。编报及时是指企业应按规定的时间编报会计报表，及时逐级汇总，以便报表的使用者能够及时、有效地利用会计报表资料。会计报表必须向各信息使用者提供与经济决策有用的会计信息，而经济决策又具有强烈的时间性，必须及时有用。

5. 指标可比。会计报表中的经济指标，应当尽可能内容相同，计算方法一致。在确实需要变动时，应该把变动和变动的影响告诉报表使用者。这样既便于报表使用者比较企业不同时期的财务状况和经营成果，也有利于报表使用者用来比较不同企业之间的财务状况和经营成果。

（二）编制的时间要求

各单位必须按照国家统一会计制度规定，定期编制财务报告。会计报表可以分为月度、季度、年度等编制。一般来说，资产负债表、损益表按月编制，现金流量表和利润分配表等表按年编制，各种附表和财务状况说明书随年报表的要求编制。公开发行股票的股份有限公司还应发布半年编报一次的财务报告。

（三）编制格式要求

国家统一会计制度对于对外报送的会计报表及其附表格式都有统一规定，各单位在编制会计报表时应当严格执行统一规定，不能随意增列或减并表内项目，更不能任意变更表内各项目的经济内容，以免引起使用方面的混乱。

对外报送的财务报告的格式，应当符合国家有关规定。对于内部使用的财务报告格式，各单位在自行规定时，格式要科学合理、体系完整、结构严谨、简明实用。

对于会计报表的封面，单位名称应当填写全称；单位公章应当使用单位行政公章，不能用财务专用章代替；同时还要盖齐单位负责人、总会计师、会计机构负责人、制表人等人员的印章；随同报表的财务状况说明书，应在封面之内与报表装订在一起，并在封面上注明"内附财务状况说明书一份"字样；报送文件一般应贴在报表封面上，不能与财务状况说明书订在一起；因为财务状况说明书是财务报告的组成部分，报送文件只是一种履行报送程序的方式。

第二节 资产负债表

一、资产负债表的概念与结构

（一）资产负债表概念

资产负债表是反映企业在某一特定日期全部资产、负债、所有者权益情况的会计报表。其编表依据是"资产＝负债＋所有者权益"的会计平衡公式。

资产负债表可以提供企业当前所拥有或控制的经济资源总额及其分布情况，便于分析企业的生产经营能力，分析和评价企业经济资源构成是否合理；通过对年初和本期末资产负债表各项目数字的对比分析，可以了解企业资金结构的变化情况、财务状况的变动情况和变动趋势，以便判断和评价企业当前的竞争实力和发展前景；通过对资产负债表可以了解企业的财务实力、偿债能力和支付能力，有利于经营者做出正确的经营决策、投资决策和筹资决策，有利于投资者做出正确的投资决策。

（二）资产负债表的结构

资产负债表由表头和表体组成。表头部分列示报表的名称、编制单位、编制日期和货币计量单位等内容。

资产负债表的格式有账户式和报告式两种，我国资产负债表采用账户式反映（格式见表9-1）。账户式资产负债表分为左右两方，左方列示资产，右方列示负债和所有者权益，资产各项目的金额合计数等于负债和所有者权益各项目的金额合计数。我国资产负债表各项目的排列顺序如下：

表9-1

资产负债表

年 月 日

单位：元

资　产	年初余额	期末余额	负债或所有者权益	年初余额	期末余额
流动资产：			流动负债：		
货币资金			短期借款		
交易性金融资产			交易性金融负债		
应收票据			应付票据		
应收账款			应付账款		
预付款项			预收款项		
应收利息			应付职工薪酬		
应收股利			应缴税费		
其他应收款			应付利息		
存货			应付股利		
一年内到期的非流动资产			其他应付款		
其他流动资产			一年内到期的非流动负债		
流动资产合计			其他流动负债		
非流动资产：			流动负债合计		
可供出售金融资产			非流动负债		
持有至到期投资			长期借款		
长期应收款			应付债券		
长期股权投资			长期应付款		
投资性房地产			专项应付款		
固定资产			预计负债		

续表

资　　产	年初余额	期末余额	负债或所有者权益	年初余额	期末余额
在建工程			递延所得税负债		
工程物资			其他非流动负债		
固定资产清理			非流动负债合计		
生产性生物资产			负债合计		
油气资产			所有者权益：		
无形资产			实收资本		
开发支出			资本公积		
商誉			减：库存股		
长期待摊费用			盈余公积		
递延所得税资产			未分配利润		
其他非流动资产			所有者权益合计		
非流动资产合计					
资产总计			负债和所有者权益总计		

报表左方资产项目的排序：资产项目按资产项目流动性的强弱排列，流动性强的资产项目在前，流动性弱的资产项目在后。即流动资产、长期投资、固定资产、无形资产和递延资产等。

报表右方负债和所有者权益的排序。首先将负债和所有者权益按对企业资产享有权的先后排列，即负债在前，所有者权益在后。然后再对负债和所有者权益各项目进行排序。负债项目的排列顺序如下：负债项目偿还期短的债务排序在前，偿还期长的债务排序在后。即流动负债、长期负债等。所有者权益类各项目按实收资本、资本公积、盈余公积、未分配利润的顺序排列。

二、资产负债表的编制

（一）资产负债表的"年初余额"和"期末余额"

资产负债表上各项目的金额，总体上讲是根据资产类账户和权益类账户的期末余额来填列的。具体包括：

1. 资产负债表"年初余额"的填列方法。资产负债表"年初余额"栏内各项数字，应根据上年末资产负债表"期末余额"栏内所列数字填列。如果本年度资产负债表规定的各个项目名称和内容同上年度不一致，应对上年年末资产负债表各项目的名称和数字按照本年度的规定进行调整，填入本表"年初余额"栏。

2. 资产负债表"期末余额"的填列方法。资产负债表"期末数"应根据当期会计账簿资料中资产、负债、所有者权益类账户的余额填列。具体填列方法归纳为如下几点：

(1) 直接根据总账科目的余额填列，如"应收票据"、"应付职工薪酬"、"短期借款"、"实收资本"等项目。

(2) 根据明细科目的余额分析计算填列，如"应收账款"项目根据"应收账款"、"预收账款"科目的所属明细科目的期末借方余额相加并减去"坏账准备"账户贷方余额填列；又如"应付账款"项目，根据"应付账款"、"预付账款"科目的有关明细科目的期末贷方余额相加填列。"预收账款"项目根据"应收账款"、"预收账款"科目的所属明细科目的期末贷方余额填列。"预付账款"项目，根据"应付账款"、"预付账款"科目的所属明细科目的期末借方余额相加填列。

(3) 根据几个总账科目的期末余额相加填列，如"货币资金"项目根据"现金"、"银行存款"、"其他货币资金"科目的期末总账余额相加填列。

(4) 根据有关科目的期末余额分析计算填列，如"一年内到期的长期负债"项目，根据"长期借款"、"应付债券"、"长期应付款"科目的期末余额中提出的一年内将要到期的数额分析填列。"一年内到期的长期债权投资"是根据"长期债权投资"科目的期末余额中提出的一年内将要到期的长期债权投资数额分析填列。

(5) 反映资产账户与有关备抵账户抵消过程，以反映其净额，如"固定资产"账户期末借方余额减去"累计折旧"、"固定资产减值准备"账户期末贷方余额后填入"固定资产"项目。

（二）资产负债表具体项目的填列方法

1. 资产项目的填列方法。

(1) "货币资金"项目，反映企业库存现金、银行基本存款户存款、银行一般存款户存款、外埠存款、银行汇票存款等的合计数。本项目应根据"现金"、"银行存款"、"其他货币资金"账户的期末余额合计数填列。

(2) "交易性金融资产"项目，反映企业为交易目的而持有的债券投资、股票投资、基金投资等交易性金融资产的公允价值。本项目应根据"交易性金融资产"账户的期末余额填列。

(3) "应收票据"项目，反映企业收到的未到期收款而且也未向银行贴现的商业承兑汇票和银行承兑汇票等应收票据余额。本项目应根据"应收票据"账户的期末余额填列。

(4) "应收账款"项目，反映企业因销售商品、提供劳务等而应向购买单位收取的各种款项，减去已计提的坏账准备后的净额。本项目应根据"应收账款"和"预收账款"账户所属各明细账户的期末借方余额合计，减去"坏账准备"账户中有关应收账款计提的坏账准备期末余额后的金额填列。

(5) "预付账款"项目，反映企业预付的款项。本项目根据"预付账款"和"应付账款"账户所属各明细账户的期末借方余额合计填列。

(6) "应收利息"项目，反映企业因持有交易性金融资产、持有至到期投资和可供出售金融资产等应收取的利息。本项目应根据"应收利息"账户的期末余额填列。

(7)"应收股利"项目,反映企业应收取的现金股利和应收取其他单位分配的利润。本项目根据"应收股利"账户期末余额填列。

(8)"其他应收款"项目,反映企业对其他单位和个人的应收和暂付的款项,减去已计提的坏账准备后的净额。本项目应根据"其他应收款"账户的期末余额,减去"坏账准备"账户中有关其他应收款计提的坏账准备期末余额后的金额填列。

(9)"存货"项目,反映企业期末在库、在途和在加工中的各项存货的可变现净值,包括各种原材料、商品、在产品、半成品、发出商品、包装物、低值易耗品和委托代销商品等。本项目应根据"在途物资(材料采购)"、"原材料"、"库存商品"、"周转材料"、"委托加工物资"、"生产成本"和"劳务成本"等账户的期末余额合计,减去"存货跌价准备"账户期末余额后的金额填列。材料采用计划成本核算以及库存商品采用计划成本或售价核算的小企业,应按加或减材料成本差异、减商品进销差价后的金额填列。

(10)"一年内到期的非流动资产"项目,反映企业非流动资产项目中在一年内到期的金额,包括一年内到期的持至到期投资、长期待摊费用和一年内可收回的长期应收款。本项目应根据上述账户分析计算后填列。

(11)"其他流动资产"项目,反映企业除以上流动资产项目外的其他流动资产,本项目应根据有关账户的期末余额填列。

(12)"长期股权投资"项目,反映企业不准备在1年内(含1年)变现的各种股权性质投资的账面余额,减去减值准备后的净额。本项目应根据"长期股权投资"账户的期末余额减去"长期股权投资减值准备"账户期末余额后填列。

(13)"固定资产"项目,反映企业固定资产的净值。本项目根据"固定资产"账户期末余额,减去"累计折旧"和"固定资产减值准备"账户期末余额后填列。

(14)"在建工程"项目,反映企业尚未达到预定可使用状态的在建工程价值。本项目根据"在建工程"账户期末余额,减去"在建工程减值准备"账户期末余额后填列。

(15)"工程物资"项目,反映企业为在建工程准备的各种物资的价值。本项目根据"工程物资"账户期末余额,减去"工程物资减值准备"账户期末余额后填列。

(16)"固定资产清理"项目,反映企业因出售、毁损、报废等原因转入清理但尚未清理完毕的固定资产的账面价值,以及固定资产清理过程中所发生的清理费用和变价收入等各项金额的差额。本项目应根据"固定资产清理"账户的期末借方余额填列;如"固定资产清理"账户期末为贷方余额,以"-"号填列。

(17)"无形资产"项目,反映企业持有的各项无形资产的净值。本项目应根据"无形资产"账户期末余额,减去"累计摊销"和"无形资产减值准备"账户的期末余额填列。

(18)"长期待摊费用"项目,反映小企业尚未摊销的摊销期限在1年以上(不含1年)的各项费用。本项目应根据"长期待摊费用"账户的期末余额减去将于1年内(含1年)摊销的数额后的金额填列。

(19)"其他长期资产"项目,反映企业除以上资产以外的其他长期资产。本项目应根据有关账户的期末余额填列。

2.负债及所有者权益项目的填列方法。

(1)"短期借款"项目,反映企业借入尚未归还的1年期以下(含1年)的借款。本项目应根据"短期借款"账户的期末余额填列。

(2)"应付票据"项目，反映企业为了抵付货款等而开出并承兑的、尚未到期付款的应付票据，包括银行承兑汇票和商业承兑汇票。本项目应根据"应付票据"账户的期末余额填列。

(3)"应付账款"项目，反映企业购买原材料、商品和接受劳务供应等而应付给供应单位的款项。本项目应根据"应付账款"和"预付账款"账户所属各明细账户的期末贷方余额合计填列。

(4)"预收账款"项目，反映企业按合同规定预收的款项。本项目根据"预收账款"和"应收账款"账户所属各明细账户的期末贷方余额合计填列。

(5)"应付职工薪酬"项目，反映企业应付未付的工资和社会保险费等职工薪酬。本项目应根据"应付职工薪酬"账户的期末贷方余额填列，如"应付职工薪酬"账户期末为借方余额，以"－"号填列。

(6)"应缴税费"项目，反映企业期末未缴、多缴或未抵扣的各种税金。本项目应根据"应缴税费"账户的期末贷方余额填列；如"应缴税费"账户期末为借方余额，以"－"号填列。

(7)"应付股利"项目，反映企业尚未支付的现金股利或利润。本项目应根据"应付股利"账户的期末余额填列。

(8)"其他应付款"项目，反映企业所有应付和暂收其他单位和个人的款项。本项目应根据"其他应付款"账户的期末余额填列。

(9)"一年内到期的非流动负债"项目，反映企业各种非流动负债在一年之内到期的金额，包括一年内到期的长期借款、长期应付款和应付债券。本项目应根据上述账户分析计算后填列。

(10)"其他流动负债"项目，反映企业除以上流动负债以外的其他流动负债。本项目应根据有关账户的期末余额填列。

(11)"长期借款"项目，反映企业借入尚未归还的1年期以上（不含1年）的各期借款。本项目应根据"长期借款"账户的期末余额减去一年内到期部分的金额填列。

(12)"应付债券"项目，反映企业尚未偿还的长期债券摊余价值。本项目根据"应付债券"账户期末余额减去一年内到期部分的金额填列。

(13)"长期应付款"项目，反映企业除长期借款、应付债券以外的各种长期应付款。本项目应根据"长期应付款"账户的期末余额，减去"未确认融资费用"账户期末余额和一年内到期部分的长期应付款后填列。

(14)"预计负债"项目，反映企业计提的各种预计负债。本项目根据"预计负债"账户期末余额填列。

(15)"其他长期负债"项目，反映企业除以上长期负债项目以外的其他长期负债。本项目应根据有关账户的期末余额填列。

(16)"实收资本（股本）"项目，反映企业各投资者实际投入的资本总额。本项目应根据"实收资本（股本）"账户的期末余额填列。

(17)"资本公积"项目，反映企业资本公积的期末余额。本项目应根据"资本公积"

账户的期末余额填列。

（18）"盈余公积"项目，反映企业盈余公积的期末余额。本项目应根据"盈余公积"账户的期末余额填列。

（19）"未分配利润"项目，反映企业尚未分配的利润。本项目应根据"本年利润"账户和"利润分配"账户的期末余额计算填列，如为未弥补的亏损，在本项目内以"-"号填列。

三、资产负债表编制举例

以第五章第五节景荣公司12月的经济业务为例，登记账簿后2013年12月31日全部相关账户余额如表9-2所示。

表9-2　　　　　　　景荣公司12月31日有关账户余额表　　　　　　单位：元

账户名称	借方余额	贷方余额
流动资产：		
现金	3 660	
银行存款	632 800	
其他货币资金		
应收账款	93 600	
应收票据	120 000	
其他应收款	4 000	
坏账准备		
预付账款		
原材料	128 160	
库存商品	6 760.56	
固定资产	221 600	
累计折旧		2 624
无形资产	100 000	
无形资产减值准备		
短期借款		150 000
应付职工薪酬		60 000
应缴税费		60 036.64
应付账款		36 540

续表

账户名称	借方余额	贷方余额
应付票据		216 120
应付利息		650
预收账款		
长期借款		120 600
实收资本		600 000
资本公积		
盈余公积		12 400.99
未分配利润		51 608.93
合计	1 310 580.56	1 310 580.56

根据上述有关资料，编制"资产负债表"如表 9－3 所示。

表 9－3　　　　　　　　　　　　资产负债表

编制单位：景荣公司　　　　　　2013 年 12 月 31 日　　　　　　　　　单位：元

资　产	年初余额	期末余额	负债或所有者权益（或股东权益）	年初余额	期末余额
流动资产：			流动负债：		
货币资金		636 400	短期借款		150 000
交易性金融资产			交易性金融负债		
应收票据		120 000	应付票据		216 120
应收账款		93 600	应付账款		36 540
预付款项			预收款项		
应收利息			应付职工薪酬		60 000
应收股利			应缴税费		60 036.64
其他应收款		4 000	应付利息		650
存货		134 920.56	应付股利		
一年内到期的非流动资产			其他应付款		
其他流动资产			一年内到期的非流动负债		
流动资产合计		988 980.56	其他流动负债		
非流动资产：			流动负债合计		523 346.64

续表

资　　产	年初余额	期末余额	负债或所有者权益（或股东权益）	年初余额	期末余额
可供出售金融资产			非流动负债		
持有至到期投资			长期借款		120 600
长期应收款			应付债券		
长期股权投资			长期应付款		
投资性房地产			专项应付款		
固定资产		218 976	预计负债		
在建工程			递延所得税负债		
工程物资			其他非流动负债		
固定资产清理			非流动负债合计		120 600
生产性生物资产			负债合计		643 946.64
油气资产			所有者权益：		
无形资产		100 000	实收资本		600 000
开发支出			资本公积		
商誉			减：库存股		
长期待摊费用			盈余公积		12 400.99
递延所得税资产			未分配利润		51 608.93
其他非流动资产			所有者权益合计		664 009.92
非流动资产合计		318 976			
资产总计		1 307 956.56	负债和所有者权益总计		1 307 956.56

第三节　利润表

一、利润表的概念与格式

（一）利润表的概念

利润表是反映企业在一定会计期间（月度、季度、年度）经营成果的会计报表。经营成果是指企业进行经营活动产生的结果，主要由利润及其构成表示。

利润表是主要会计报表之一，属于动态会计报表。通过利润表可以了解企业各会计期间利润（或亏损）的形成情况，并据以分析和考核企业经营目标和利润计划的执行结果，分析企业利润增减变动的原因；通过利润表可以分析、评价企业的经营效率和效果，评估企业对外投资的价值，衡量企业资本保全的情况；通过对本企业不同会计期间利润表的比较，可以了解企业利润削长变化的趋势，评价企业的成长性；通过与本行业其他企业利润表的对比，可以看出本企业的优势和劣势，为企业管理者和外部利害关系集团作出正确的决策提供重要依据。

（二）利润表格式

利润表格式分为单步式和多步式两种。

1. 单步式利润表。单步式利润表是将本期各项收入的合计数与本期各项成本、费用的合计数相减后，经过一步就可以计算出本期利润总额，然后再减去所得税费用，最后得出"净利润"的报表结构。这种结构的利润表，计算简单，编制方便，但缺少构成本期利润必要的营业利润和利润总额等中间性利润指标。

2. 多步式利润表。多步式利润表是按企业利润总额的构成和逐次经多步计算出利润总额，然后再减去所得税费用，最后得出"净利润"的报表结构。

我国企业利润表采用多步式格式，如表9-4所示。

表9-4　　　　　　　　　　　　　　　利润表

编制单位：　　　　　　　　　　　　　年　月　　　　　　　　　　　　　　　单位：元

项　目	本期金额	上期金额
一、营业收入		
减：营业成本		
营业税金及附加		
销售费用		
管理费用		
财务费用		
资产减值损失		
加：公允价值变动收益（损失以"-"号填列）		
投资收益（损失以"-"号填列）		
二、营业利润（亏损以"-"号填列）		
加：营业外收入		
减：营业外支出		
三、利润总额（亏损总额以"-"号填列）		
减：所得税费用		
四、净利润（净亏损以"-"号填列）		

二、利润表的编制方法

（一）利润表各项目的填列方法

利润表中的"上期金额"栏内的各项数字，应根据上年该期利润表"本期金额"栏内所列数字填列。

利润表中的"本期金额"栏内的各项数字一般应根据损益类账户的发生额分析填列。各项目的填列方法如下：

1. "营业收入"项目，反映企业经营主要业务和其他业务所确认的收入总额。本项目应根据"主营业务收入"和"其他业务收入"科目的发生额分析填列。企业一般应当以"主营业务收入"和"其他业务收入"总账科目的贷方发生额之和，作为利润表中"营业收入"的项目金额。当年发生销售退回的，以应冲减销售退回主营业务收入后的金额，填列"营业收入"项目。

2. "营业成本"项目，反映企业经营主要业务和其他业务所发生的成本总额。本项目应根据"主营业务成本"和"其他业务成本"科目的发生额分析填列。企业一般应当以"主营业务成本"和"其他业务成本"总账科目的借方发生额之和，作为利润表中"营业成本"的项目金额。当年发生销售退回的，应加上销售退回商品成本后的金额，填列"营业成本"项目。

3. "营业税金及附加"项目，反映企业经营业务应负担的消费税、营业税、城市建设维护税、资源税、土地增值税和教育费附加等。本项目应根据"营业税金及附加"科目的发生额分析填列。

4. "销售费用"项目，反映企业在销售商品过程中发生的包装费、广告费等费用和为销售本企业商品而专设的销售机构的职工薪酬、业务费等经营费用。本项目应根据"销售费用"科目的发生额分析填列。

5. "管理费用"项目，反映企业为组织和管理生产经营发生的管理费用。本项目应根据"管理费用"的发生额分析填列。

6. "财务费用"项目，反映企业筹集生产经营所需资金等而发生的筹资费用。本项目应根据"财务费用"科目的发生额分析填列。

7. "资产减值损失"项目，反映企业各项资产发生的减值损失。本项目应根据"资产减值损失"科目的发生额分析填列。企业应当以"资产减值损失"总账科目借方发生额减去贷方发生额后的余额，作为利润表中"资产减值损失"的项目金额。

8. "公允价值变动收益"项目，反映企业应当计入当期损益的资产或负债公允价值变动收益。本项目应根据"公允价值变动损益"科目的发生额分析填列，企业应当以"公允价值变动收益"总账科目贷方发生额减去借方发生额后的余额，作为利润表中"公允价值变动收益"的项目金额。相减后如为负数，表示（借方）净损失，本项目以"－"号填列。

9. "投资收益"项目，反映企业以各种方式对外投资所取得的收益。本项目应根据

"投资收益"科目的发生额分析填列。如为（借方）投资损失，本项目以"－"号填列。

10. "营业利润"项目，反映企业实现的营业利润。如为亏损，本项目以"－"号填列。

11. "营业外收入"项目，反映企业发生的与经营业务无直接关系的各项收入。本项目应根据"营业外收入"科目的发生额分析填列。

12. "营业外支出"项目，反映企业发生的与经营业务无直接关系的各项支出。本项目应根据"营业外支出"科目的发生额分析填列。

13. "利润总额"项目，反映企业实现的利润。如为亏损，本项目以"－"号填列。

14. "所得税费用"项目，反映企业应从当期利润总额中扣除的所得税费用。本项目应根据"所得税费用"科目的发生额分析填列。

15. "净利润"项目，反映企业实现的净利润。如为亏损，本项目以"－"号填列。

（二）利润表的编制举例

以第五章第五节景荣公司12月的经济业务为例，2013年12月31日收入和费用账户的累计发生额如表9-5所示。

表9-5　　　　景荣公司2013年收入、费用账户的累计发生额　　　　单位：元

账户名称	借方发生额	贷方发生额
主营业务收入		340 000
其他业务收入		50 000
主营业务成本	172 253.44	
其他业务成本	31 200	
营业税金及附加	1 700	
销售费用	5 000	
管理费用	9 250	
财务费用	1 250	
营业外收入		1 000
营业外支出	5 000	
所得税费用	41 336.64	

根据上述有关资料，编制"利润表"如表9-6所示。

表 9-6　　　　　　　　　　　　　　利润表
编制单位：景荣公司　　　　　　　　　2013 年 12 月　　　　　　　　　　　　　单位：元

项　　目	本期金额	上期金额
一、营业收入	390 000	
减：营业成本	203 453.44	
营业税金及附加	1 700	
销售费用	5 000	
管理费用	9 250	
财务费用	1 250	
资产减值损失		
加：公允价值变动收益（损失以"-"号填列）		
投资收益（损失以"-"号填列）		
二、营业利润（亏损以"-"号填列）	169 346.56	
加：营业外收入	1 000	
减：营业外支出	5 000	
三、利润总额（亏损总额以"-"号填列）	165 346.56	
减：所得税费用	41 336.64	
四、净利润（净亏损以"-"号填列）	124 009.92	

第四节　会计报表的分析与利用

一、会计报表分析的目的与意义

（一）会计报表分析的目的

会计报表分析就是运用会计报表、账簿记录和其他有关资料，对一定时期单位财务状况、收支情况和现金流量进行比较、分析和研究，并进行总结、做出正确评价的一种方法。或者说，会计报表分析就是从会计报表中，寻求有用的信息，帮助会计报表使用者评价企业业务绩效，掌握受托责任履行情况，预测未来财务状况、业务活动结果以及现金流量。

会计报表的真正价值是通过对其分析来预测未来的盈利、股利、现金流量及其风险，以帮助公司管理当局规划未来，帮助投资者进行决策。会计报表阅读者为了获得更为有价值的信息，还需要运用一定的方法对报表的数据资料进一步加工、分析、比较和评价，以便掌握

241

它们之间的相互关系,对业务活动作出恰当的评价和判断。

(二) 会计报表分析的意义

1. 评价企业的财务状况和经营成果,揭示财务活动中存在的矛盾和问题,为改善经营管理提供方向和线索。
2. 预测企业未来的报酬和风险,为投资人、债权人和经营者的决策提供帮助。
3. 检查企业预算完成情况,考察经营管理人员的业绩,为完善合理的激励机制提供帮助。

二、会计报表分析的方法

会计报表分析常用的方法有比较分析法、因素分析法、趋势分析法和比率分析法。
1. 比较分析法。是指将企业相关的财务指标进行对比,计算出财务指标变动的绝对数和相对数,并分析变动差异的一种方法。
2. 因素分析法。是一种根据分析影响对象的主要因素,逐项分析各因素变动对分析对象的影响程度的方法。
3. 趋势分析法。是指将两个或两个以上连续期的财务指标或比率进行对比,计算出增减变动的方向、数额和幅度,据以预测财务指标的变动趋势的一种方法。
4. 比率分析法。是指在同一财务报表的不同项目之间,或在不同报表的有关项目之间进行比较,计算出财务比率,反映各项目之间的相互关系,据以评价企业的财务状况和经营成果。
比率分析法是财务分析最基本、最重要的方法。其主要包括偿债能力分析、获利能力分析、营运能力分析等。

三、会计报表分析的常用指标

(一) 偿债能力分析

偿债能力包括企业偿还到期债务的能力。反应偿债能力的指标有以下几个:
1. 流动比率。流动比率是企业流动资产与流动负债的比率。其计算公式为:

$$流动比率 = \frac{流动资产}{流动负债}$$

根据表 9-3(资产负债表)和表 9-6(利润表)的数据,该公司的流动比率为:

$$流动比率 = \frac{988\ 980.56}{523\ 346.64} = 1.89$$

这表明公司每有1元的流动负债,就有1.89元的流动资产作保障。

流动比率是衡量企业短期偿债能力的主要财务比率之一。一般认为,流动比率若达到2倍时,是令人满意的。若流动比率过低,企业可能面临着到期偿还债务的困难。若流动比率过高,这又意味着企业持有较多的不能盈利的闲置流动资产。使用这一指标评价企业流动指标时,应同时结合企业的具体情况。

2. 速动比率。流动比率在评价企业的短期偿债能力时存在着局限性,一个企业可能流动比率很高,但可能流动资产中存货占很大比重,流动资产的变现能力很差,企业仍不能偿还到期债务。因而人们希望获得比流动比率更进一步地反映企业短期偿债能力的指标。这个指标就是速动比率,也称酸性测试比率。

速动比率是从流动资产中扣除存货部分,再除以流动负债的比值。计算公式为:

$$速动比率 = \frac{速动资产}{流动负债}$$

速动资产是企业在短期内可变现的资产,等于流动资产减去流动速度较慢的存货的余额,包括货币资金、短期投资和应收账款等。

根据表9-3(资产负债表)和表9-6(利润表)的数据,该公司的速动比率为:

$$速动比率 = \frac{988\ 980.56 - 134\ 920.56}{523\ 346.64} = 1.63$$

一般认为速动比率1:1是合理的,速动比率若大于1,企业短期偿债能力强,但获利能力将下降。速动比率若小于1,企业将需要依赖出售存货或举借新债来偿还到期债务。该公司速动比率为1.63,说明企业的偿债能力虽然强,没有充分发挥好资产的作用,主要是应收款项周转速度慢,使企业的获利能力下降。

在实际分析时,应根据企业性质和其他因素来综合判断,不可一概而论。例如:采用大量现金销售的商店,几乎没有应收账款,大大低于1的速动比率则是很正常的。

3. 资产负债率。资产负债率是负债总额除以资产总额的百分比,它反映在资产总额中有多大比例是通过借债来筹资的,用来衡量企业利用债权人提供资金进行经营活动的能力,反映债权人发放贷款的安全程度。其计算公式如下:

$$资产负债率 = \frac{负债总额}{资产总额} \times 100\%$$

一般认为,资产负债率应保持在50%左右,这说明企业有较好的偿债能力,又充分利用了负债经营能力。

根据表9-3(资产负债表)和表9-6(利润表)的数据,该公司的资产负债率为:

$$资产负债率 = \frac{643\ 946.64}{1\ 307\ 956.56} = 49.2\%$$

资产负债率反映企业偿还债务的综合能力,这个比率越高,企业偿还债务的能力越差;反之,偿还债务的能力越强。该公司资产负债率为49.2%,说明资产总额中有49.2%来源于举债,或者说,公司每49.2元债务就有100元资产作为偿还的后盾。

对资产负债率，企业债权人、股东、企业经营者往往从不同的角度评价。

（1）从债权人的立场看，他们最关心的是贷给企业款项的安全程度，也就是能否按期收回本金和利息。如果这个比率过高，说明在企业全部资产总额中，股东提供的资本只占较小的比率，则企业的风险将主要由债权人负担，这对债权人来说是不利的。因此，他们希望债务比率越低越好，企业偿债有保障，贷款不会有太大的风险。

（2）从股东的角度看，其关心的主要是投资收益的高低，由于企业通过举债筹措的资金与股东提供的资金在经营中发挥同样的作用，所以，股东所关心的是全部资本利润率是否超过借款的借入利率。在企业所得的全部资本利润率超过因借款而支付的利息率时，股东所得到的利润就会加大。如果相反，运用全部资本所得的利润率低于借款利息率，则对股东不利，因为借入资本的多余利息要用股东所得的利润份额来弥补。因此，从股东的立场看，在资本利润率高于借款利息率时，负债比率越大越好，否则，负债比率越小越好。企业股东通过举债经营的方式，以有限的资本、付出有限的代价而取得对企业的控制权，并且在全部资本利润率高于借款利息率时，可以得到更多的投资收益，即举债经营的杠杆收益。因此，在财务分析中，资产负债比率也被人们称作财务杠杆。

（3）从经营者角度看，他们既要考虑企业的盈利，又要顾及企业所承担的财务风险。资产负债率作为财务杠杆不仅反映了企业的长期财务状况，也反映了企业管理当局的进取精神。如果企业不利用举债经营或者负债比率很小，则说明企业比较保守，对前途信心不足，利用债权人资本进行经营活动的能力比较差。但是，负债也必须有一定限度，负债比率过高，企业的财务风险将增大，一旦资产负债比率超过1，则说明企业资不抵债，有濒临破产的危险。

至于资产负债率为多少才是合理的，并没有一个确定的标准。不同行业、不同类型的企业都是有较大差异的。一般而言，处于高速成长时期的企业，其负债比率可能会高一些，这样所有者会得到更多的利益。

（二）获利能力分析

1. 销售净利率。销售净利率是企业净利润与销售收入净额的比率。其计算公式为：

$$销售净利率 = \frac{净利润}{销售收入净额} \times 100\%$$

净利润，在我国会计制度中是指税后利润。销售净利率说明了企业净利润占销售收入净额的比例，它可以评价企业通过销售赚取利润的能力。销售净利率表明每1元销售收入净额可实现的净利润是多少。该比率越高，企业通过销售获取收益的能力越强。

根据表9-3（资产负债表）和表9-6（利润表）的数据，该公司的销售净利率为：

$$销售净利率 = \frac{124\ 009.92}{390\ 000} \times 100\% = 31.79\%$$

从计算可知，公司销售净利率为31.79%，说明每100元的销售收入可为公司带来31.79元净利润。

在评价企业销售净利率时,应比较企业历年指标,从而判断企业销售净利率的变化趋势,但是,销售净利率受行业特点影响较大,因此,还应该结合不同行业的具体情况进行分析。

2. 资产报酬率。资产报酬率也称资产收益率、资产利润率或投资报酬率,是企业一定时期内净利润与平均资产总额的比率。其计算公式为:

$$资产报酬率 = \frac{净利润}{平均资产总额} \times 100\%$$

$$平均资产总额 = \frac{期初资产总额 + 期末资产总额}{2}$$

根据表9-3(资产负债表)和表9-6(利润表)的数据,该公司的资产报酬率为:

$$资产报酬率 = \frac{124\,009.92}{1\,307\,956.56} \times 100\% = 9.48\%$$

该公司资产报酬率为9.48%,说明该公司每100元的资产可以赚取9.48元的净利润。资产报酬率主要用来衡量企业利用资产获取利润的能力,它反映了企业总资产的利用效率。这一比率越高,表明资产的利用效率越高,企业盈利能力越强,说明企业在增加收入和节约资金使用等方面取得了良好的效果,否则相反。

3. 净资产收益率。净资产收益率也称净值报酬率或所有者权益报酬率,它是一定时期企业的净利润与所有者权益平均总额的比率。其计算公式为:

$$净资产收益率 = \frac{净利润}{平均净资产} \times 100\%$$

$$平均净资产 = \frac{期初所有者权益 + 期末所有者权益}{2}$$

沿用表9-3(资产负债表)和表9-6(利润表)的数据,该公司的净资产收益率为:

$$净资产收益率 = \frac{124\,009.92}{664\,009.92} \times 100\% = 18.68\%$$

该公司净资产收益率为18.68%,说明该公司每100元的资产可以赚取18.68元的净利润。净资产收益率是评价企业获利能力的一个重要财务比率,它反映了企业股东获取投资报酬的高低。该比率越高,说明企业盈利能力越强。

(三)营运能力分析

1. 应收账款周转率。应收账款周转率是评价应收账款流动性大小的一个重要财务比率,它是企业一定时期内销售收入净额和应收账款平均余额的比率,反映企业应收账款变现速度的快慢和管理效率的高低。其计算公式如下:

$$应收账款周转率 = \frac{销售收入净额}{应收账款平均余额}$$

$$应收账款平均余额 = \frac{期初应收账款 + 期末应收账款}{2}$$

据表9-3（资产负债表）和表9-6（利润表）的数据，该公司的应收账款周转率为：

$$应收账款周转率 = \frac{390\ 000}{93\ 600} = 4.16$$

该公司应收账款周转率为4.16，说明在一年内公司应收账款周转4.16次。一般情况下，应收账款周转率越高越好，应收账款周转率高，表明收账迅速，账龄较短；资产流动性强，短期偿债能力强；可以减少坏账损失等。

应收账款周转天数，它表示企业从取得应收账款的权利到收回款项、转换为现金所需的时间。其计算公式如下：

$$应收账款周转天数 = \frac{360}{应收账款周转率}$$

$$应收账款天数 = \frac{360}{4.16} = 86.5（天）$$

该公司应收账款周转天数为86.5天，说明公司从赊销产品到收回账款的平均天数为86.5天，或者公司应收账款周转一次需86.5天。应收账款周转天数表示应收账款周转一次所需天数。应收账款周转天数越短，说明企业的应收账款周转速度越快。

2. 存货周转率。存货周转率是一定时期的销货成本除以平均存货而得的比率，又称存货周转次数。反映企业生产经营各环节的管理状况以及企业的偿债能力和获利能力。其计算公式为：

$$存货周转率 = \frac{销货成本}{平均存货}$$

$$平均存货 = \frac{期初存货 + 期末存货}{2}$$

据表9-3（资产负债表）和表9-6（利润表）的数据，该公司的存货周转率为：

$$存货周转率 = \frac{203\ 453.44}{134\ 920.56} = 1.51$$

该公司存货周转率为1.51，说明在一年内公司存货周转1.51次。一般来讲，存货周转速度越快，存货的占用水平越低，流动性越强，存货周转为现金和应收账款的速度越快。提高存货周转率可以提高企业的变现能力，而存货周转速度越慢，则变现能力越差。但是，过高的存货周转率，也可能说明企业存货管理方面存在一些问题，如存货水平太低，甚至经常缺货，或采购次数过于频繁，批量太小等。存货周转率过低，常常是存货管理不力，销售状况不好，造成存货积压，说明企业在产品销售方面存在一些问题，应当采取积极的销售策略，但也可能是企业调整了经营方针，因某种原因增大存货的结果。

存货周转天数表示存货周转一次所经历的时间，其计算公式如下：

$$存货周转天数 = \frac{360}{存货周转率}$$

存货周转天数 $=\dfrac{360}{1.51}=238.41$（天）

存货周转的天数越短，说明存货周转的速度越快。

【思考题】

1. 简述会计报表的含义及作用。
2. 什么是资产负债表？它有哪些作用？
3. 什么是利润表？它有哪些作用？

【技能训练】

目的：熟悉利润表的编制。

资料：智达公司2013年9月末各账户发生额如下：

账户名称	借方发生额	贷方发生额
主营业务收入		1 144 000
主营业务成本	944 280	
营业税金及附加	64 320	
销售费用	14 600	
管理费用	20 800	
财务费用	6 200	
投资收益		900
营业外收入		800
营业外支出	5 000	
其他业务收入		35 000
其他业务成本	31 500	
所得税费用	31 020	

要求：

编制智达公司2013年9月的利润表。

参考文献

[1] 法律出版社法规中心,《中华人民共和国会计法注释本》,法律出版社,2012年5月1日。

[2] 中华人民共和国财政部制定,《企业会计准则2006》,科学出版社,2006年2月1日。

[3] 中华人民共和国财政部制定,《企业会计准则应用指南2006》,中国财政经济出版社,2006年12月1日。

[4] 刘雪清主编,《会计岗位实训》,中国财政经济出版社,2012年6月1日。

[5] 中华会计网编,《会计实务操作模拟实训》,经济科学出版社,2009年10月。

[6] 张满林、兰桂秋主编,《会计学基础》,中国经济出版社,2010年6月。

[7] 李相志主编,《基础会计学》,中国财政经济出版社,2009年9月。